바로 쓰는 실전
'세테크 영업'

【저자 약력】
- 한화생명 지점장
- 한화생명 영업교육팀
- 농협생명 교육팀장
- 무디스코리아 Financial Education Center
  개설준비위원회 CFO
- ㈜다윤교육 세금교육 담당 교수
- 현) 세테크연구소 소장

【경력】
- NH농협은행, KB국민은행 등 임직원 교육
- 농협대학 등 강의
- 한화증권 등 증권사 교육
- 삼성생명, 한화생명 등 보험사 교육
- GA코리아, 글로벌금융 등 GA 교육

【저서 및 저작】
- 백지설계, 실전화법모음집 외 다수 집필

【세금 및 보험 관련 교육 문의】
카카오톡 ID: lssol
e-mail: lssol@naver.com

바로 쓰는 실전 '세테크 영업'
2025년 12월1일 1판1쇄 인쇄
2025년 12월2일 1판1쇄 발행

지은이   이양주
발행인   박수현
펴낸곳   애니원
디자인   장지윤
이메일   anyone221208@naver.com
등록번호 제2022-000090호
ISBN   979-11-981258-7-3 (13320)

보험 영업인이 꼭 알아야 하는 세테크 노하우 & 실전 화법

바로 쓰는 실전 '세테크 영업'

저자: 이양주

IMF 직후에 가장 히트했던 광고는 '부자 되세요~'였습니다. 부자가 되고 싶은 생각이 있으신가요? 그동안 정말 많은 부자들을 만나 상담을 하고 컨설팅을 하면서 느낀 바는 '누구나 부자가 되고 싶지만 아무나 부자가 되지는 못한다'는 것이었습니다. 물론 부자가 되는 방법은 다양해서 정해진 공식이 있는 것은 아닙니다. 하지만 공통점은 있습니다.

흙수저로 태어나 자수성가한 부자들은 대부분 부지런합니다. 새벽 4시에 일어나서 경제 신문을 읽고, 미국 주식 시장 점검하는 것은 기본이고 아무리 바빠도 매일 책 한 권씩은 꼭 읽는 분들도 많습니다. 특히 '돈'에 대한 공부를 게을리하지 않습니다. 요컨대 열심히 공부하고 재테크를 잘 하면 부자가 될 수 있습니다.

그렇다면 재테크를 잘 하는 방법은 무엇일까요?

재테크를 요약하면 크게 세 가지입니다. 먼저 돈을 잘 벌고, 그다음은 번 돈을 잘 지키고, 목돈이 되면 잘 투자하면 됩니다. 다만, 간단해 보이는 이 과정에서 많은 문제들이 발생합니다.

대표적인 문제가 세금입니다. 돈을 벌 때도 세금(소득세 등)을 내야 하고, 저축할 때도 세금(이자 소득세 등)이 들고, 불리는 데도 세금(양도 소득세 등)이 듭니다. 우리가 신경 쓰지 않아서 그렇지 대부분의 경제 활동에는 다 세금이 붙어 있습니다. 이 세금을 불만의 대상으로 보고 분노를 표출해 봐야 문제가 해결되지 않습니다. 오히려 이러한 세금에 대해 잘 알고 잘 이용할 줄 알아야 진짜 '부자로서의 첫걸음'이 시작될 수 있습니다. 이 책에서는 다 수록하지 못했지만 세금만 잘 알아도 남들보다 더 빨리 부자가 되는 방법도 아주 많습니다.

대부분의 사람들은 세금에 대해 '어렵고 머리가 아프다'며 기피하려고 합니다. 그래서 누군가의 도움이 필요합니다. 하지만 세무사나 변호사들의 조언을 구하기는 생각보다 어렵습니다. 그래서 우리 영업인들이 세금 공부를 열심히 해서 고객을 부자로 만들어 주는 것이 가장 좋은 방법입니다. 고객도 부자가 되고 우리도 부자가 되는 진정한 Win-Win 전략입니다.

물론 거의 대부분의 보험 영업인들이 세금 컨설팅을 잘 하고 싶어합니다. 그런데 세금을 배워서 잘 활용하는 분들은 생각보다 많지 않습니다. 오랫동안 영업 코칭도 하고 세금 교육도 하다 보니 영업인의 관점에서 세금을 쉽게 설명한 책이 없다는 것을 깨닫고 이 책을 집필하게 되었습니다.

세금 교육과 세금 상담을 통해 쌓아 온 경험을 바탕으로 현장에서 필요한 내용들을 담아 책을 만들고 싶었습니다. 실제 상담을 해 보면 많은 고객들이 상속이나 증여, 법인세 같은 영역보다 당장 필요한 국민연금, 기초 연금, 건강 보험 등에 관한 질문을 많이 합니다.

"소득이 있으면 국민연금이 깎인다고 하던데 정말인가요?"

"국민연금을 얼마 이상 받으면 기초 연금이 안 나오나요?"

"일단 부모를 계약자로 했다가 나중에 자녀로 계약자 변경을 하면 증여세가 나오나요?"

"기초 생활 수급자인데 연금 보험 들어도 문제가 없나요?"

"보험 계약도 압류가 들어올 수 있나요?"

이런 현실적인 질문들에 대해 정확하면서도 고객의 이익이 될 수 있는 해답을 찾아 주어야 우리 영업인들이 더 대접받을 수 있습니다. 이렇게 하면 실적도 많이 올라가고 소개도 훨씬 잘 나옵니다.

그래서 이 책은 기존 세금 서적들과 달리 공적 연금이나 연말 정산, 소득 공제 등 당장 돈과 직결된 부분들부터 수록했습니다. 또한 '바우처 제도'나 '기초 생활 수급자', '개인 회생, 파산' 등 꼭 알아 두어야 할 사회 제도 등에 대해서도 매 장마다 수록했습니다.

그리고 실제 상담 과정에서 많이 받았던 질문이나 어려운 질문들도 별도로 메모해 두었다가 Q&A 부분에 함께 실었습니다. 매 장의 끝부분에는 저의 개인적인 경험들을 통해 제도나 상품을 어떠한 시각으로 바라볼 지에 대해서도 적어 두었습니다.

우리 보험 영업인들이 이 책을 항상 가지고 다니면서 세금 공부 하는데 활용하시고, 상담 시 구체적인 근거니 수치가 생각 나지 않을 때 고객들과 함께 해당 부분을 펼쳐 보면서 설득의 근거로 사용하시면 좋겠습니다. 고객들은 예전과 달리 점점 더 많은 지식들을 알고 영업인들을 만나게 됩니다. 그래서 생각이 구체적으로 나지 않거나 수치나 근거를 통해 고객을 직접 설득해야 할 때 이 책이 유용하게 활용되었으면 좋겠습니다.

그럼에도 불구하고 이 책은 부족한 점이 많습니다만 이 책을 통해 고객을 부자로 만들어 주고 보험 영업인 여러분도 '덕분에' 부자가 되시면 좋겠습니다. 이 책이 나오기까지 도움을 주신 모든 분들에게 진심으로 감사의 말씀 전하면서 모든 보험 영업인들의 건강과 건승을 기원합니다. 감사합니다.

세테크연구소에서 이양주 올림

Part. 1   세테크 기본 과정

1. 국민연금	- 바우처 제도	8
2. 직역 연금(공무원, 사학, 군인)	- 다자녀 지원	28
3. 건강 보험	- 병원비 본인 부담 상한제	47
4. 기초 연금	- 기초생활 수급자	62
5. 종합 소득세(연말 정산)	- 고향사랑기부제	78
6. 노란우산	- 개인 회생, 파산, 면책	98
7. 연금 저축	- TDF와 ETF	111
8. ISA	- 실업 급여	126
9. IRP	- 장기 요양 급여	138
10. 퇴직 연금	- 공공형 일자리	154

Part. 2   보험과 세금

1. 비과세	- 저리 대출	169
2. 보장성 보험과 세테크	- 위기 생계 지원금	189
3. 저축성 보험과 세테크	- 문화누리카드, 나라미	200
4. 연금 보험과 세테크	- 주택 연금	211
5. 변액 보험과 세테크	- 행복지킴이 통장	225
6. 증여와 세테크	- 특수 관계 인간 저가양수	240
7. 상속과 세테크	- 일반 입양, 친양자 입양	255
8. 법인 영업 - CEO 플랜	- 법인 전환, 법인 종류	269
9. 가업 승계	- 창업 자금 증여 특례	287

Part. 1

세테크 기본 과정

이 과정에서는 세테크의 기본이 되는 내용들에 대해 같이 알아보도록 하겠습니다.

세금은 일상생활과 동떨어진 것이 아니라 국민연금이나 건강 보험처럼 우리 일상생활과 밀접한 관계가 있는 공적 제도, 사회 제도 등과 밀접한 관계가 있습니다. 그래서 이 장에서는 우리에게 필수적인 여러 가지 제도나 금융 상품 등을 활용해서 세일즈에 활용할 수 내용들을 위주로 수록했습니다.

특히 국민연금, 건강 보험, 기초 연금, 노란우산. 이 네 가지 부분은 정말 중요한 부분입니다. 고객들이 가장 궁금해하기도 하고 질문도 많습니다. 이런 질문들은 모두 자신들의 돈이나 연금과 관련되어 있기 때문에 도움을 주면 반드시 보답을 받을 수 있는 내용들입니다.

이 파트의 내용은 이전에 다른 책자나 유튜브에서 찾아보기 힘든 구체적인 내용들을 자세하게 수록했습니다. 처음에 좀 어렵게 느껴져도 자꾸 반복해서 읽어 보시는 것이 좋습니다. 처음 공부를 하는 분이라면 특히 앞부분이 어려울 수 있습니다. 그럴 때는 뒷부분의 '영업 활용 방법'과 '화법'만 잘 보셔도 도움이 될 수 있도록 집필했으니 반복해서 자주 읽어 보시면 좋겠습니다.

※ 이 책에서 말하는 '공적 연금'이란 국민연금, 공무원 연금, 사학 연금, 군인 연금의 4대 연금을 말하며 '직역 연금'은 국민연금을 제외한 3가지 공적 연금을 의미합니다. 5대 공적 연금 중에서 '별정 우체국 직원 연금'은 제외하였습니다.

1장   국민연금

1) 국민연금 제도 개요

국민연금은 대한민국의 대표적인 사회 보장 제도로서, 국민의 노후 소득 보장과 사회적 위험에 대한 보호를 목적으로 하는 제도이다. 1988년 도입된 이래 한국 사회 보장 제도의 핵심축을 담당하고 있으며, 소득 재분배 기능 등을 통해 사회 통합에도 기여하고 있다. 안정성 확보를 위해 강제 가입 방식을 원칙으로 하고 있으며 누진 구조를 통해 소득 재분배 기능도 수행하고 있다. 즉 고소득자에 비해 저소득자들이 그동안 낸 보험료보다 노령 연금을 더 많이 받도록 설계되어 있다는 뜻이다. 같은 이유로 국민연금은 **보험료를 많이 내는 것보다 오래 가입**하는 것이 중요하다.

2023년 12월 말 기준으로 2,338만 명이 가입하고 있으며 1인당 평균 수령액은 643,377원이고 최고액 수급자는 2,836,620원이다. (출처 – 국민연금 관리 공단. 2024년 1월 기준) 1인당 평균 수령액은 기억해 두면 좋다. 참고로 통계청과 국민연금 연구원의 조사에 따르면 부부가 노후에 필요한 생활비는 최소 생활 월 200만, 보통 생활 300만, 여유 생활 400만 원 이상이다.

2) 국민연금 가입자

국민연금은 국내 거주 18세 이상 60세 미만 국민을 대상으로 하며, 가입자는 크게 네 가지 유형으로 구분된다.

먼저 **'사업장 가입자'**는 사업장에 근무하는 18세 이상 60세 미만의 근로자 및 사용자가 대상이다. 18세 미만 근로자도 본인이 희망하면 가입자가 될 수 있다. 사업장 가입자는 보험료를 근로자와 사용자가 각각 절반씩 부담하는 것이 특징이다.

다음은 **'지역 가입자'**로 국내 거주 18세 이상 60세 미만 국민 중 사업장 가입자가 아닌 자가 해당된다. 농어업인, 자영업자, 학생 등이 포함되며, 사업장 가입자와 달리 보험료를 전액 본인이 부담해야 한다. 다만 학생이거나 군 복무 중이며 소득이 없는 경우 지역 가입자에서 제외된다.

세 번째는 '**임의 가입자**'로 60세 이상 65세 미만인 자, 해외 거주 국민, 사업장 및 지역 가입자가 아닌 자 중 가입을 원하는 사람들이 여기에 속한다. 주로 자영업자나 프리랜서가 여기에 속한다.

마지막으로 '**임의 계속 가입자**'는 60세 도달 등으로 당연 가입 대상에서 제외되었으나 계속 가입을 원하는 사람들을 말한다. 65세 전에 가입하면 65세 이후에도 보험료를 납부할 수 있다.

3) 보험료

국민연금의 보험 요율은 소득월액의 9%로 설정되어 있으며, 사업장 가입자의 경우 근로자와 사용자가 각각 4.5%씩 부담하는 구조다.

보험료 산정 및 급여 계산의 기준이 되는 '**기준소득월액**'은 2024년 기준으로 최저 370,000원에서 최고 5,530,000원으로 설정되어 있다. 이 기준은 매년 전년도 평균 소득 증가율 등을 고려하여 조정되며, 물가 상승률과 소득 수준 변화를 반영한다.

소득 신고 및 보험료 산정 방식은 가입자 유형에 따라 다르다. 사업장 가입자의 경우 근로 소득을 기준으로 산정한다. 반면 지역 가입자는 소득뿐만 아니라 재산, 생활 수준 등을 종합적으로 고려하여 산정되는데, 이는 소득 파악이 어려운 자영업자나 농어업인의 특성을 반영한 것이다.

4) 국민연금 급여의 종류

국민연금의 급여는 크게 다섯 종류로 구분되며, 각각 다른 목적과 조건을 가지고 있다.

가장 기본이 되는 '**노령 연금**'은 가입 기간 10년 이상이고 60세에 도달한 자에게 지급되는 연금이다. 노령 연금은 다시 세 가지로 나누어지는데, 완전노령 연금은 60세부터 수급할 수 있으나 1969년 이후 출생자는 단계적으로 65세까지 연장된다. 감액노령 연금은 가입 기간 10년 이상인 55세 이상 60세 미만자에게 지급되며 연 6% 감액이 적용된다. 조기노령 연금은 가입 기간 10년 이상으로 소득이 있는 업무에 종사하지 않는 60세 이상자에게 지급된다. 우리가 보통 국민연금에서 나오는 연금이라고 하면 이 '노령 연금'을 말한다.

두 번째는 '**장애 연금**'으로 가입 중 발생한 질병 또는 부상으로 인한 장애에 대해 지급되는 연금이다. 장애 정도에 따라 1급은 기본 연금액의 100%에 부양가족 연금액을 더한 금액을, 2급은 80%, 3급은 60%를 각각 부양가족 연금액과 함께 지급한다.

세 번째는 '**유족 연금**'으로 가입자 또는 가입자였던 자가 사망한 경우 유족에게 지급되는 연금이다. 지급 대상은 배우자, 자녀, 부모, 손자녀, 조부모 순으로 정해지며, 유족 수에 따라 기본 연금액의 60% 또는 40%를 지급한다.

네 번째는 '**반환 일시금**'으로 가입 기간이 10년 미만인 상태에서 60세에 도달했을 때 지급되는 일시금이다. 지급액은 연금 보험료 총 납부액에 이자를 더한 금액이다.

마지막으로 '**사망 일시금**'은 가입자 또는 수급권자가 사망한 경우 유족에게 지급되는 일시금으로, 장례 비용 등을 보전하기 위한 성격을 갖는다.

5) 적립금 현황과 운용

국민연금의 적립금은 2023년 말 기준 약 1,000조 원 규모로 **세계 3위**의 연기금 지위를 차지하고 있다. 이는 한국 경제 규모를 고려할 때 상당히 큰 규모로, 국내 금융 시장에서 중요한 역할을 담당하고 있다. 이렇게 규모가 크기 때문에 수익이 잘 날 수밖에 없다. 2024년에는 잠정 운용 수익률이 15%였다.

투자 포트폴리오를 살펴보면, 국내 채권이 약 48%로 가장 큰 비중을 차지하며 안정적인 수익을 추구하는 성격을 보여 준다. 해외 주식이 약 22%, 국내 주식이 약 17%를 차지하여 총 주식 투자 비중이 약 39%에 달한다. 해외 채권은 약 8%, 대체 투자는 약 5%의 비중을 차지하고 있다.

6) 국민연금의 주요 쟁점

국민연금이 직면한 가장 심각한 문제는 **인구 구조 변화**로 인한 충격이다. 한국의 합계 출산율은 2022년 기준 0.78로 세계 최저 수준을 기록하고 있으며, 고령화 속도도 세계 최고 수준에 달한다. 2018년 고령 사회에 진입한 이후 생산 가능 인구는 급격히 감소하고 있는 반면, 연금 수급자는 급증하고 있다.

이러한 인구 구조 변화는 제도 부양비 악화로 이어지고 있다. 2020년 현재 5.4명의 가입자가 1명의 수급자를 부양하는 구조였지만, 2070년에는 0.8명의 가입자가 1명의 수급자를 부양해야 하는 상황이 될 것으로 전망된다. 이는 제도의 지속 가능성에 근본적인 위협이 되고 있다.

따라서 구조 개혁의 필요성이 절실하다. 보험 요율 인상과 급여 수준 조정 사이의 균형을 찾아야 하며, 수급 개시 연령 연장 방안도 검토해야 한다. 또한 크레딧 확대 등 제도 개선을 통해 사각지대를 해소하면서도 재정 건전성을 유지하는 방안을 모색해야 한다.

국민연금의 또 다른 문제는 '**세대 간 형평성**' 문제이다.

국민연금 제도에서 기존 세대와 미래 세대 간의 급여-부담 격차는 심각한 문제로 대두되고 있다. 초기 가입자들은 제도 도입 초기의 관대한 조건으로 인해 상대적으로 높은 수익률을 누리고 있다. 반면 미래 세대는 인구 고령화와 저출산으로 인해 상대적으로 낮은 수익률을 감수해야 하는 상황이다.

제도 성숙도와 급여 수준의 관계도 세대 간 형평성 문제를 야기한다. 제도 초기에는 저부담-고급여 구조가 가능했지만, 향후에는 고부담-저급여 구조로의 전환이 불가피하다. 이러한 구조적 변화는 세대간 형평성 개선을 위한 정책적 노력이 필요한 상황이다.

7) 국민연금 관련 유용한 제도

가. 반환 일시금 반납 제도

반환 일시금 반납 제도는 과거에 국민연금 반환 일시금을 받았던 사람이 다시 국민연금에 가입했을 때, 이전에 받은 반환 일시금을 다시 납부하여 가입 기간을 연장할 수 있는 제도다. 국민연금 가입 기간의 연속성을 보장하고, 더 많은 연금 혜택을 받을 수 있는 장점이 있다.

반납해야 할 금액은 과거에 받은 반환 일시금에 이자를 더한 금액이다. 이자율은 국민연금 기금 운용 수익률을 적용하며, 일시납 또는 분할납 중에서 선택할 수 있다. 분할납의 경우 최대 5년까지 나누어 납부할 수 있다.

나. 추후 납부(추납)제도

추후 납부 제도는 국민연금 가입 대상이었지만 보험료를 납부하지 않았거나 납부할 수 없었던 기간에 대해 나중에 보험료를 납부할 수 있는 제도이다. 가입자의 다양한 사정을 고려하여 연금 수급권을 보장하기 위한 제도라고 할 수 있다.

추납 보험료는 추납하고자 하는 기간의 소득과 그 당시 보험 요율을 기준으로 계산된다. 추납 시점까지의 이자도 함께 납부해야 하므로, 가능한 한 빨리 추납하는 것이 유리하다. 추납을 원하는 경우 국민연금 공단에 신청서를 제출해야 한다. 추납 보험료는 일시납 또는 분할납으로 납부할 수 있으며 분할납의 경우 최대 5년까지 나누어 납부할 수 있다.

추납을 통해 가입 기간이 늘어나면 연금 수급 자격을 더 쉽게 충족할 수 있고, **연금액도 증가**한다. 특히 연금 수급 자격인 10년을 채우지 못한 경우 추납을 통해 수급권을 확보할 수 있어 매우 중요한 제도라 할 수 있다.

다. 선납

선납 제도는 국민연금 보험료를 미리 납부할 수 있는 제도이다. 가입자가 경제적 여유가 있을 때 미리 보험료를 납부하여 장기적으로 경제적 이익을 얻을 수 있도록 하는 제도이므로 잘 활용하면 노령 연금액을 대폭 늘릴 수 있다.

선납은 크게 두 가지로 나뉜다. 첫째는 기본 선납으로, 정해진 보험료를 미리 납부하는 것이다. 둘째는 추가 선납으로, 기본 보험료 외에 추가로 보험료를 납부하여 더 많은 연금을 받을 수 있도록 하는 제도이다.

선납의 가장 큰 장점은 **할인 혜택**이다. 선납 기간에 따라 할인율이 달라지며, 일반적으로 6개월 선납 시 1.5%, 12개월 선납 시 3%의 할인을 받을 수 있다. 연간 수익률로 환산하면 상당히 높은 수준의 이익을 기대할 수 있다.

선납을 원하는 경우 국민연금 공단에 신청할 수 있으며, 온라인이나 방문을 통해 신청이 가능하다. 선납 금액은 한 번에 납부해야 하므로, 경제적 여유를 충분히 고려한 후 신청하는 것이 좋다.

라. 임의 가입

임의 가입 제도는 국민연금 **당연 가입 대상이 아닌 사람**이 자신의 의사에 따라 국민연금에 가입할 수 있는 제도이다. 국민연금의 혜택을 더 많은 사람들이 받을 수 있도록 하기 위함이다. 구체적으로는 전업주부, 학생, 무직자, 일용 근로자 등이 대상자가 되고 국외 거주자도 일정 조건을 충족하면 임의 가입이 가능하다.

임의 가입자의 보험료는 본인이 신고한 기준소득월액에 보험 요율 9%를 곱한 금액이다. 기준소득월액은 최저 39만 원부터 최고 637만 원(2025년 6월 기준)이며, 본인의 경제 상황에 맞게 결정할 수 있다. 참고로 2025년 현재 최소 월 보험료는 36,000원이다.

마. 임의 계속 가입

임의 계속 가입 제도는 국민연금 가입 의무가 종료된 후에도 계속해서 국민연금에 가입할 수 있는 제도이다. 이는 연금 수급 자격을 충족하지 못했거나 더 많은 연금을 받고 싶은 사람들에게 필요하다. 임의 계속 가입 대상이 되는 사람들은 만 60세에 도달하여 국민연금 **가입 의무가 종료된 사람** 중 연금 수급 자격을 충족하지 못했거나 더 많은 연금을 받고 싶은 사람들이다. 또한 해외 이주 등으로 인해 가입 의무가 종료된 사람도 포함된다.

임의 계속 가입은 만 65세까지 가입할 수 있으며, 연금 수급 자격인 10년을 채우지 못한 경우에는 10년이 될 때까지 가입을 연장할 수 있다. 다만 최대 가입 기간은 만 65세까지로 제한된다. 예를 들어 118개월을 납부하고 납입이 중단된 경우 2개월만 더 납부하면 국민연금 수령이 가능하다. 다만 만 64세 시점에서 100개월을 납입한 경우 65세까지 납부를 더 해도 120개월이 안 되기 때문에 임의 계속 가입이 안 된다.

임의 계속 가입자의 보험료는 가입 종료 직전 3년간의 평균 기준소득월액에 보험료율 9%를 곱한 금액이다. 급여는 일반 가입자와 동일하게 받을 수 있으며, 가입 기간이 늘어나는 만큼 연금액도 증가한다. 임의 계속 가입은 가입 의무 종료 후 3개월 이내에 신청해야 한다. 임의 계속 가입을 통해 연금 수급 자격을 충족할 수 있고, 가입 기간이 늘어나는 만큼 연금액도 증가한다. 특히 연금 수급 자격인 10년을 채우지 못한 경우에는 필수적인 제도라고 할 수 있다.

8) 국민연금과 세금

가. 국민연금 과세 체계

국민연금 과세의 핵심은 '2002년 1월 1일 이후 납부한 보험료'에 대한 연금액이다. 2002년부터 연말 정산 시 국민연금 납부액에 대한 소득 공제 혜택이 적용되었기 때문에, '소득 공제를 받은 만큼 나중에 연금을 받을 때 세금을 낸다'는 원칙이 적용된다.

▶ 과세 대상: 2002년 1월 1일 이후 납부액을 기초로 산정된 노령 연금 및 반환 일시금.

▶ 비과세 대상: - 2001년 12월 31일 이전 납부액을 기초로 한 연금액

　　　　　　- 장애 연금 및 유족 연금 (전액 비과세)

따라서 현재 노령 연금을 수령하고 있는 사람이라도, 2002년 이전 가입 기간이 길다면 실제 과세 대상이 되는 금액은 전체 연금 수령액보다 적을 수 있다.

나. 국민연금 과세 절차 - 원천 징수와 연말 정산

국민연금(노령 연금)을 받을 때는 **세금을 떼고** 받는다. 국민연금 수령액에 대한 세금은 국민연금 공단에서 매월 연금을 지급할 때 미리 떼는 원천 징수 방식으로 납부한다. 매달 '연금 소득 간이 세액표'에 따라 지급할 연금액에서 소득세(지방 소득세 포함)를 징수하는데 이때 부양가족 등 인적 공제 사항을 미리 신고하면 매월 내는 세금을 줄일 수 있다. 만약 국민연금 소득만 있다면, 공단에서 실시하는 연말 정산으로 납세 의무가 종결되므로 별도로 종합 소득세 신고를 할 필요가 없다. (국민연금 소득이 연간 2,000만 원을 넘어도 연말 정산으로 종결)

다. 국민연금과 종합 소득세

2002년 1월 이후 국민연금 소득은 소득세법상 공적 연금 소득에 해당하며, 종합 소득세 과세 대상이다. 따라서 국민연금 외에 다른 소득이 있다면, 이를 모두 합산하여 다음 해 5월에 종합 소득세 확정 신고를 해야 한다.

▶ **종합 소득세 신고 대상이 되는 경우**

- 국민연금(과세 대상 연금액)이 연 350만 원을 초과하면서 근로 소득, 사업 소득, 기타 소득 등 다른 종합 과세 대상 소득이 있는 경우
- 국민연금 외에 사적 연금(개인 연금, 퇴직 연금 등) 소득이 연 1,500만 원을 초과하는 경우
- 그 외 종합 소득세 신고 대상 소득이 있는 모든 경우

국민연금 소득 금액은 연금 소득 공제 등을 적용하여 계산된 후 다른 소득과 합산되어 누진 세율(6% ~ 45%)이 적용된다.

라. 다른 연금 소득과의 합산 과세

공적 연금(국민연금 등)과 사적 연금(연금 저축, IRP 등)은 과세 체계에 차이가 있어 주의가 필요하다. 국민연금은 다른 소득과 합산하여 과세하므로 국민연금 + 다른 연금이나 소득이 있을 경우 합산하여 과세한다.

▶ **공적 연금 소득 (국민연금)**: 금액에 상관없이 무조건 **종합 과세** 대상 (실제로는 연 350만 원 이상일 경우임, 350만 원 이하는 연금 소득 공제로 전액 공제됨)
 * 공적 연금 – 국민연금, 공무원 연금, 사학 연금, 군인 연금
 * 합산 시 과세 – 모든 연금 소득을 합산하여 연금 소득 공제 적용한 공제 후 금액을 다른 소득과 합산하여 전체 종합 소득에 대해 누진 세율로 과세
▶ 사적 연금 소득: 연간 수령액이 **1,500만 원 이하**일 경우, 3.3% ~ 5.5%(지방 소득세 포함)의 낮은 세율로 **분리 과세**를 선택하여 납세 의무를 종결할 수 있다. 하지만 종합 과세를 선택하는 것이 유리할 경우 종합 과세 신고도 가능하다. 만약 1,500만 원을

초과하면 그 초과분이 아닌 전체 사적 연금 수령액을 다른 소득과 합산하여 종합 과세 신고하거나, 16.5%의 세율로 분리 과세를 선택할 수 있다.

※ 사적 연금 - 퇴직 연금(DB, DC, IRP), 연금 저축(연금 저축 보험)

9) 국민연금의 노령 연금 감액 제도

국민연금의 문제점 중 하나가 노령 연금을 받는 사람이 일정 수준 이상의 소득이 있을 경우 연금액의 일부를 감액하는 것이다. 이것을 '소득 활동에 따른 노령 연금 감액 제도'라고 한다. 국민연금의 취지 자체가 소득이 없는 노후를 대비하기 위한 것이니 소득 활동을 통해 생활을 유지할 능력이 되면 연금액을 줄이겠다는 것이다.

가. 주요 내용

- 감액 대상자: 노령 연금 수급자 중 '소득이 있는 업무'에 종사하는 사람
- 감액 대상 소득: 근로 소득. 사업 소득, 부동산 임대 소득
      ※ 이자 소득, 배당 소득, 다른 연금 소득은 포함 안 됨
- 감액 기간: 노령 연금 수급 개시 연령부터 최대 5년간

나. 연금액 감액

단순히 일을 한다고 모두 감액되는 것은 아니다. 월평균 소득 금액이 'A값'을 초과해야 한다.

*A값: 국민연금 전체 가입자의 최근 3년간 평균소득월액을 평균한 금액, 매년 변동됨
      - 2024년 기준 A값: 2,989,237원
      - 2025년 기준 A값 (예상): 약 309만 원 (매년 변동되므로 확인 필요)

감액되는 금액은 A값을 초과한 소득액에 따라 달라진다.

2015년 7월 29일 이후 수급권 취득자 기준

A값 초과 소득 월액	감액 비율
100만원 미만	초과 소득 월액 X 5%
100만원 이상 ~ 200만원 미만	5만원 + (100만원 초과 소득월액의 10%)
200만원 이상 ~ 300만원 미만	15만원 + (200만원 초과 소득월액의 15%)
300만원 이상 ~ 400만원 미만	30만원 + (300만원 초과 소득월액의 20%)
400만원 이상	50만원 + (400만원 초과 소득월액의 25%)

예를 들어 근로 소득, 사업 소득, 임대 소득을 합해서 월 450만 원의 소득을 가지고 있다면 A값인 2백989천 원을 빼면 1,511,000원이다. (100만 원 미만은 × 5% 이니) 5만 + 200만 원 미만은 (100만 원을 초과한 소득월액 × 10%)이다. 이렇게 계산해 보면

∴ 5만 + (5만1천) = 10만 1천 원이 나온다.

(위의 표 그대로 누진공제 + '초과소득 × %'로 계산해도 결과는 동일함)

위의 사례에 해당하면 국민연금 수령액에서 10만 1천 원이 삭감된다는 얘기다.

참고로, 아무리 소득이 많아도 원래 본인이 받을 노령 연금액의 50%를 초과하여 감액하지 않으며 감액 기간 동안에는 부양가족 연금이 지급되지 않는다. 결론적으로 노령 연금을 받으면서 일을 하는 경우 월평균 소득 금액이 A값(2024년 기준 **약 299만 원**)을 초과하면 그 초과 소득에 따라 최대 5년간 연금액이 일부 감액될 수 있다.

※ 2025년 9월 1일을 기준으로 이재명 정부의 '국정 기획 위원회'에서 국민연금 수급자의 연금 삭감 기준을 509만 원으로 높이는 방안을 정부에 제공하였다. 이 책이 발간될 이후에 이 부분이 어떻게 결정될지는 알 수 없으나 금액을 너무 높인 것은 아닌가 하는 생각도 있다.

10) 국민연금 유족 연금

가. 유족 연금 대상

국민연금의 유족 연금이란 국민연금 가입자 또는 연금을 받던 분이 사망했을 때, 그분

에 의해 생계를 유지하던 유족의 생활을 보장하기 위해 지급되는 연금을 말한다.

유족 연금을 수령할 최우선 순위는 **배우자**(사실혼 배우자도 요건을 갖추면 가능)이며 배우자 없을 경우 순위는 다음과 같다.

① 1순위: 자녀(만 25세 미만 또는 장애 등급 2등급 이상)

② 2순위: 부모(만 60세 이상 또는 장애 등급 2등급 이상, 배우자의 부모 포함)

③ 3순위: 손자녀(만 19세 미만 또는 장애 등급 2등급 이상)

④ 4순위: 조부모(만 60세 이상 또는 장애 등급 2등급 이상, 배우자의 조부모 포함)

최우선 순위자 1인에게 지급하며 같은 순위의 유족이 2명 이상이면 연금을 똑같이 나누어 지급한다. 선순위자가 있으면 후순위자는 받을 수 없다.

나. 유족 연금 지급액

유족 연금 수는 사망자의 국민연금 가입 기간에 따라 달라지는데

▶ 배우자가 60세 이상이면 평생 지급한다.(60세 미만 시 기본 3년 지급)

▶ 지급액은 본 연금액의 60%(배우자만 있는 경우), 70%(배우자 + 자녀), 80%(유족 3 인 이상)정도이고 구체적인 금액은 가감이 될 수 있다.

▶ 자녀(만 18세 미만) 또는 부모가 있는 경우 함께 지급도 가능하다.

다만, 주의할 점은 유족 연금의 경우 반드시 신청해야 지급이 되고 사망일로부터 5년이 지나면 청구권이 소멸된다는 것이다.

다. 유족 연금과 본인 연금

부부가 각자 국민연금에 가입되어 있다가 한 쪽이 사망하면 남은 배우자는 '본인의 노령 연금+유족 연금의 30%'와 '유족 연금 전액' 중에서 선택을 해야 한다.

예를 들어 A씨가 노령 연금 60만 원을 수령 중이고 배우자 B씨가 사망해서 유족 연금 50만 원이 발생하면 A씨는 본인의 노령 연금 60만 원 + 50만 원의 30%인 15만 원을 추가하여 월 75만 원을 수령할 수 있다.

11) 국민연금에 대해 궁금한 내용들

Q1. 이혼한 배우자의 노령 연금 청구권이 있나요?

A1. 이혼한 배우자도 노령 연금 청구권이 있습니다.

수급 자격을 갖추려면

① 실질적인 혼인 기간이 5년 이상이 되어야 하고

② 법률적으로 이혼한 상태이어야 하고

③ 전 배우자가 노령 연금 수급권을 취득해야 하고

④ 본인이 노령 연금 수급 연령에 도달해야 합니다. (69년생 이후면 65세 이후)

　위의 4가지 수급 요건을 갖춘 후로부터 5년 이내 청구해야 하고 5년이 지나면 권리가 소멸되니 주의해야 합니다. 만약 수급 요건을 다 갖추지 못해도 **이혼 효력이 발생한 날로부터 3년 이내 분할 연금 선청구**도 가능합니다. 분할 연금을 받더라도 본인 소유의 국민연금을 수령할 수 있습니다. 분할 연금액은 원칙적으로 혼인 기간에 해당하는 연금액의 50%입니다.

Q2. 이혼한 배우자가 재혼해도 노령 연금 청구권이 있나요?

A2. 이혼한 배우자가 재혼하더라도 노령 연금 청구권을 행사할 권리는 그대로 유지됩니다.

과거에는 분할 연금 수급권자가 재혼하면 연금 지급이 정지되었던 때도 있었으나, 2007년 7월 23일 국민연금법이 개정되면서 이 부분이 개정되었습니다.

다만, 배우자 사망 시 지급하는 '유족 연금'은 수급권자가 재혼하면 그 권리가 소멸됩니다.

Q3. 국민연금에서 대출이 되나요?

A3. 일반 가입자를 위한 대출 제도는 없지만 만 60세 이상 수급자를 위한 제도는 있습니다.

1) 대상은 국내에 거주하는 만 60세 이상의 국민연금 수급자이며

2) 대출 용도가 아래의 4가지로 정해져 있습니다.

  - 전세, 월세 보증금이 필요한 경우

  - 본인 또는 배우자의 의료비가 필요한 경우

- 배우자의 장례비가 필요한 경우

- 재해 복구비(태풍, 홍수 등 재난 시)가 필요한 경우

3) 대출 한도 및 금리

  - 대출 한도는 최대 1,000만 원 (본인의 연간 연금 수령 금액의 2배 이내에서 필요한 금액)

  - 금리는 5년 만기 국고채 수익률에 연동해서 변경됨 (2024년 기준 연 3~4%대)

  - 상환 기간은 최대 5년이며 상환 방식은 원금 균등 분할 상환 방식입니다.

Q4. 국민연금 수령액이 많으면 기초 연금이 감액되는지?

A4. 그렇습니다. 이는 **'기초 연금 국민연금 연계 감액 제도'** 때문이며, 기초 연금 수급자라면 반드시 알아 두어야 할 중요한 내용입니다. 아래 조건에 해당할 때 감액이 됩니다.

1) 감액 조건: (본인이 받는 국민연금액) > (그해 기초 연금 기준 금액의 150%)

   쉽게 말해 국민연금 수령액이 일정 금액을 초과할 때부터 깎이기 시작합니다.

   ※ 2025년 기준 예시

   - 2025년 기초 연금 기준 금액: 월 342,510원

   - 감액 기준선(150%): 342,510원 × 1.5 = 약 **513,765원**

   따라서 2025년 기준으로 월 노령 연금을 51만 원 이하로 받으면 기초 연금 감액은 없고, 이 금액을 초과하면 기초 연금이 깎입니다. 다만 '노령 연금'만 해당하고 장애 연금이나 유족 연금은 깎지 않습니다.

2) 감액 수준: 국민연금 수령액이 많을수록, 가입 기간이 길수록 감액 금액도 커지며 아무리 많이 깎여도 최대 감액 한도는 기초 연금 기준 연금액의 50% 이하입니다.

Q5. 국민연금을 더 받으려면 어떻게 해야 하나요?

A5. 국민연금을 더 많이 받는 다섯가지 방법이 있습니다.

첫째, 가입 기간을 최대한 늘려야 합니다. 국민연금은 최소 10년 이상 가입해야 노령 연금을 받을 수 있지만 가입 기간이 20년을 넘기면 연금액이 훨씬 많아집니다.

*연금 공백이 있다면 '추후 납부 제도'를 활용하면 됩니다.

둘째, 연금 수령 시기를 최대한 늦춰야 합니다. 국민연금은 만 60세부터 수령 가능하지만, 수령 시기를 **최대 만 65세까지 늦출** 수 있습니다.

*1년 연기 시 → 연 7.2% 가산

*5년 연기 시 → **총 36% 가산!**

즉, 월 100만 원 받는 분이 수령을 5년 연기하면 월 136만 원으로 늘어납니다.

셋째, 납부하는 보험료를 늘려야 합니다 (임의 가입, 임의 계속 가입 활용) 소득이 줄거나 퇴직 후 국민연금 가입이 끊겼다면 **임의 가입 제도**로 가입 연장을 할 수 있습니다. 특히 전업주부, 자영업자, 소득이 없는 분들도 자발적으로 가입 가능합니다. 또한 직장에서 퇴직해도 국민연금 수령 나이가 되지 않았다면 **임의 계속 가입 제도**를 활용해 계속 보험료를 낼 수 있습니다.

넷째, 보험료 지원 제도를 활용해야 합니다. 소득이 적은 자영업자나 근로자라면 '**두루누리 사회 보험료 지원 제도**'를 활용하시면 좋습니다. 지원 자격은 다음과 같습니다.

*월 보수 260만 원 미만 근로자

*10인 미만 사업장 대상

*국민연금 보험료의 **최대 90%까지 지원**합니다.

또, **청년 추납 장려금 제도**도 있어 만 18세~만 39세가 과거 보험료를 추납할 경우 추납 금액의 일부를 나라에서 보조해 주니 해당자는 잘 활용할 필요가 있습니다.

다섯째, 전략적 소득 조절을 통해 연금 삭감을 방지해야 합니다. 연금 수령 시기에 소득이 많으면 연금이 깎일 수 있습니다. **60~64세 사이에는 소득에 따라 연금이 감액될** 수 있으니 가능하다면 연금 개시 시기를 미루거나, 이 시기에는 근로 소득을 조절하는 전략이 필요합니다.

또한 만 65세 이후에도 **소득이 많으면 '소득 재조정 제도'로 감액**될 수 있으니 총 소득이 일정 금액을 넘지 않도록 설계해 두는 것이 좋습니다.

12) 국민연금을 영업에 활용하는 방법

지금은 대부분의 국민이 국민연금에 가입되어 있기 때문에 보험 영업인들은 국민연금에 대해 잘 알고 있어야 한다. 필자가 직접 상담해 본 많은 분들이 국민연금에 대해 대충(?) 알고 있어서 단편적인 지식으로 올바른 판단을 내리지 못하는 경우를 많이 보았다. 좀 더 자세한 지식을 통해 고객들이 이익을 볼 수 있도록 도와주고 신뢰를 얻을 수 있는 매우 중요한 부분 중 하나가 국민연금이다.

먼저, 선택의 폭이 있다면 국민연금을 가입하는 것이 좋은가에 대한 주관적인 대답은 '그렇다'이다. 국민연금 가입이 가능한데도 국민연금 없이 연금 보험에 가입하는 것에 대해서는 매우 부정적이다. 예를 들어 5년 후에 국민연금 개시가 되는 나이인데 그동안 국민연금 보험료를 6년을 냈다면 임의 가입을 해서 남은 5년 동안 보험료를 계속 내고 국민연금을 수령하는 것이 더 좋은 선택이다. 같은 기간 동안 연금 보험에 가입해서 보험료를 내봐야 연금 수령액이 많지 않다.

다만, 이미 국민연금 보험료를 많이 내고 있는 사람이 추납 등을 통해 군이 더 많은 보험료를 내는 것은 생각을 해 봐야 할 문제이다. 세금 면에서도 국민연금은 원칙적으로 과세가 되고 다른 소득이 있으면 종합 과세가 되기 때문에 임대 소득이나 사업 소득이 있는 사람이라면 굳이 더 많은 보험료를 납부할 필요는 없다고 본다. 또한 국민연금은 소득이 많이 있는 경우 국민연금액 노령 연금액이 삭감되기도 하기 때문에 더욱 그렇다.

별도로 생각해 보아야 할 문제가 더 있는데 부부가 각자 국민연금의 노령 연금을 수령 중에 있다가 한쪽이 사망하면 다른 한쪽은 '본인의 노령 연금+유족 연금의 30%'와 '유족 연금 전액' 중에서 선택을 해야 한다. 맞벌이 가정의 경우 부부가 각각 노령 연금을 수령하다가 한쪽이 먼저 사망한다면 원래 받아야 할 노령 연금을 충분히 받지 못하는 문제가 생길 수도 있다.

이런 이유들로 가장 바람직한 모델이라면 기존에 자신이 내고 있는 국민연금을 그대로 유지하고 별도로 종합 과세에 해당하지 않는 '비과세' 연금 소득을 마련하는 것이 가장 중요하다고 생각한다. 비과세 연금은 연금 수령 시 종합 과세에서 제외가 되며 특히 국민연금 노령 연금의 삭감 대상인 근로 소득, 사업 소득, 임대 소득과 관계가 없어서 매년

고액의 연금을 수령한다고 해도 전혀 문제가 없다. (국민연금 최대의 문제점이 바로 이 부분이다)

비과세 연금은 생명 보험사의 종신형 연금이 최선의 선택이다. 뒷부분에서 다시 언급하겠지만 IRP나 ISA, 연금 저축보다 장점이 많다. 또 같은 생명 보험사에서 판매하고 있는 세제 적격 연금 보험보다 월납 150만 원 & 일시납 1억 원 한도의 비과세 연금 보험이 더 좋다.

13) 국민연금 관련 화법

고객님 국민연금을 언제부터 받는지 알고 계신가요?

(대부분 안다)

네. 그렇다면 국민연금을 수령할 때 세금을 떼고 수령한다는 것은 알고 계신가요?

(대부분 잘 모른다)

네. 그럼 국민연금을 수령하고 있을 때 월 소득 합산 299만 원(2024년 기준)이

넘으면 이때부터 연금이 삭감되는 것도 알고 계신가요?

이것하고 별도로 이자 소득을 포함해 모든 소득을 합산해서 한 해 2000만 원을 넘기면 종합 소득세를 과세하고 건강 보험 피보험자 자격이 박탈되는데 알고 계시죠?

(고객 반응 후)

그래서 소득이 없는 노후에는 다른 소득과 합산해서 소득세를 높이는 '나쁜 소득'을 줄이고 다른 소득과 합산되지 않는 '착한 소득'을 늘리는 것이 가장 중요합니다.

고객님이 현재 가지고 계신 금융 상품 중에서 어떤 상품이 나쁜 소득이 되고 어떤 상품이 착한 소득이 되는지 꼭 확인해 보셔야 합니다.

제가 지금 확인해 드리겠습니다.

고객님은 동의 한 번만 해 주시면 바로 확인이 가능합니다.

주민 등록 번호가 어떻게 되시죠?

1 바우처 제도

바우처(Voucher)란 바우처는 정부나 지자체에서 특정 서비스나 물품을 구매할 수 있도록 지급하는 이용권을 말한다. 현금 대신 카드나 쿠폰 형태로 제공되어, 지정된 용도에만 사용할 수 있도록 만든 복지 제도이다. 그런데 의외로 이런 바우처 제도에 대해서 잘 모르고 있는 사람들도 많다.

영업인이라면 바우처가 무엇인지 정도는 반드시 알고 있어야 한다.

1. 바우처 종류와 혜택

1) 장애인 활동 지원 바우처

장애인이 일상생활과 사회생활을 할 수 있도록 돕는 핵심적인 복지 서비스이다. 활동 보조, 방문 목욕, 방문 간호 등의 서비스를 제공받을 수 있다.

- 대상: 만 6세 이상 ~ 만 65세 미만의 장애인
- 지원 내용: 신체 활동, 가사 활동, 사회 활동 등을 도와주는 활동 보조인 서비스

2) 에너지 바우처

저소득층의 에너지 부담을 덜어 주는 바우처로, 전기·가스·연탄·등유 등 다양한 에너지원에 사용할 수 있다.

- 대상: 국민 기초 생활 보장법상 생계·의료 급여 수급자 (세대원 중 1명이라도 포함되면 신청 가능)
- 신청 기간: 2025년 6월 9일~12월 31일
- 지원 금액: 여름철(냉방비), 겨울철(난방비) 구분 지원

※1인 세대 - 연간 295,200원(하절기 40,700원)

   2인 세대 - 연간 407,500원(하절기 58,800원)

   3인 세대 - 연간 532,700원(하절기 75,800원)

   4인 세대 - 연간 701,300원(하절기 102,000원)

- 기타: 에너지 바우처 금액은 수급자 소득 산정에 포함되지 않으며, 동·하절기 구분 없이 2025년 7월부터 2026년 5월까지 자유롭게 사용가능

3) 기저귀·조제분유 지원 바우처

온라인몰이나 오프라인 매장에서 기저귀와 조제분유를 구매할 수 있는 바우처이다. 신생아 양육의 경제적 부담을 덜어 주는 실질적인 도움이 되고 있다.
- 대상: 0~24개월 미만 영아를 둔 저소득층 가정
- 지원 금액: 2024년에는 기저귀 지원 단가가 8만 원에서 9만 원으로, 조제분유 지원 단가가 10만 원에서 11만 원으로 상향 조정
- 목적: 출산 초기 양육 필수품 지원으로 경제적 부담 완화

4) 생리용품 지원 바우처

여성의 건강권과 교육권을 보장하기 위한 바우처로, 많은 지자체에서 확대 실시하고 있다.
- 대상: 저소득층 여성 및 청소년
- 지원 내용: 지급일부터 2024년 12월 31일까지 사용 가능한 생리용품 구매 바우처

5) 마음 바우처 (심리 상담)

코로나19 이후 급증한 우울, 불안 등 정신 건강 문제에 대응하기 위해 도입된 바우치이다.
- 대상: 정신 건강 위험군, 심리적 지원이 필요한 계층
- 지원내용: 전문 심리 상담사를 통한 개인 상담, 집단 상담 등
- 특징: 정신 건강 사각지대 해소를 위한 예방적 복지 서비스

6) 노인 돌봄 종합 서비스

혼자 사는 어르신들의 안전과 건강한 노후 생활을 위한 맞춤형 돌봄 서비스이다.

- 대상: 만 65세 이상 국민 기초 생활 보장법상 수급자, 차상위 계층 독거노인 등

- 서비스 내용:

*신체 활동 지원(목욕, 옷 갈아입기, 화장실 이용 등)

*가사 활동 지원(청소, 세탁, 조리 등)

*개인 활동 지원(외출 동행, 말벗, 생활 상담 등)

7) 산모·신생아 건강 관리 서비스

- 대상: 출산(예정)일 기준 가구 건강 보험료 본인 부담금이 기준 이하인 출산 가정 (전국 가구 중위 소득 150% 이하 출산 가정)

- 서비스 내용:

*산모 건강 관리(산후조리, 영양 관리, 모유 수유 지도 등)

*신생아 건강 관리(목욕, 수유, 기저귀 교환 등)

*가사 활동(청소, 세탁, 간단한 식사 준비 등)

- 서비스 기간: 태아 수에 따라 5일~최장 40일

※ 첫째 기준으로 5~15일 정도 서비스 받을 수 있고, 본인 부담금은 7만 원에서 최대 64만 원 정도

8) 가사·간병 방문 서비스

- 대상: 만 65세 이상 또는 노인성 질환자, 장애인 등으로 혼자 힘으로 일상생활이 어려운 자

- 서비스 내용:

*신체 수발 서비스(목욕, 배설, 옷 갈아입히기 등)

*일상생활 지원(청소, 세탁, 조리, 생필품 구매 등)

*개인 활동 지원(병원 동행, 산책 등) 특징: 장기 요양 보험 등급 외자나 등급을 받지 못한 분들도 이용 가능

9) 발달 재활 서비스

- 대상: 만 18세 미만의 뇌병변, 지적, 자폐성, 언어, 청각, 시각 장애 아동

- 서비스 내용:

*언어 치료, 미술 치료, 음악 치료, 행동 치료 등

*인지 능력 향상 훈련

*사회 적응 훈련

- 지원 금액: 월 22만 원 (본인 부담금: 소득 수준에 따라 2만 원~6만 원)

2. 신청 방법

위에서 적은 바우처 외에도 스포츠 강좌 이용권, 평생 교육 바우처 등 다양한 바우처가 있다. 해당되는 서비스가 어떤 것이 있는지 확인하려면 아래 사이트를 활용하면 좋다.

▶ **온라인 확인**: 복지 포털 사이트 '복지로(www.bokjiro.go.kr)'나 '정부24(www.gov.kr)'에서 '바우처'를 검색하고 내게 맞는 서비스를 찾아본다.

▶ **오프라인 문의**: 가장 정확한 방법! 거주하시는 곳의 **행정 복지 센터(주민 센터)**에 **직접 방문**하여 상담받는 것이 좋다. 신청은 대부분 주민 센터 방문을 통해 이루어지며, 자격이 확인되면 특정 카드에 바우처가 충전되는 방식으로 진행된다.

고객들의 상황이 매우 다양하기 때문에 대략 어떤 바우처가 있는지 정도만 숙지해 두어도 많은 도움을 줄 수 있다. 이후에도 중요한 복지 제도들에 대해 자세히 설명해 두었으니 잘 활용하시기를 바란다.

2장

직역 연금(공무원, 사학, 군인)

1) 공무원 연금

가. 공무원 연금 개요

공무원 연금은 대한민국의 직역 연금 제도의 하나로서, 공무원의 노후 소득 보장과 사회적 위험에 대한 보호를 목적으로 만들어졌다. 1960년 도입되었고 한국 사회 보장 제도의 중요한 축을 담당하고 있는 연금이다.

공무원 연금은 강제 가입 방식을 원칙으로 하며 확정 급여형 제도로 운영된다. 급여 수준이 법령에 의해 미리 정해져 있어 가입자가 예측 가능한 연금을 받을 수 있다는 의미다. 또한 종합 보장 제도로서 노령 연금뿐만 아니라 장해 연금, 유족 연금, 퇴직 급여 등을 포괄적으로 보장한다.

2023년 12월 말 기준으로 약 180만 명이 가입하고 있으며, 연금 수급자는 약 73만 명에 달한다. 1인당 평균 수령액은 약 **227만 원**으로 국민연금(64만 원)에 비해 매우 높다. 공무원 연금의 소득 대체율이 상대적으로 높기 때문이다.

공무원 연금의 기여율은 2020년부터 보수월액의 18%로 설정되어 있고, 이를 가입자(공무원)와 정부가 각각 9%씩 부담하는 구조이다. 이는 국민연금의 9% (본인 4.5%, 사업주 4.5%)보다 2배 높은 수준이다.

나. 공무원 연금 가입자

공무원 연금 가입자는 크게 두 가지 유형으로 구분된다.

국가 공무원, 지방 공무원, 교육 공무원, 기타 공무원으로 구성된 '당연 가입자'와 공무원은 아니지만 특별한 경우 임의로 가입할 수 있는 '임의 가입자'이다. '퇴직 후 재가입자'나 '연계 수급을 위해 가입한 사람' 등이 임의 가입자이다.

다. 공무원 연금 적립금 현황

공무원 연금의 적립금은 2023년 말 기준 약 120조 원 규모로, 국내 연기금 중 국민연금 다음으로 큰 규모를 자랑한다. 이는 한국 GDP의 약 6% 수준에 해당하는 막대한 자금으로, 국내 금융 시장과 경제에 많은 영향을 끼치고 있다. 수익율은 최근 5년간 평균 연 4.2% 수준으로 양호한 편이다. 다만 글로벌 금리 상승과 주식 시장 변동성 확대로 인해 수익률 변동폭이 커지고 있는 상황이다.

공무원 연금이 직면한 가장 심각한 문제는 재정 고갈 위험이다. 현재 적립금으로 운영되고 있지만, 급속한 인구 구조 변화와 급여 지출 증가로 인해 2057년 경 기금이 고갈될 것으로 전망되고 있다.

2) 사학 연금

가. 사학 연금 개요

사학 연금은 1975년 도입된 대한민국의 직역 연금 제도 중 하나로서, 사립 학교 교직원의 노후 소득 보장과 사회적 위험에 대한 보호를 목적으로 하는 제도이다.

사학 연금은 강제 가입 방식을 원칙으로 하며, 확정 급여형 제도로 운영된다. 가입자가 예측 가능한 연금을 받을 수 있다는 의미이다. 또한 종합 보장 제도로서 노령 연금뿐만 아니라 장애 연금, 유족 연금, 퇴직 급여 등을 포괄적으로 보장하고 있다.

2023년 12월 말 기준으로 약 45만 명이 가입하고 있으며, 연금수급자는 약 18만 명에 달한다. 1인당 평균 수령액은 약 **195만 원**으로 국민연금(64만 원)에 비해 높은 급여 수준을 보이고 있는데 이는 사학 연금의 소득 내체율이 상대적으로 높고, 교육계의 안정적인 근무 패턴 때문이다. 사학 연금의 기여율은 기준 소득 월액의 9%이고 나머지 9%는 법인과 국가가 나누어 부담한다.

나. 사학 연금 가입자

사학 연금 가입자도 사립학교 교직원 등의 '당연 가입자'와 퇴직 후 재가입자 등 '임의 가입자' 두 가지 유형이 있다.

다. 사학 연금 적립금 현황

사학 연금의 적립금은 2023년 말 기준 약 70조 원 규모로, 국내 연기금 중 세 번째로 큰 규모를 자랑한다. 이는 한국 GDP의 약 3.5% 수준에 해당하는 상당한 자금으로, 국내 금융 시장과 교육계에 중요한 영향을 미치고 있다. 최근 5년간 평균 수익률은 연 4.5% 수준으로 양호한 성과를 보이고 있다.

사학 연금이 직면한 가장 심각한 문제 역시 다른 연금처럼 재정 고갈 위험이다. 현재 적립금으로 운영되고 있지만, 급속한 인구 구조 변화와 급여 지출 증가로 인해 2054년 경 기금이 고갈될 것으로 전망되고 있다.

3) 군인 연금

가. 군인 연금 적립금 개요

군인 연금은 1963년에 도입된 대한민국의 직역 연금 제도 중 하나로서, 군인의 노후 소득 보장과 사회적 위험에 대한 보호를 목적으로 하는 제도이다. 군인 연금은 강제 가입 방식을 원칙으로 하며, 확정 급여형 제도로 운영되며 종합 보장 제도로서 퇴역 연금뿐만 아니라 상이 연금, 유족 연금, 퇴역 급여 등을 포괄적으로 보장한다.

2023년 12월 말 기준으로 약 18만 명이 가입하고 있으며, 연금 수급자는 약 16만 명에 달한다. 1인당 평균 수령액은 약 **210만 원**으로 국민연금(64만 원)에 비해 높은 급여 수준을 보이고 있다. 이는 군인 연금의 소득 대체율이 상대적으로 높고, 군 복무의 특수성이 반영된 결과이다. 군인 연금의 기여율은 보수 월액의 7%이고, 나머지 7%는 국가가 부담한다.

나. 군인 연금 가입자

군인 연금 가입자는 현역 군인, 군사 경찰 같은 특수 임무 수행자 등으로 구성된 '당연 가입자'로 구성되지만 다음의 경우에는 군인 연금 가입 대상에서 제외된다.

- 의무 복무자: 병역 의무 이행을 위한 복무자 (단기 복무 장교, 부사관 포함)
- 예비역, 퇴역 군인: 현역에서 전역한 군인
- 민간인 신분 국방부 근무자: 군무원, 기능직 공무원

- 외국 군인: 상호주의 원칙에 따라 제외

다. 군인 연금 적립금 현황

군인 연금의 적립금은 2023년 말 기준 약 32조 원 규모로, 국내 연기금 중 네 번째로 큰 규모이다. 이는 한국 GDP의 약 1.6% 수준에 해당하는 상당한 자금으로, 가입자 수 대비 적립금 규모가 매우 큰 특징을 보인다.

최근 5년간 평균 수익률은 연 3.8% 수준으로 안정적인 성과를 보이고 있다. 보수적 운용으로 인해 다른 연기금 대비 변동성이 낮은 특징을 보인다.

4) 공적 연금 연계 제도

가. 공적 연금 연계 제도란

공적 연금 연계 제도는 국민연금, 공무원 연금, 사학 연금, 군인 연금 등 서로 다른 공적 연금 제도 간에 가입 기간을 통합하여 연금 수급권을 보장하고, 각 제도의 가입 기간에 비례하여 연금을 나누어 받을 수 있도록 하는 제도를 말한다. 예를 들어 공무원 연금 수급자가 공무원 퇴직 후에 국민연금에 임의 가입을 할 수도 있고 60세 이후 '**임의 계속 가입**'도 가능하다.

예) K씨가 군인 연금에 22년을 가입하고 국민연금에 18년을 가입한 경우

    최종 연계 급여는 군인 연금 급여 55% + 국민연금 급여 45%로 연계 급여를 받을 수 있다.

    물론 연계 급여와 개별 급여를 비교해서 유리한 쪽을 선택하면 된다.

공적 연금 연계 제도의 장점은 다음과 같다. 원래 국민연금과 공무원 연금은 최소 10년 이상 가입해야 연금을 받을 수 있다(군인 연금은 20년) 때문에 국민연금에 6년, 공무원 연금에 6년 가입했다면 원래는 양쪽 다 수급 자격이 없다. 이때 공적 연금 연계 신청을 하면 양쪽에서 6년 치를 받을 수 있다는 얘기다. 1년이 아니라 어느 쪽이든 한 달 치 이상만 보험료를 내면 연계 제도 신청이 가능하다.

국민연금을 예로 들면 60세까지 가입 기간이 10년이 안 되면 그동안 낸 보험료에 상당한 이자까지 붙여서 '반환 일시금'을 돌려주고 종료하지만 공무원 연금 같은 다른 연금에 가입했다면 연계 제도를 이용해 국민연금과 공무원 연금 양쪽에서 연금을 받는다. 양쪽에서 연금을 받을 때는 국민연금 공단과 공무원 연금 공단에서 각각 지급한다.

나. 공적 연금 연계 제도 주의 사항

공적 연금 연계 제도에서 일반적인 경우는 먼저 공무원, 교사, 군인 신분이었다가 퇴직을 한 후에 다시 국민연금에 가입하는 경우가 대부분일 것이다. 다른 공적 연금을 가입했던 사람이 국민연금을 가입하기 위해서는 먼저 퇴직을 해야 하고 60세가 되지 않아야 한다.

예를 들어 교사 생활을 하다 56세에 명퇴하고 국민연금에 가입했는데 60세까지 4년을 국민연금 보험료를 냈다면 공적 연금 연계를 이용해 사학 연금도 받고 국민연금도 받을 수 있다. 보험료를 납부할 여유가 있다면 이런 경우에는 국민연금 임의 계속 가입을 신청해서 65세까지 보험료를 더 내고 나중에 국민연금의 노령 연금을 더 수령하는 편이 더 좋다.

여기에서 주의할 점은 관련법 시행이 2009년부터 시행되었기 때문에 직역 연금(공무원, 사학, 군인 연금)에서 국민연금으로 이동하는 경우 2009년 2월 6일 이후에 이동한 경우에만 신청이 가능하다.

하나 더 얘기하면 공적 연금 연계 신청을 하는 경우 수급 시기가 국민연금에 맞춰지기 때문에 공무원 연금을 60세부터 수령하기로 되어 있던 사람이 국민연금까지 연계하면 수급 시작 나이가 65세 이후가 될 수 있다(국민연금 수령 시작 나이에 맞추어짐)

5) 공적 연금 감액 제도
가. 주요 내용

공적 연금 감액 제도는 앞서 본 국민연금에서 기본적인 내용을 다루었다. 국민연금과 마찬가지로 다른 직역 연금(공무원, 사학, 군인)도 소득이 있으면 연금이 감액되는 감액 제도가 있다. 다만 소득이 같아도 공무원 연금 등이 국민연금보다 더 많이 감액된다. 가장 중요한 부분은 국민연금은 최대 5년간만 삭감되지만 **직역 연금 3가지는 '삭감 기간에 제한이 없다'** 소득 활동을 하는 전 기간에 걸쳐 최대 절반까지 계속 감액된다는 뜻이다.

감액에 들어가는 소득은 크게 근로 소득과 사업 소득이고, 임대 소득도 포함한다. 하지만 이자나 배당 소득 각종 연금 소득은 포함되지 않는다. 근로 소득은 공제 금액을 차감하여 감액하고 사업 소득도 필요 경비를 차감하여 계산한다.

나. 연금액 감액

공무원 연금과 사학 연금의 감액 기준은 동일하다. 연금 외 소득월액이 '공무원 연금 평균 연금월액'을 초과할 경우 감액이 시작된다. 이 기준 금액은 매년 달라지는데, 2024년 기준으로는 월 274만 원이다. 즉, 2024년에 연금 외 소득이 월 274만 원을 넘으면 그 초과분에 대해 일정 비율로 연금이 삭감된다.

공무원, 사학 연금 초과 소득 월액별 감액률

2024년 기준

초과 소득	감액 비율
50만원 미만	초과 소득 월액의 30%
50만원 이상 ~ 100만원 미만	15만원 + (50만원 초과 소득 월액의 40%)
100만원 이상 ~ 150만원 미만	35만원 + (100만원 초과 소득 월액의 50%)
150만원 이상 ~ 200만원 미만	60만원 + (150만원 초과 소득 월액의 60%)
200만원 이상	90만원 + (200만원 초과 소득 월액의 70%)

예를 들어, 월 300만 원의 공무원 연금을 받는 퇴직 공무원이 재취업하여 월 500만 원의 근로 소득이 발생했다고 가정해 보자. 총급여(연봉)는 60,000,000 원이다.

▶ 먼저 근로 소득 공제를 적용하면 12,750,000 원이다.

60,000,000 (총급여) – 12,750,000 원 = 47,250,000 원이다.

▶ 월 평균 소득 월액은 47,250,000 원이니 12 개월로 나누면 3,937,500 원이다.

▶ 위 금액에서 기준액인 274만 원을 빼면 '초과 소득 월액'은 1,197,500 원이다.

▶ 위 표에서 100만 원 이상~ 에 해당하므로

350,000,000 + {(1,197,500 – 1,000,000) × 50%} = 448,750 원이다.

결론적으로 매달 3백만원의 연금에서 44만 8천원을 뺀 2,551,250 원을 수령하게 된다.

다. 군인 연금 감액

군인 연금 역시 소득에 따른 감액 제도를 운영하지만, 공무원·사학 연금과는 다른 기준을 적용한다. 군인 연금 수급자의 근로·사업 소득(임대 소득 제외)이 '5인 이상 사업장 근로자의 평균 소득'보다 많으면 연금이 감액된다.

▶ **감액 기준 금액**: 2025년 기준 약 **4,542,261**원이며 매년 변동됨.

▶ **초과 소득월액별 감액 비율:**

- 50만 원 미만: 초과 소득월액의 10%

- 50만 원 이상 ~ 100만 원 미만: 5만 원 + (50만 원 초과 소득월액의 × 20%)

- 100만 원 이상 ~ 150만 원 미만: 15만 원 + (100만 원 초과 소득월액의 30%)

- 150만 원 이상 ~ 200만 원 미만: 30만 원 + (150만 원 초과 소득월액의 40%)

- 200만 원 이상: 50만 원 + (200만 원 초과 소득월액의 50%)

▶ **감액 한도**: 공무원·사학 연금과 마찬가지로 '**본인 연금월액의 50%**'를 넘지 않는다. 군인 연금은 공무원·사학 연금에 비해 감액 기준이 되는 소득액이 높고, 초과 소득에 대한 감액 비율도 상대적으로 낮은 편이다. 특히 복무 기간 10년 미만자는 감액에서 제외한다는 점도 특이점이다. 대신 19년 6개월 이상 복무해야 연금 수급이 가능하다는 단점도 있다.

라. 전액 감액

위에서 감액을 해도 최대 50%를 초과하여 감액하지 않는다고 했는데 전액 감액하는 경우가 있다.

① 다시 공무원, 교사, 군인이 되는 경우

② 시, 도지사 등 선출직 공무원이 되는 경우

③ 국가나 지자체가 전액 출자한 기관에 다니는데 보수가 월 8,832,000원을 초과하는 경우(기준소득월액 평균액의 1.6배) 위의 세 가지 경우에 해당하면 전액 감액한다.

6) 직역 연금과 세금
가. 직역 연금 과세 체계

기본적으로 국민연금의 과세 체계와 비슷한 구조를 가지고 있다. 2002년 이전에 납부한 보험료는 기본적으로 비과세이고 2002년 1월 1일부터 납부한 보험료에 대해서는 소득 공제 혜택이 주어진다. 국민연금과 마찬가지로 **공적 연금 소득**으로 분류되며, 종합소득세 과세 체계에 따라 세금이 산출된다. 매월 연금을 지급하는 각 연금 공단(공무원 연금 공단, 사립 학교 교직원 연금 공단, 국군 재정 관리단)에서 간이 세액표에 따라 세금을 **원천 징수**한 후 지급하며, 연금 수급자는 다음 해 5월에 다른 종합 소득(사업, 근로, 이자, 배당, 기타 소득 등)이 있다면 이를 합산하여 종합 소득세 확정 신고를 해야 한다. 만약 연금 소득만 있다면 대부분 연말 정산으로 납세 의무가 종결된다.

나. 과세 과정

① **총 연금액(과세 대상) 산정**: 위에서 설명한 산식에 따라 1년간 받은 연금액 중 과세 대상 금액을 계산한다.

② **연금 소득 공제 적용**: 산정된 과세 대상 연금액에서 소득 수준에 따라 일정 금액을 공제해 주는 **연금 소득 공제**를 적용한다. 2024년 기준 연금 소득 공제 한도는 연 900만 원이다.

- 총 연금액 350만 원 이하: 전액 공제

- 350만 원 초과 700만 원 이하: 350만 원 + (350만 원 초과 금액의 40%)

- 700만 원 초과 1,400만 원 이하: 490만 원 + (700만 원 초과 금액의 20%)

- 1,400만 원 초과: 630만 원 + (1,400만 원 초과 금액의 10%)

③ **인적 공제 등 소득 공제 적용**: 연금 소득 금액(과세 대상 연금액 - 연금 소득 공제)에서 본인, 배우자, 부양가족에 대한 **인적 공제**(1인당 150만 원) 등 각종 소득 공제를 추가로 적용하여 과세 표준을 산출한다.

④ **세율 적용 및 산출 세액 계산**: 산출된 과세 표준에 소득세 기본 세율(6% ~ 45%의 누진 세율)을 적용하여 산출 세액을 계산한다.

⑤ **세액 공제 적용 및 최종 납부 세액 결정**: 산출 세액에서 자녀 세액 공제, 표준 세액 공제 등 각종 세액 공제를 차감하여 최종적으로 납부할 세액이 결정된다.

7) 직역 연금의 유족 연금

가. 주요 내용

직역 연금도 국민연금과 동일하게 유족 연금이 있다. 공무원, 교원, 군인으로 일을 하다 연금을 수급하던 중 수급권자가 사망하면 유가족의 생활 안정과 복리 향상을 위해 국가가 연금 또는 일시금을 지급하고 있다.

나. 유족 연금 대상

유족 연금을 수령할 최우선 순위는 배우자(사실혼 배우자도 요건을 갖추면 가능)이며 배우자가 없을 경우 순위는 다음과 같다.

① 1순위: 자녀(만 25세 미만 또는 장애 등급 2등급 이상)

② 2순위: 부모(배우자의 부모 포함)

③ 3순위: 손자녀(만 19세 미만 또는 장애 등급 2등급 이상)

④ 4순위: 조부모(배우자의 조부모 포함)

같은 순위의 유족이 2명 이상이면 연금을 똑같이 나누어 지급하며, 선순위자가 있으면 후순위자는 받을 수 없다. 위의 내용은 국민연금의 유족 연금 대상과 동일하다.

다. 유족 연금 수급 조건

이 부분이 국민연금과 조금 다르다. 유족이 연금을 받기 위해서는 사망한 공무원, 교원, 군인(이었던 자)이 다음 요건 중 하나를 충족해야 한다.

▶ **퇴직 연금 또는 조기 퇴직 연금 수급권자가 사망한 경우**

이미 연금을 받고 있던 분이 사망하면, 그 유족은 당연히 유족 연금 수급권을 갖는다.

▶ **재직 중 사망한 경우**

- **공무상 사망**: 공무 수행 중 발생한 질병이나 부상으로 사망한 경우로 이 경우 재직 기간과 관계없이 유족 연금이 지급되며, 일반 사망보다 급여액이 높게 산정된다.

- **일반 사망**: 공무와 관련 없는 사유로 사망한 경우이다. 이 경우 **최소 10년 이상 재직** 해야만 유족이 연금을 받을 수 있다. (2015년 이전 임용자는 20년)

▶ **재직 기간 10년 이상으로 퇴직 후 연금 개시 연령 전에 사망한 경우**

퇴직은 했지만 아직 연금 수령 나이가 되지 않은 상태에서 사망한 경우에도 유족 연금이 지급된다.

라. 유족 연금 산정 방식

유족 연금액은 사망 원인과 사망자의 연금 종류에 따라 다르게 계산된다.

▶ **기본 산정 방식**

- 유족 연금액은 기본적으로 **사망자가 받을 수 있었던 연금액의 일정 비율**로 결정된다.

- **기본 비율: 60%** (2016년 이후 기준)

예시) 매월 300만 원의 퇴직 연금을 받던 공무원이 사망했다면, 유족은 그 60%인 월 180만 원을 유족 연금으로 받게 된다.

▶ **사망 원인 및 시점에 따른 산정 기준**

- 퇴직 연금 수급 중 사망: (퇴직 연금액 또는 조기 퇴직 연금액) × 60%

- 10년 이상 재직 후 일반 사망: 해당 공무원의 퇴직 연금액(사망 당시 기준 산정) × 60%

- 공무상 사망: (사망 당시 기준소득월액 × 재직기간별 적용 비율)에 따라 산정된 금액으로, 일반 사망보다 훨씬 높은 금액이 지급된다.

▶ 유족 연금 일시금

- 재직 기간 10년 미만인 공무원이 일반 사망한 경우 등 연금 요건을 충족하지 못하면 유족 연금 대신 유족 일시금이 지급된다.
- 산정 방식: (퇴직 급여액) × 1/4 + (기준소득월액 × 3)

마 유족 연금 소멸, 정지

유족 연금액은 특정한 사유 발생 시 지급이 정지되거나 소멸될 수 있다.

▶ 소멸 사유

- 사망: 수급권자 본인이 사망한 경우
- 재혼: 배우자인 수급권자가 재혼한 경우 (사실혼 포함)
- 자녀/손자녀의 연령 초과: 만 19세에 도달한 경우 (단, 장애 상태인 경우는 제외)
- 장애 상태 해소: 장애로 인해 연금을 받던 자녀/손자녀의 장애 상태가 해소된 경우
- 입양: 수급권자가 다른 사람의 양자로 입양된 경우
- 파양: 공무원과의 친족 관계가 종료된 경우

▶ 지급 정지

- 수급권자의 소득: 수급권자에게 일정 기준(매년 고시되는 전년도 평균 사업 또는 근로 소득월액)을 초과하는 소득이 있는 경우, **소득 수준에 따라 연금액의 최대 1/2까지 지급이 정지**될 수 있다. 이는 유족 연금이 생계 보장을 목적으로 하므로, 스스로 생계 유지가 가능하다고 판단되면 일부 조정을 하는 것이다. (단, 공무상 유족 연금은 소득에 관계없이 전액 지급)
- **수급권자의 행방불명**: 1년 이상 행방불명 상태일 경우, 동순위 또는 차순위 유족의 신청으로 지급이 정지될 수 있다. 덧붙여, 이혼한 배우자는 '유족 연금'을 받을 수 없다. 다만, 이혼한 배우자는 유족 연금 대신 '분할 연금'을 받을 수 있다. 분할 연금은 배우자인 공무원의 재직 기간 중 혼인 관계를 유지했던 배우자에게 기여분만큼 연금을 나누어 지급하는 제도이다.

8) 직역 연금에 대해 궁금한 내용들

Q1. 공무원 연금 수급자가 퇴직 후 연봉 4,800만 원의 근로 소득이 발생했을 경우, 월 연금액이 300만 원이라면 실제로 수령하게 될 연금액은 얼마이며, 연금 삭감액은 얼마인가요?

A1. 앞에서 언급한 바와 같이 연금 일부 지급 정지 제도는 본인의 연금 외 소득이 '전년도 공무원 전체 기준소득월액 평균액'을 초과할 때 적용됩니다. 질문의 경우, 연봉 4,800만 원은 월 400만 원 소득에 해당하며, 이는 기준 금액인 274만 원을 초과합니다. 총 급여에서 근로 소득 공제 금액 12,150,000원을 빼면 35,850,000 원이며 이를 12개월로 나누면 2,987,500 원입니다. 이 금액에서 2,740,000 원을 빼면 초과 소득 월액은 247,500 원입니다. 앞서 본 감액 월액표에 따라 계산하면 월 삭감액은 74,250원으로 삭감 후 연금 수령액은 매월 2,925,750 원입니다.

Q2. 군인 연금 수급자가 퇴직 후 소득 활동을 할 경우, 공무원 연금이나 사학 연금 수급자에 비해 연금 감액에 있어 유리한 점은 무엇일까요?

A2. 가장 큰 차이점은 소득 기준입니다. 공무원 연금과 사학 연금은 '공무원 연금 평균 연금 월액'을 초과하는 소득이 발생하면 연금이 감액되지만, 군인 연금은 '전년도 근로자 300인 이상 사업장 평균 임금'을 기준으로 합니다. 일반적으로 후자의 기준 금액이 더 높기 때문에, 군인 연금 수급자는 상대적으로 더 많은 소득이 발생해도 연금이 삭감되지 않을 가능성이 큽니다.

Q3. 평생 공무원 생활만 하다가 퇴직해서 이전에 국민연금을 가입한 적이 없는네 국민연금 연계가 가능한가요?

A3. 공무원에 임용되기 전에는 수습 기간을 거치는데 이때 받는 월급은 공무원 보수가 아니라서 국민연금을 뗍니다. 보통은 이를 이용하면 국민연금과 연계가 가능한데 이런 이력이 없다면 연계는 불가능합니다.

Q4. 유족 연금 수급 중 배우자의 재혼 등 연금권 소멸 조건을 연금별로 비교한다면?

A4. 공무원 연금과 사학 연금은 배우자 재혼 시 유족 연금이 즉시 소멸되며, 사실혼도 동일하게 적용됩니다. 군인 연금은 재혼 신고일로부터 소멸되나, 사실혼의 경우 동거 사실 확인일부터 적용됩니다. 복권 조건은 재혼 관계 해소(이혼, 배우자 사망) 후 신청 가능하며, 공무원 연금은 해소일 다음 달부터, 군인 연금은 신청일 다음 달부터 지급 재개됩니다. 다만 복권된 연금액은 중단 시점의 연금액을 기준으로 물가 상승률만 반영되어 실질 가치가 하락할 수 있습니다. 또한 복권 횟수에는 제한이 없으나, 허위 신고 적발 시 5년간 복권이 제한됩니다.

Q5. 부부가 모두 공무원이고, 남편이 퇴직하여 공무원 연금을 수령하던 중 사망했습니다. 아내(공무원 재직 중)는 남편의 유족 연금을 받을 수 있는지? 만약 받을 수 있다면, 그 금액은 어떻게 조정되나요?

A5. 네, 받을 수 있습니다. 하지만 **중복 급여 조정 규정**에 따라 전액을 다 받지는 못합니다. 이 경우, 아내는 본인의 재직 기간에 따른 퇴직 연금 또는 일시금을 나중에 받게 되며, 남편의 유족 연금(원래 남편 퇴직 연금의 60%)에 대해서는 **그 금액의 50%만** 수령하게 됩니다. 즉, 본인의 연금은 보장받되, 배우자로부터 승계받는 유족 연금은 절반으로 감액 조정됩니다.

Q6. 공무원 연금 수급자가 부동산 임대 소득이나 주식 배당 소득과 같은 금융 소득이 발생했을 경우, 이 소득도 연금 감액 산정 기준이 되는 '사업 소득'에 포함됩니까?

A6. 네, 포함됩니다. 공무원 연금법상 연금 지급정지 기준이 되는 소득은 근로 소득과 '사업 소득'을 합산한 금액입니다. 이때 사업 소득은 소득세법상 사업 소득을 의미하며, 여기에는 **부동산 임대 소득이 포함**됩니다. 다만, 이자 소득이나 배당 소득과 같은 금융 소득은 사업 소득에 포함되지 않아 연금 감액 대상이 아닙니다.

Q7. 퇴직한 군인이 다시 군무원으로 임용되어 재직하게 될 경우, 기존에 받던 군인 연금은 일부 '감액'되는지? 아니면 '전액 정지'되는지?

A7. 이 경우에는 일부 '감액'이 아니라 '전액 정지'됩니다. 공무원, 군인, 사립 학교 교직원 등 다른 직역 연금 적용을 받는 기관에 재임용되어 재직하는 기간 동안에는 기존에 받던 퇴직 연금의 지급이 전액 정지됩니다. 이는 동일한 성격의 공적 연금에 이중으로 가입 및 수급하는 것을 방지하기 위함입니다. 소득 수준에 따라 일부 감액되는 일반적인 경우와는 구별해야 합니다.

9) 직역 연금을 영업에 활용하는 방법

직역 연금은 기본적인 구조가 국민연금과 유사한 점이 많다. 그래서 한꺼번에 같이 두고 비교하는 것이 좋다.

4대 공적 연금 재정현황 및 과제

항목	국민 연금	공무원 연금	사학 연금	군인 연금
개정/현황	2025년 3월 20일 개정안 국회 통과, 4월 1일 국무회의 의결, 2026년 1월 시행	2015년 개혁(지급률 인하, 지급 개시 연령 연장), 2024년 적자 7.3조 원	폐교 증가로 수급자 급증(2023년 11.5만 명), 2028년 재정 적자 전망	1977년 기금 고갈, 2024년 적자 2조 원, 50년간 정부 재정 투입
재정 상태	2055년 기금 고갈 예상, 2036년 당기수지 적자 전망	2002년 기금 고갈, 2024년 적자 7.3조 원, 보전금으로 운영	2042년 적립금 고갈 예상, 2029년 재정 적자 전망	1977년 기금 고갈, 2024년 적자 2조 원, 정부 재정으로 운영
수급자/ 가입기간	2021년 수급자 609만 명, 평균 가입기간 19.2년	2021년 수급자 59.9만 명, 평균 가입기간 32.3년	2021년 수급자 9.9만 명, 평균 가입기간 29.5년	2021년 수급자 9.9민 멍, 평균 가입기간 28년
보험요율/ 지급률	보험료율 9%, 소득대체율 41% (2025년 기준)	보험료율 18%, 소득대체율 61.2%	보험료율 18%, 소득대체율 61.2%	보험료율 14%, 지급률 1.9% (소득대체율 62.7%)
개혁 과제	지속조정장치 도입 논의, 재정 안정화 필요	"재정 적자 지속, 소득대체율 인하, 지급 개시 연령 추가 연장 필요	학령 인구 감소로 수급자 증가, 2028년 적자 전망 대비 모수 개혁 필요	군 간부 지원율 감소 우려, 지급 개시 연령 조정 및 재정 안정화 필요

우리 영업인들이 만나는 사람들 중에는 공무원도 있고, 교사도 있고, 군인도 있다. 특히 학교와 같은 직단에서 영업을 하려고 하면 사전에 '사학 연금'이 누구를 대상으로 어떤 과정으로 대략 얼마 정도가 나오는지 정도는 알고 있어야 영업이 가능한데 이런 기본적인 내용 정도는 반드시 알고 있어야 한다.

또, 현직에 있을 수도 있지만 퇴직해서 노후 생활을 하시는 분들도 많이 있다. 공직에 있다가 퇴직한 분들의 노후 연금이나 소득에 대한 이해가 없는 상태에서 상담을 할 경우 제대로 된 상담을 할 수가 없다는 점이다. 저축이나 연금 상품을 판매하려면 노후 소득을 정확하게 파악해야 한다. 또, 연금을 받고 있는 상태에서 일반 기업에 다시 취직하신 분들의 경우에 일정 소득 이상을 넘지 않게 해 두고 다니는 경우도 많다. 이런 상황을 대략적으로 알고 있으면 상담이 더 쉬워진다.

보장성 상품의 경우도 마찬가지다. 경찰 공무원으로 퇴직한 경우에는 경찰 병원을 본인뿐만 아니라 가족까지도 이용이 가능해서 보장에 대한 니즈나 상품 가입에 대한 마인드가 다를 수 있다. 이런 부분들을 종합적으로 이해한 상태에서 고객을 만나야 한다.

덧붙여서, 4대 공적 연금에서 가장 어려운 부분은 '감액' 부분이다. 국민연금과 공무원&사학 연금과 군인 연금의 A값이 각각 다르다. 대략적인 수치라도 외워 두면 좋을 것 같다.

10) 직역 연금 관련 화법

제가 질문을 하나 드려도 될까요? 고객님은 돈을 왜 모으려고 하시죠? (...)

예, 맞습니다. 모든 가장들이 다 그렇지만 지금 이렇게 힘들게 돈을 벌고,

한 푼이라도 더 아끼고 저축하고 하는 것들이 다 자녀들의 미래를 위해서가 아니겠습니까?

그래서 재테크에 관심을 가질 수밖에 없는 것이구요.

그런데 제 생각에 재테크에는 크게 두 가지가 있는 것 같습니다.

하나는 어떻게 하면 더 많은 돈을 모을 수 있는가에 대한 것이구요, 다른 하나는 현재 있는 재산을 어떻게 하면 안전하게 지킬 수 있는 것인가에 대한 부분입니다. 그렇지 않을

까요?

고객님께서는 어떤 쪽에 관심이 있으십니까?

불리는 쪽입니까? 지키는 쪽입니까?

(불리는 쪽이다)

네 구체적으로 어떤 재테크를 하고 계신지 여쭤봐도 괜찮으실까요?

(부동산 기타 등등)

네…그렇다면 당연히 지키는 쪽에 대한 준비는 잘 되어 있으시겠죠?

(지키는 재테크가 뭐죠? 보험 말씀이신가요?)

네 맞습니다.

특히 고객님처럼 공직에 계시는 분들은 은퇴 후에 공무원 연금이 나오기 때문에 노후 걱정은 크게 안 하셔도 된다고 알고 있습니다.

거기에 부동산 투자도 하고 계신다니 정말 부럽습니다.

그렇다면 제가 고객님의 지키는 재테크를 점검해 드릴 테니 고객님께서는 제게 불리는 재테크에 대해 조언을 주시면 서로에게 많은 도움이 될 것 같습니다.

여기에 동의만 해 주시면 아주 간단하게 확인 가능합니다.

2 ## 다자녀 가구 혜택

2025년 8월 현재, 다자녀 가구가 받을 수 있는 다자녀 혜택에는 어떤 것들이 있는지, 자녀 수에 따라 어떻게 달라지는지 정리해 보았으니 숙지해서 잘 활용하기를 바란다.

1. '다자녀'는 '두 자녀'부터

이전에는 대부분의 정책이 세 자녀 이상 가구를 대상으로 했지만, 2025년부터는 **두 자녀 이상** 가구도 다양한 혜택을 받을 수 있게 되었다.

▶ **자동차 취득세 감면:**
- **2자녀 가구:** 18세 미만 자녀가 두 명인 경우, 자동차 취득세의 50%를 감면받을 수 있다. (승용차의 경우 140만 원 초과 시 70만 원 공제)
- **3자녀 이상 가구:** 기존과 동일하게 자동차 취득세 **100% 면제** 혜택이 유지된다. (승용차의 경우 140만 원 초과 시 140만 원 공제)

▶ **자동차세 할인:**
- **2자녀 가구:** 30%할인
- **3자녀 이상 가구:** 50% 할인

▶ **주택 특별 공급:** 주택 청약 시 다자녀 특별 공급의 문턱이 낮아져 두 자녀 가구도 신청 기회가 확대된다.

▶ **초등 돌봄교실:** 두 자녀 가구의 자녀도 초등 돌봄교실 우선 입소 대상에 포함될 수 있다.

2. 금융 및 세금 혜택

▶ **신생아 특별 공급 대출:** 출산 가구를 위한 주택 자금 대출인 '신생아 특례 대출'은 자녀 수에 따라 우대 금리가 적용된다.
- 기본 금리에서 자녀 **1명당 추가 금리 인하** 혜택이 있으며, 특례 금리 적용 기간도 자녀 수에 따라 연장된다. (예: 1자녀 5년 → 2자녀 10년)

▶ 생애 최초 주택 취득세 감면:

- 소형 주택(아파트 제외)을 생애 최초로 구입하는 경우 300만 원까지 주택 취득세 면제

▶ 자녀 장려금: 저소득 가구의 자녀 양육을 지원하기 위한 자녀 장려금은 **자녀 1인당 최대 100만 원까지 지급된다.** (만18세 미만 부양 자녀) 자녀 수가 많을수록 지급액이 늘어난다.

▶ 자녀 세액 공제: 연말 정산 시 자녀 수에 따라 세액 공제 혜택이 크게 달라진다.

- **자녀 1명**: 연 25만 원

- **자녀 2명**: 연 55만 원

- **자녀 3명 이상**: 연 55만 원 + 2명을 초과하는 **1명당 연 40만 원 추가**

▶ 국민연금 출산 크레딧: 국민연금 가입 기간을 추가로 인정해 주는 제도로, 자녀 수에 따라 인정 기간이 달라진다.

- **자녀 2명**: 12개월   - **자녀 3명**: 30개월

- **자녀 4명**: 48개월   - **자녀 5명 이상**: 50개월

3. 보육 및 교육 지원

▶ 아이 돌봄 서비스 정부 지원 확대: 맞벌이 가정 등 양육 공백이 발생하는 가정을 위한 돌봄 서비스로 **세 자녀 이상 가구**는 우선 제공 대상이 되어 서비스 배정이 더 빠르고 요금 감면 혜택도 더 크다.

▶ **어린이집·유치원 우선 입소**: 국공립 어린이집이니 유치원 입소 시 다자녀 가구는 우선순위를 부여받아 입소 경쟁의 부담을 덜 수 있다.

▶ 국가 장학금 지원:

- **세 자녀 이상 가구**: 소득 구간에 관계없이 셋째 이상 자녀에게 **대학 등록금 전액**을 지원한다.

4. 일상생활 혜택

위에 소개된 굵직한 혜택 외에도 일상생활에서 소소하지만 유용한 혜택들이 많이 있다.

▶ **공공요금 감면**: 전기 요금, 도시가스 요금, 난방비 등 매달 고정적으로 지출되는 공공 요금을 할인받을 수 있다. 이 혜택은 주로 **세 자녀 이상** 가구를 대상으로 한다.

▶ **K-패스 다자녀 가구 환급**: 대중교통 이용 시 환급률이 자녀 수에 따라 달라진다.

- **2자녀 가구**: 이용 금액의 **30%** 환급
- **3자녀 이상 가구**: 이용 금액의 **50%** 환급

▶ 전기차 구매 보조금: 전기 승용차 구매 시 자녀 수에 따라 추가 보조금을 지원한다.

- **2자녀**: 100만 원
- **3자녀**: 200만 원
- **4자녀 이상**: 300만 원

5. 신청 방법

▶ **신청 방법**

- **정부24 홈페이지** 또는 **보조금24**에서 온라인 신청
- 주민 센터 방문 신청 다만, 각 혜택별로 신청 방법이 다를 수 있으니 사전 확인이 필요하다.

<table>
<tr><td>**3장**</td><td>**건강 보험**</td></tr>
</table>

1) 건강 보험 개요

우리나라의 건강 보험 제도는 짧은 기간에 전국민 건강 보험을 달성하고, 세계적으로도 우수한 의료 접근성을 보장하는 시스템으로 평가받는다. 시작은 1963년 제정된 의료 보험법이었으나, 임의 가입 방식으로 인해 큰 호응을 얻지 못했다. 실질적인 시작은 1977년, 500인 이상 대규모 사업장 근로자를 대상으로 강제 적용되는 직장 의료 보험이 도입되면서 부터다.

건강 보험은 국민의 질병과 부상에 대한 경제적 부담을 덜어 주는 중요한 역할을 수행하고 있다. 개인적인 의견을 말하자면 이른바 선진국이라 불리는 다른 나라들과 비교해도 자랑할 만한 매우 훌륭한 제도라고 생각한다.

국민건강 보험은 상부상조의 정신에 기반한 사회 보험으로서 개인의 의료비 위험을 사회 전체가 분담하는 구조이다. 예측하기 어려운 질병과 의료비 지출에 대해 개인이 홀로 부담하지 않고 사회 구성원 모두가 함께 대비하는 제도적 장치이다. 이를 통해 많은 사람들이 보험료를 납부하여 기금을 조성하고, 질병이 발생한 사람에게 의료 급여를 제공함으로써 개인이 감당하기 어려운 거액의 의료비를 사회적으로 분산시키는 순기능을 하고 있다. 또 고소득자로부터 저소득자로, 건강한 사람으로부터 아픈 사람으로의 소득 재분배 기능도 하고 있다.

2) 가입 대상자

국민 건강 보험은 국내에 거주하는 모든 국민을 대상으로 하며, 가입자는 크게 두 가지 유형으로 구분된다.

먼저 **'직장 가입자'**는 사업장에 근무하는 근로자와 사용자, 공무원, 교직원 등이 해당된다. 이들의 보험료는 소득에 비례하여 부과되며, 근로자와 사용자가 절반씩 부담하는 것이 원칙이다. 직장 가입자의 피부양자는 별도의 보험료 부담 없이 급여를 받을 수 있다. 다음으로 '**지역 가입자**'는 직장 가입자가 아닌 모든 국민이 해당된다. 자영업자, 농어업인, 무직자 등이 포함되며, 소득과 재산을 종합적으로 고려하여 보험료가 부과된다. 지역 가입자는 세대주가 보험료를 납부하고 세대원 모두가 급여를 받는 구조다.

직장 가입자와 지역 가입자 이외에 직장이나 지역 가입자의 피부양자로 등재되는 사람을 '**피부양자**'라고 한다. 피부양자는 동일한 보험 혜택을 받지만 보험료 부담을 지지 않는다. 피부양자 자격 요건은 매우 중요한 관심사이므로 뒷부분에서 별도로 다루도록 한다.

2023년 기준으로 직장 가입자는 전체의 38.7%, 지역 가입자는 28.4%, 피부양자는 32.9%의 비율을 차지하고 있다.

3) 피부양자

가. 자격 요건

피부양자로 인정받기 위해서는 **부양 요건, 소득 요건, 재산 요건**이라는 세 가지 기준을 모두 충족해야 한다. 이 요건들은 지속적으로 개정되어 왔으므로, 현재 기준을 잘 확인하고 불이익이 없도록 해야 한다.

기본적으로 직장 가입자의 배우자, 직계 존속(부모, 조부모 등), 직계 비속(자녀, 손자녀 등) 및 그 배우자, 형제·자매가 피부양자 대상이 될 수 있다. 하지만 관계에 따라 동거 여부 등 추가적인 조건이 붙는다.

▶ 배우자: 법률상의 배우자를 의미하며, 사실혼 관계는 인정되지 않는다.

▶ 직계 존속 (부모, 조부모 등) 및 배우자의 직계 존속: 동거 여부와 관계없이 부양 사실이 인정되면 피부양자 등록이 가능하다.

▶ 직계 비속 (자녀, 손자녀 등) 및 그 배우자: 원칙적으로 동거해야 하나, 미혼 자녀의 경우 비동거 시에도 인정된다. 기혼인 자녀는 소득 및 재산 요건을 충족해야 한다.

▶ 형제·자매: 원칙적으로 미혼 상태로 동거해야 한다. 다만, 30세 미만, 65세 이상, 장애인, 국가 유공 상이자 등의 경우에는 비동거 시에도 부양 사실이 인정되면 등록이 가능하다.

나. 소득 요건

피부양자로 인정받기 위해서는 소득 요건도 충족해야 한다. 2022년 9월부터 소득 기준이 대폭 강화되었다.

▶ **연간 합산 소득 2,000만 원 이하**: 이자 소득, 배당 소득, 사업 소득, 근로 소득, 연금 소득, 기타 소득을 모두 합산한 금액이 연간 2,000만 원을 초과하면 피부양자 자격을 상실한다.

▶ **사업 소득**: 사업자 등록이 되어 있는 경우, 사업 소득이 발생하면 원칙적으로 피부양자 자격이 상실된다. 다만, 주택 임대 소득을 제외한 사업 소득이 없는 경우 등 예외적인 경우가 있다. 사업자 등록이 없는 프리랜서 등의 경우, 연간 사업 소득이 500만 원 이하여야 한다.

▶ **공적 연금 소득 (국민연금, 공무원 연금 등)**: 연금 수령액의 100%를 소득으로 간주하여 합산한다. 다만 보험료를 부과할 때는 소득의 50%만 적용하여 보험료에 부과한다.

※ 피부양자 자격을 따질 때는 공적 연금 소득의 100%를 적용하고, 실제 보험료를 부과할 때는 50%만 소득으로 인정하여 적용한다는 이야기이다.

다. 재산 요건

피부양자로 인정받기 위해서는 재산 요건도 충족해야 한다.

▶ 재산세 과세 표준이 5.4억 원(시가 약 13억 원) 이하인 경우: 보유하고 있는 재산의 재산세 과세 표준 합계액이 5.4억 원 이하면 피부양지가 될 수 있나.

▶ 재산세 과세 표준이 5.4억 원 초과 ~ 9억 원 이하(시가 약 21억) + 연 소득 1천만 원 이하인 경우: 재산세 과세 표준이 5.4억 원을 초과하지만 9억 원 이하이고, 동시에 연간 소득이 1천만 원을 넘지 않는다면 피부양자 자격을 유지할 수 있다.

▶ 형제·자매 재산세 과세 표준이 1.8억 원(시가 약 4억 3천만) 이하인 경우: 형제나 자매의 경우, 재산세 과세 표준이 1.8억 원 이하여야만 피부양자로 등록할 수 있다.

라. 피부양자 관련 중요한 내용

실제 상담할 때 문제가 되는 부분이 재산 요건이다. 시가 13억이 넘는 아파트를 보유하고 있으면 피부양자에서 탈락할 수 있다. 이럴 때 아파트가 부부 중 한 사람 명의로 되어 있다면 **부부 공동 명의**로 변경해서 피부양자 자격을 유지할 수 있다(위 소득 및 재산 기준은 부부 합산이 아니라 개인을 기준으로 판단함)

특히 문제가 되는 부분은 '임대 사업'을 하고 있는 경우이다. 연간 총 임대 수입 금액에서 필요 경비(60%내외) + 기본 공제(400~200만)을 제외한 '수입'이 임대 사업자는 1천만 원, 미등록자는 400만 원을 초과하면 피부양자 자격이 박탈될 수 있다(세부 내용을 정확하게 따져 봐야 하므로 대략적인 금액)

소득에서 실제 문제가 되는 부분은 '**공적 연금**'이다. 다른 소득이 없고 국민연금이나 같은 공적 연금 수령액이 **월 167만 원** 이상이면 연간 2천만 원을 초과하므로 피부양자 자격이 박탈된다. 국민연금을 100만 원 정도 수령한다고 해서 안심할 수는 없는 것이 이 소득에는 이자 소득, 배당 소득도 들어가서 연간 이자 소득이 800만 원 이상이면 합산 2천만 원이 되어 역시 탈락이다.

평소에 아무런 문제가 없다가 '특판 예금'에 가입하고 이자를 수령한 해에 졸지에 '피부양자 자격'이 박탈되는 경우가 자주 있다. (2025년 한국경제 기사 중에 건강 보험 피부양자 자격이 박탈된 사람이 31만 명이라고 하는 기사가 있다)

4) 보험료 체계

건강 보험의 보험료는 가입자 유형에 따라 다른 방식으로 부과된다.

가. 직장 가입자

오직 **소득**에 의해서만 보험료를 산정한다.

▶ 산정 방식: 소득월액 × 보험 요율
- 보수월액은 직장에서 받는 모든 보수에서 비과세 소득을 제외한 금액을 말한다.
- 보험 요율은 매년 노사정 협의를 통해 결정되며, 2025년 기준 7.09%이다.
- 납부 방식은 계산된 보험료에서 근로자와 사업주가 각각 50%씩 부담하며, 회사는 근로자의 월급에서 원천 징수 후에 납부한다.

▶ 직장 보수 이외 이자, 배당, 사업 소득, 기타 소득 등 별도의 소득(보수 외 소득)이 연간 2천만 원을 초과하는 경우 초과분에 대해 추가로 보험료를 납부해야 한다. 이를 **'소득월액 보험료'**라고 한다. (빌딩 건물주 등 자산가들이 직장 가입자로 가입하여 최저 보험료를 납부하던 잘못된 관행들 때문에 생겼다)

나. 지역 가입자

시역 가입자의 보험료는 소득과 재산을 종합적으로 고려하여 **점수제**로 산정한다. 소득에는 사업 소득, 근로 소득, 기타 소득 등이 포함되며, 재산에는 건물, 토지, 자동차 등이 포함된다. 또한 생활 수준과 경제 활동 참가율 등을 고려한 평가 소득도 보험료 산정에 반영된다.

▶ 산정 방식: 보험료 부과 점수 × 점수당 금액(매년 변동)

① 소득 점수: 이자, 배당, 사업, 근로, 연금, 기타 소득 등 종합 소득을 97개 등급으로 나누어 점수를 매긴다. 소득이 적을수록 낮은 점수를 받는다.

② 재산 점수: 주택, 건물, 토지 등의 재산세 과세 표준액을 60개 등급으로 나누어 점수를 매긴다. 일정 금액(5천만 원)까지는 기본 공제를 적용하여 저소득층의 부담을 줄여 준다.

③ 자동차 점수: 사용 연수 9년 미만의 승용차 중 잔존 가액이 4,000만 원 이상인 차량에 대해서만 점수를 부과한다. 생계형 자동차나 장애인 차량 등은 부과 대상에서 제외한다. 보험료 경감 제도도 마련되어 있다. 저소득층에 대해서는 국고 지원을 통해 보험료를 경감해 주며, 군 복무자, 6개월 이상 해외 체류자 등에 대해서도 보험료 감면 혜택이 제공된다. 또, 소득이 급감했거나(휴업, 폐업 등), 화재 등 재난을 겪었을 경우 보험료 경감 또는 면제를 신청할 수 있다. 섬, 벽지, 농어촌 지역 거주자나 65세 이상 노인 세대 등에게는 법령에 따라 일정 비율의 보험료를 감면해 준다.

5) 급여의 종류

건강 보험의 급여는 크게 요양 급여와 요양비로 구분된다.

요양 급여는 의료 기관에서 직접 제공받는 의료 서비스로, 진찰 및 검사, 약제 및 치료 재료, 처치·수술 기타의 치료, 예방·재활, 입원, 간호, 이송 등의 비용을 말한다. 가입자는 의료 기관에서 급여 비용의 일부만을 본인 부담금으로 지불하고 나머지는 건강 보험 공단이 의료 기관에 직접 지급하는 현물 급여 방식이다.

요양비는 가입자가 의료비를 먼저 지불한 후 사후에 보험자로부터 지급받는 현금 급여이다. 응급 환자가 건강 보험 미지정 의료 기관에서 치료받은 경우, 부득이한 사유로 보험증을 제시하지 못하고 치료받은 경우 등에 지급된다.

그 밖의 급여로는 건강 검진, 임신·출산 진료비, 장애인 보장구 등이 있다. 건강 검진은 질병의 조기 발견과 예방을 위해 제공되며, 일반 건강 검진과 암 검진으로 구분된다.

6) 본인 부담률

건강 보험에서는 도덕적 해이를 방지하고 적정 의료이용을 유도하기 위해 본인 부담제를 운영하고 있다.

본인 부담률은 의료 기관 종별과 입원·외래에 따라 차등 적용된다. 상급 종합 병원 외래의 경우 60%, 종합 병원 외래 50%, 병원 외래 40%, 의원 외래 30%의 본인 부담률이 적용된다. 입원의 경우에는 상급종합 병원과 종합 병원이 20%, 병원과 의원이 20%의 동일한 본인 부담률을 적용한다.

본인 부담 상한제를 통해 과도한 의료비 부담을 방지하고 있다. 소득 수준에 따라 연간 본인 부담 상한액을 차등 설정하여, 상한액을 초과하는 의료비에 대해서는 건강 보험에서 전액 부담한다. 2024년 기준 1분위는 86만 원, 5분위는 682만 원의 상한액이 적용된다.

7) 재정 현황과 전망

건강 보험의 재정 규모는 지속적으로 증가하고 있다. 2023년 기준 총 수입은 약 82조 원, 총 지출은 약 78조 원으로 4조 원가량의 흑자를 기록했다. 이는 2022년 대비 수입과 지출 모두 약 6% 증가한 수준이다.

하지만 장기적으로는 재정 압박 요인들이 증가하고 있다. 급속한 인구 고령화로 인한 의료비 증가, 의료 기술 발달에 따른 고가 의료 서비스 확산, 국민들의 의료 서비스에 대한 기대 수준 상승 등이 주요 요인이다. 또한 보장성 강화 정책으로 인한 급여 확대도 재정 증가 요인이 되고 있다. 비급여의 급여화, 본인 부담률 인하, 본인 부담 상한제 강화 등의 정책들이 지속적으로 추진되고 있어 향후 재정 부담이 가중될 전망이다.

8) 건강 보험에 대해 궁금한 내용들

Q1. 건강 보험료 줄일 수 있는 방법이 있나요?

A1. 소득이 일시적으로 없거나 급격히 감소할 때 건강 보험료를 줄여 주는 제도가 있습니다. '소득 정산 부과' 제도라고 하는데 내용은 다음과 같습니다.

▶ 신청 가능한 상황

  - 실업으로 인해 소득이 중단된 경우

  - 휴직으로 인해 급여가 없는 경우

  - 사업 중단으로 수입이 없는 경우

  - 육아 휴직 등으로 소득이 감소한 경우

  - 질병이나 사고로 일시적 소득 중단이 발생한 경우

▶ 신청 시 유의점

  - 소득 감소 사실을 증명할 수 있는 서류 제출 필요 (퇴직 서류 등)

  - 일정 기간 동안만 적용 (보통 1년 이내)

  - 재산 보유 현황도 심사 대상에 포함

▶ 혜택 및 효과

  - 소득이 전혀 없는 경우: 최대 90% 이상 감면 가능

  - 소득이 일부 감소한 경우: 감소 비율에 따라 차등 적용

  - 월 보험료가 수십만 원에서 수만 원대로 대폭 감소

  - 의료비 본인 부담금 경감 혜택 동시 적용 가능

  - 장기 요양 보험료도 함께 조정

  - 소득 회복 시까지 지속적 적용

소득 정산 부과 제도를 이용할 때는 신청일로부터 바로 적용하므로 소득이 중단된 즉시 신청하는 것이 유리합니다. 추후에 소득이 다시 발생하면 반드시 신고해야 하며, 미신고 시 추후 추가 납부 의무가 발생할 수 있습니다. 또, 소득이 없어도 상당한 재산이 있다면 감면 폭이 제한될 수 있습니다.

Q2. 건강 보험료 안내고 싶은데 안 낼 수 있나요?

A2. 건강 보험료를 안 내도 되는 경우는

▶ 1개월 이상 국외에 체류하면서 국내에 피부양자가 없는 경우

▶ 현역병으로 군 복무 중인 경우

▶ 교도소 등 시설에 수용되어 있는 경우 등이며

경감되는 경우는 다음과 같습니다.

▶ 국외 근무자: 국내에 피부양자가 있는 경우, 보험료의 50%를 경감받는다.

▶ 섬·벽지 거주자: 주소지가 도서·벽지인 경우 보험료의 50%를 경감받는다.

▶ 군인: 보험료의 20%를 경감받는다.

▶ 휴직자: 육아 휴직자는 60%, 그 외의 사유로 휴직한 경우 50%를 경감받는다.

▶ 농어촌 지역 거주자: 지역 가입자 중 농어촌 지역에 거주하는 경우 보험료의 22%를 경감받는다.

특별한 사유 없이 계속 건강 보험료를 체납하면 개인 계좌 등에 압류가 들어올 수 있으니 주의해야 합니다.

Q3. 건강 보험료 더 내면 돌려받을 수 있습니까?

A3. '건강 보험료 환급 제도'가 있습니다. 내가 낸 보험료가 실제 내야 할 금액보다 많았을 때, 그 차액을 돌려주는 것을 말합니다. 환급 사유는 다양한데

▶ 이중 납부 또는 착오 납부

▶ 소득 감소로 인한 보험료 조정 후 차액 발생

▶ 피부양자 등록 완료 후 낸 보험료

▶ 퇴사 후 직장 가입자 보험료가 지역 가입자로 이중 부과된 경우 등이 있습니다. 이런 사유 이외 직장인 중 일부는 퇴사 후 자격 전환 과정에서 보험료가 중복 납부되기도 합니다. 예를 들자면, 퇴사 후 퇴직일 다음 달부터 지역 가입자 보험료가 부과되었지만, 나중에 다른 직장에 취업하면서 직장 가입자로 전환되는 경우가 있습니다. 이 기간 중복 부과된 보험료는 환급 대상이 됩니다. 또한, 보너스나 수당 등 일시적인 소득이 정산되면서 보험료가 과다하게 부과된 경우도 정산 후 차액이 환급될 수 있습니다.

지역 가입자의 경우 환급 가능한 사례들은 다음과 같습니다.

▶ 소득이 줄었는데 보험료가 그대로 부과된 경우

▶ 재산세 과세 자료가 잘못 적용되어 높게 산정된 경우

▶ 납부한 보험료가 이중 납부된 경우

▶ 피부양자로 전환된 후에도 계속 보험료를 낸 경우

특히 자영업자분들은 정확한 소득·재산 자료를 공단에 신고하지 않으면 고액의 보험료가 부과될 수 있으므로 문제가 없는지 정기적으로 확인하는 것이 중요합니다.

환급금은 국민 건강 보험 공단 홈페이지 또는 모바일 앱(더 건강 보험)을 통해 쉽게 확인할 수 있습니다. 일반적으로 신청 후 약 2주~1개월 이내 본인 명의 계좌로 입금됩니다.

Q4. 건강 보험에서 건강 검진 부분은?

A4. 국민건강 보험공단은 전 국민을 대상으로 다양한 국가 건강 검진을 무료 또는 소액의 본인 부담금만 받고 제공하고 있습니다.

▶ 일반 건강 검진

  - 직장 가입자: 비사무직 매년, 사무직 2년에 1회

  - 지역 가입자 및 피부양자: 만 20세 이상 2년에 1회

  - 검진 항목: 신체 계측, 혈압, 혈액 검사, 소변 검사, 흉부 X-ray 등

▶ 암 검진

  - 위암: 만 40세 이상 2년마다

- 대장암: 만 50세 이상 매년 (분변 잠혈 검사)

- 간암: 만 40세 이상 고위험군 6개월마다

- 유방암: 만 40세 이상 여성 2년마다

- 자궁 경부암: 만 20세 이상 여성 2년마다

- 폐암: 만 54~74세 30갑년 이상 흡연력자 2년마다

※ 이 밖에 생애 전환기 건강 검진, 영유아 건강 검진도 있습니다.

Q5. 노인 장기 요양 보험이란 무엇인가요?

A5. 고령이나 노인성 질병 등으로 혼자서 일상생활을 수행하기 어려운 노인 등에게 신체 활동 또는 가사 활동 지원 등의 장기 요양 급여를 제공하는 사회 보험 제도를 말합니다. 건강 보험료에 장기 요양 보험료가 통합되어 부과됩니다.

▶ 대상: 만 65세 이상 또는 65세 미만이라도 치매·뇌혈관성 질환 등 노인성 질병을 가진 자 중 6개월 이상 혼자서 일상생활 수행이 어렵다고 인정되는 사람

▶ 이용 절차: 공단에 장기 요양 인정 신청 → 방문조사 → 등급 판정 위원회 심의 → 1~5등급 및 인지 지원 등급 판정 → 급여 이용

▶ 급여 종류:

- 재가 급여: 방문 요양, 방문 목욕, 방문 간호, 주·야간 보호 등

- 시설 급여: 노인 요양 시설(요양원), 노인 요양 공동 생활 가정 입소

- 특별 현금 급여: 가족 요양비 등

9) 건강 보험을 영업에 활용하는 방법

부자든 부자가 아니든 건강 보험에 대해 누구나 관심이 많다. 예전에는 강남의 건물주들이 자신이 소유한 건물의 청소부로 위장 취업한 후에 최저급여를 책정하고 '직장 가입자'로 건강 보험료를 내던 사례가 있었다. 이렇게 하면 수천억의 재산을 가진 사람이 건강 보험료를 5만 원도 안 냈다. 직장 가입자는 소득만으로 보험료를 납부하는 제도를 악용한 것이다. 모 전직 대통령도 이렇게 해서 최소 보험료를 냈었다. 물론 지금은 제도

를 보완해서 이렇게 할 수 없다.

개인적으로 고소득 전문직이나 CEO와 상담할 때 수입이나 소득을 묻기 어려운 경우 '건강 보험료'를 얼마나 내는지부터 묻는다. 건강 보험료를 역산하면 대략적인 수입을 알 수 있다.

보험 영업인이 건강 보험에서 주목해야 할 점은 세 가지가 있다.

첫 번째, 직장인을 제외하고 자영업자나 프리랜서는 소득이 없거나 줄어들었을 때 '소득 정산 제도'를 활용해서 보험료를 줄여서 내거나 일시적으로 내지 않을 수 있다는 점이다. 고객들 중에서 일시적으로 휴업, 폐업을 하는 자영업자가 있거나 프리랜서인데 소득이 일시적으로 중단된 경우 이 점을 알려 주어 도움을 줄 수 있다.

두 번째, 직장 가입자의 경우 건강 보험료 절감을 하려면 '비과세가 중요하다'는 점이다. 연말 정산 시 비과세 항목을 최대한 활용하여 과세 대상 소득을 줄이면 소득세 절감은 물론 과세 대상 소득이 줄어들어 건강 보험료까지 줄일 수 있다. 이 부분은 뒷장의 '종합 소득세, 연말 정산' 편에서 자세히 수록하였다.

세 번째, 이 부분이 가장 중요하다. 건강 보험에서 가장 중요한 부분은 '피부양자 자격 박탈' 부분이다. 피부양자 자격을 유지하려면 재산 기준도 중요하지만 대부분 '소득 기준'에서 문제가 생긴다. 이자 소득, 배당 소득, 사업 소득, 근로 소득, 연금 소득, 기타 소득을 모두 합산한 금액이 연간 2,000만 원을 초과하면 피부양자 자격을 상실한다.

이때 당연하게도 보험사의 '비과세 소득'은 합산하지 않는다. 단기납 종신 보험의 보험 차익이나 월납 150만 원 + 일시납 1억 이내의 (세제 비적격)연금 소득이 모두 합산 소득에서 제외되는 소득이다. 여기에는 공적 연금 소득도 100% 적용되므로 피부양자 자격을 유지하기 쉽지 않다.

때문에 과세되는 금융 소득과 연금 소득을 줄여야 하고, 부동산 임대 소득도 가급적 일정 금액 이상은 받지 않는 것이 좋고, 특판 예금을 가입할 때도 이자 수령 시기를 잘 따져 봐야 한다. 하지만 가장 좋은 방법은 역시 '비과세 소득'을 늘리는 것이다.

10) 건강 보험 관련 화법

고객님 비과세에 대해 잘 알고 계시죠?

(고객의 이야기 경청 후)

네. 맞습니다.

첫 번째, 비과세의 의미는 만기에 이자 소득세 15.4%를 내지 않는다는 얘기입니다. 2000만 원까지는 15.4%를 원천 징수하고 종결하지만 그 이상에 대해서는 다른 소득과 합산하여 종합 과세를 적용하므로 다른 소득이 많다면 매우 높은 세율로 과세가 됩니다.

두 번째, 이 부분이 더 중요한데 다른 소득…예를 들어 배당 소득, 근로 소득, 사업 소득, 임대 소득 등과 합산하여 종합 과세를 할 때 종합 과세에 포함되지 않는다는 의미입니다.

특히 특판 예금 등에 가입하셔서 만기에 이자를 많이 받으면 예금 이자 때문에 갑자기 종합 소득세를 납부하시는 분들도 많이 있습니다.

세 번째, 이렇게 종합 과세 해당되면 건강 보험 피부양자 자격이 박탈되는 것도 알고 계시죠? 피부양자 박탈이 되면 지역 가입자로 전환되어 매달 수십만 원의 보험료를 추가로 지불해야 합니다.

별도로 정부에서 지급하는 소비 쿠폰 지급도 '금융 소득 종합 과세' 해당자는 제외가 됩니다.

이전에는 뭐든 잘 버는 쪽에만 관심이 있으셨다면 지금은 절세에 더 관심을 가지셔야 합니다.

결국 이 모든 문제를 해결하는 핵심적인 문제는 '과세가 되는 나쁜 소득'을 줄이고 다른 소득과 합산하지 않는 착한 소득, 즉 '비과세 소득'을 늘려야 한다는 얘기입니다.

3 **병원비 본인 부담 상한제**

1. 본인 부담 상한제란

본인 부담 상한제란, 1년(매년 1월 1일 ~ 12월 31일) 동안 건강 보험이 적용되는 의료비 (급여 항목)에 대해 환자 본인이 부담한 금액이 개인별 소득 수준에 따라 정해진 상한액을 초과할 경우, 그 초과하는 금액을 국민 건강 보험공단에서 돌려주는 제도를 말한다. 즉, 예상치 못한 큰 병원비가 발생하더라도 개인이 감당해야 할 의료비에 상한선을 정해 두어 가계의 부담을 덜어 주는 사회 안전망이라 할 수 있다.

▶ 적용 기간: 매년 1월 1일부터 12월 31일까지

▶ 적용 대상: 건강 보험 급여 항목에 대한 본인 부담금

　(비급여, 전액본인 부담, 선별급여 등은 제외)

▶ 환급 기준: 개인의 건강 보험료 납부 수준(소득 수준)에 따라 상한액이 다름

본인 부담 상한액은 가입자의 소득 수준에 따라 총 10분위로 나뉘어 차등 적용되는데 소득이 낮을수록 상한액이 낮아 더 많은 혜택을 받을 수 있도록 설계되어 있다.

2025년도 본인 부담 상한액표

소득 분위	본인 부담 상한액
1분위 (하위 10%)	87만원
2~3분위	108만원
4~5분위	168만원
6~7분위	375만원
8분위	474만원
9분위	564만원
10분위 (상위 10%)	826만원

요양 병원에 120일을 초과하여 입원한 경우에는 별도의 상한액 기준이 적용될 수 있다. 예를 들어, 2025년 소득 4분위에 해당하는 A씨가 한 해 동안 병원 치료를 받고 건강 보험이 적용되는 의료비로 총 500만 원을 본인이 부담했다면, 자신의 상한액인 168만 원을 초과한 332만 원(500만 원~168만 원)을 공단으로부터 돌려받게 된다.

2. 대상 의료비

상한제 적용 대상에 포함되는 의료비 구분은 다음과 같다.

▶ 포함되는 의료비

- 외래 진료 시 본인 부담금(법정 본인 부담금)

- 입원 시 본인 부담금

- 약국에서 구입한 전문 의약품 본인 부담금

- 응급 의료비 본인 부담금

▶ 포함되지 않는 의료비

- 비급여 의료비(성형 수술, 건강 검진 등)

- 선택 진료비

- 상급 병실료 차액

- 간병료

3. 환급 방식 두 가지

본인 부담 상한제 환급은 '사전 급여'와 '사후 환급' 두 가지 방식으로 이루어진다.

1) 사전 급여

같은 병원에서 연간 입원 치료를 받는 동안 본인 부담금이 2025년 최고 상한액인 **826만 원**을 초과하게 되면, 그 시점부터 병원에서 환자에게 더 이상 진료비를 받지 않고 공단에 직접 청구하는 방식이다. 환자는 최고 상한액까지만 납부하면 되므로 별도의 환급 신청 절차가 필요 없어 편리하다.

2) 사후 환급

대부분의 환급이 이 방식으로 이루어진다. 여러 병원을 이용했거나, 연간 총 본인 부담금이 다음 해에 최종적으로 확정된 경우에 해당한다. 국민 건강 보험 공단에서 개인별 본인 부담 상한액과 초과 금액을 계산한 뒤, 다음 해 8~9월경에 환급 대상자에게 '본인 부담 상한액 초과금 지급 신청 안내문'을 우편으로 발송한다.

4. 사후 환급금 신청 방법

사후 환급금은 다음과 같은 여러 경로를 통해 가능하다.

- **온라인**: 국민 건강 보험 공단 홈페이지 또는 'The 건강 보험' 앱
- **전화**: 공단 고객 센터 (1577-1000)
- **팩스 또는 우편**: 안내문에 기재된 신청서를 작성하여 관할 지사로 발송
- **방문**: 가까운 국민 건강 보험 공단 지사 방문

4장

기초 연금

1) 기초 연금이란

기초 연금이란 만 65세 이상의 노인 중 소득 하위 70%에게 지급하는 정부의 사회 보장 제도의 일종이다. 기초 연금을 통해 노후 소득 보장을 강화하고, 어르신들의 안정적인 노후 생활을 지원하려는 목적으로 제정되었다. 또, 국민연금의 사각지대를 일정 정도 보완하는 역할도 담당하고 있다.

기초 연금의 특징에 대해 살펴보면 첫 번째로 비기여식 연금으로서 보험료 납부를 안해도 조건에 부합하면 지급된다는 점이다. 두 번째로 정부 예산을 재원으로 운영되며, 소득 하위 70%에게만 지급되는 선별적 급여의 성격을 갖는다. 마지막으로 급여 방식은 소득 수준에 따라 차등 지급되지만 기본적으로는 정액 급여의 형태를 취하고 있다는 점을 들 수 있다.

2) 기초 연금 수급 자격과 조건

기초 연금의 수급 자격은 연령, 소득, 국적 및 거주 요건으로 구성되어 있다. 연령 요건으로는 만 65세 이상의 대한민국 국민이어야 하며, 신청일이 속하는 달에 65세가 되는 경우도 수급 대상에 포함된다. 소득 요건의 경우 개인 또는 가구의 소득 인정액이 선정 기준액 이하이어야 한다. 2025년 기준으로 선정 기준액은 **단독 가구 월 228만 원, 부부 가구 월 364만 원**으로 설정되어 있다.

국적 및 거주 요건에서는 대한민국 국민으로서 주민 등록법에 따라 주민 등록이 되어 있어야 한다. 또한 국내에 거주하는 자여야 하나, 단기간의 일시적 해외 체류는 허용된다. 다만 장기간 해외에 거주하는 경우에는 기초 연금 지급이 정지된다.

또, 특정한 경우에는 기초 연금 수급 대상에서 제외된다. 공무원 연금, 사립 학교 교직원 연금, 군인 연금, 별정 우체국 연금 등 특수 직역 연금 수급권자는 원칙적으로 기초 연금을 받을 수 없다. 또한 국민연금법에 따른 연계 연금이나 분할 연금 수급권자 중 일부와 다른 법령에 따라 기초 연금에 상당하는 급여를 받는 자도 수급 대상에서 제외된다.

3) 기초 연금 지급액과 산정 방식

기초 연금이 지급액은 기준 연금액을 기초로 하여 개인의 소득 수준과 국민연금 수급액에 따라 결정된다. 2025년 현재 기준 연금액은 **단독 가구가 월 34만 2,510원이고 부부의 경우 54만 8,016원**이다. 이는 매년 전국 소비자 물가 변동률을 반영하여 조정된다.

실제 지급액은 다음 두 가지 방식 중 적은 금액으로 산정된다.

첫 번째는 기준 연금액에서 국민연금 급여액의 2분의 1을 차감한 금액이고, 두 번째는 기준 연금액에 일정 비율을 곱한 금액이다. 소득 하위 70%에 해당하는 수급자의 경우 기준 연금액의 100%가 적용되며, 소득 상위 30%에 해당하는 경우에는 소득 수준에 따라 차등된 비율이 적용된다.

국민연금과의 연계로 인한 감액 제도도 운영되고 있다. 국민연금 월 급여액이 **기준 연금액의 1.5배를 초과**하는 경우, 그 초과분의 50%에 해당하는 금액이 기초 연금에서 감액된다. 예를 들어 국민연금을 월 60만 원 받는 경우, 4만 3천 117원이 기초 연금에서 차감되어 지급된다.

※ 34만 2,510원 x 1.5 = 513,765원이므로 60만 - 51만3천 = 86,235원의 1/2인 **43,117원**

부부가 모두 기초 연금 수급 대상인 경우에는 각각 20%씩 감액되어 기준 연금액의 80%에 해당하는 금액을 지급받게 된다. 이는 가구 단위의 급여 중복을 방지하고 제한된 재원의 효율적 배분을 위한 조치이다.

※ 34만 원 2천 X 2명 = 68만5천원 - (20%인) 13만7천원 = 54만8천원

4) 신청 방법과 절차

기초 연금 신청은 여러 경로를 통해 가능하다. 오프라인으로는 거주지 관할 읍·면·동 주민 센터나 국민연금 공단 지사에서 신청할 수 있다. 온라인 신청의 경우 복지로(www.

bokjiro.go.kr) 홈페이지나 국민연금 공단 홈페이지를 통해 가능하다.

신청 시기와 관련하여 만 65세 생일이 속하는 달의 전월부터 신청이 가능하며, 신청일로부터 최대 6개월까지 소급하여 지급받을 수 있다. 따라서 65세 생일 전에 미리 신청하는 것이 유리하다. 신청 시 필요한 기본 서류는 기초 연금 신청서, 금융 정보 등 제공 동의서, 신분증, 통장 사본이다. 개인의 상황에 따라 추가로 임대차 계약서, 소득·재산 확인 서류, 부채 증빙 서류, 가족 관계 증명서 등이 필요할 수 있다.

신청 절차는 다음과 같은 단계로 진행된다. 우선 필요 서류를 준비하여 신청서를 작성하고 제출한다. 이후 담당 기관에서 서류를 검토하고 필요시 추가 서류 제출을 요구한다. 다음 단계에서는 신청자의 소득과 재산에 대한 조사가 실시되며, 이를 바탕으로 수급 자격 결정이 이루어진다. 최종적으로 결정 결과가 신청자에게 통지되고, 수급 자격이 인정되면 기초 연금 지급이 개시된다. 전체 처리 기간은 신청일로부터 30일 이내이며, 특별한 사정이 있는 경우 60일까지 연장될 수 있다.

5) 소득 인정액 산정 방식

기초 연금 수급 자격 판정의 핵심 기준인 **소득 인정액**은 '**월 소득 평가액**'과 '**재산의 소득 환산액**'을 합산하여 산정된다. 이는 단순히 현금 소득만을 고려하는 것이 아니라 보유 재산까지 종합적으로 평가하여 실질적인 생활 수준을 판단하기 위해서다.

가. 월 소득 평가액

먼저 '월 소득 평가액'은 소득의 종류에 따라 서로 다른 방식으로 산정된다.

▶ 근로 소득 계산법

- 월 근로 소득에서 기본으로 112만 원을 공제한다.
- 남은 금액에서 추가로 30%를 더 공제한다.
- 계산식: (월 근로 소득 - 112만 원) × 0.7
- 예) 월급이 200만 원이라면, (200만 원 - 112만 원) × 0.7 = 61.6만 원만 소득으로 계산된다.
- 부부가 모두 근로 소득이 있다면 각각 공제를 적용 받을 수 있다.

▶ 기타 소득: 사업 소득, 재산 소득(이자, 민간 연금 등), 공적 이전 소득(국민연금, 공무원 연금 등)은 공제 없이 합산된다. 단, 일용 근로 소득이나 공공 일자리 소득은 소득 산정에서 제외된다.

나. 재산의 소득 환산액

'재산의 소득 환산액'은 보유한 재산을 소득으로 환산하는 과정으로, 다음과 같이 계산한다.

▶ 일반 재산: 거주하는 집, 토지, 건축물, 자동차(고급 차 제외) 등의 가액을 합산한다.

▶ 기본 재산액 공제: 생활에 기본적인 재산으로 보아 재산 총액에서 일정 금액을 빼 준다. 이때 지역별 공제액이 다르다.

  - 대도시(특별시, 광역시 등): 1억 3,500만 원

  - 중소 도시(시): 8,500만 원

  - 농어촌(군): 7,250만 원

▶ 금융 재산: 예금, 적금, 주식, 펀드 등을 포함하며, 기본 2,000만 원을 공제한다.

  - 보장성 보험, 저축성 보험: 해지 환급금으로 평가

  - 연금 보험: 연금 수령 전은 해지 환급금, 연금 수령 후에는 기타 소득으로 소득 평가액에 합산

  - 연금 저축(펀드, 보험): 연금 수령 전에는 총납입액 또는 현재 평가액, 연금 수령 후에는 소득으로 산정

  - 최근 1년 이내 수령한 보험금: 수령한 보험금 전액(예금 등으로 보유하고 있을 경우)

예) 예금 3,000만. 암 보험 해지 환급금 500만 원. 연금 저축 현재 적립액 1,500만 원 시

    → 3,000만 + 500만 + 1,5000만 = 5,000만 원 여기서 공제 - 2,000만

    ∴ 금융 재산 합계액은 3,000만 원

▶ 부채: 주택 담보 대출, 임대 보증금 등 부채는 전체 재산에서 빼 준다.

▶ 소득 환산율(연 4%): 위 과정을 거쳐 산출된 재산 가액에 연 4%의 이자율을 적용해

연 소득으로 환산한 뒤, 12개월로 나누어 월 소득 환산액을 구한다.

▷ 재산의 월 소득 환산액 = [{ (일반 재산 - **기본 재산액**) + (금융 재산 - **2,000만 원**) - 부채 } × **연 4%** ÷ 12개월] + 고급 자동차 및 회원권 가액

▶ 주의할 점: 차량 가액 4천만 원 이상 고급 자동차, 골프·콘도 회원권 등은 기본 재산 공제 대상에서 제외되고, 가액 전체가 그대로 월 소득 환산액에 합산되므로 주의가 필요하다.

다. 국민연금(공적 연금)과 기초 연금

월 소득 중 국민연금 같은 공적 연금이 일정 금액 이상으로 있으면 기초 연금을 박탈하는데 내용은 다음과 같다. (다른 소득이나 재산이 없다고 가정 시, 2025년 기준)

① 기초 연금 박탈되는 공적 연금액: **월 228만 원** 이상 수령 시 기초 연금 박탈

② 기초 연금 삭감 시작: **월 51만 3,765원부터**

▷ 공적 연금 513,766원 ~ 2,280,000원: 일부 삭감 후 지급 (최대 50%)

▷ 공적 연금 2,280,001원 이상: 기초 연금 박탈

③ 실제 사례

▶ 근로 소득 200만 원이 있고 국민연금 150만 원을 수령 중이면?

▷ (근로 소득 200만 원 - 112만 원) X 70% = 61만, 국민연금은 전액 그대로 합산한다. 따라서 61만+150만 = 211만 원으로, 단독 가구 228만 원이든 부부합산 364만 원이든 양쪽에서 모두 미달하므로 기초 연금 수령 가능하다.

▶ 국민연금에서 100만 원, (세제 적격)연금 보험에서 100만 원, 공제 후 국세청에 잡힌 임대 소득이 월 50만 원이면?

▷ 공제 없이 모두 더해서 250만 원이므로 단독 가구라면 탈락이고 부부 가구라면 수령 가능하다.

6) 기초 연금의 현황과 통계

기초 연금 제도는 도입 이후 지속적으로 확대되어 현재 우리나라 노후 소득 보장의 핵심 제도로 자리 잡고 있다. 2023년 기준으로 전체 수급자는 약 640만 명에 달하며, 이는 만 65세 이상 인구의 약 70%에 해당하는 규모이다. 연간 예산 규모는 약 18조 원으로 정부 복지 예산에서 상당한 비중을 차지하고 있다.

지역별 수급률을 살펴보면 농어촌 지역이 85% 이상으로 높은 수급률을 보이는 반면, 도시 지역은 65% 내외의 수급률을 나타내고 있다. 이는 농어촌 지역 거주 노인들의 소득 수준이 상대적으로 낮아 기초 연금 수급 조건을 충족하는 비율이 높기 때문이다.

수급자의 연령별 분포를 보면 65-74세가 전체의 약 60%, 75세 이상이 약 40%를 차지하고 있으며, 성별로는 여성이 약 60%로 남성보다 높은 비율을 보이고 있다. 이는 여성의 평균 수명이 길고, 경제 활동 참여율이 상대적으로 낮아 소득 수준이 낮기 때문인 것으로 분석된다.

7) 기초 연금의 문제점과 개선 방안

기초 연금 제도는 노후 소득 보장에 중요한 역할을 하고 있으나, 운영 과정에서 몇 가지 문제점들이 지적되고 있다. 가장 대표적인 문제는 **국민연금과의 연계 감액** 방식이다. 현행 제도 하에서는 국민연금을 많이 받을수록 기초 연금이 감액되는 구조로 인해, 국민연금 가입이나 보험료 납부에 대한 유인이 저하될 우려가 있다. 이는 장기적으로 국민연금 제도의 발전을 저해할 수 있는 요소로 작용할 수 있다.

국민연금과의 연계 감액을 설명하면 국민연금 급여액이 기초 연금 기준 연금액의 150%를 초과할 경우 감액되기 시작한다. 2025년을 기준으로 **월 513,765원**(342,510원 × 1.5)을 초과하는 국민연금 수령액부터 기초 연금이 감액된다는 점을 위에서 설명하였다.

소득 역전 현상도 문제로 지적된다. 일부 소득 구간에서는 소득이 높음에도 불구하고 기초 연금을 더 많이 받는 경우가 발생하여, 제도의 형평성에 대한 의문이 제기되고 있다. 이는 복잡한 감액 체계와 다양한 공제 제도가 상호 작용하면서 나타나는 현상이다.

재산 평가 기준의 형평성 문제도 개선이 필요한 영역이다. 현행 제도에서는 지역별 재산 가격 차이가 충분히 반영되지 않아, 같은 가치의 재산이라도 지역에 따라 다른 평가를 받을 수 있다. 또한 유동성이 낮은 재산과 현금성 재산을 동일하게 평가하는 것도 형평성 측면에서 문제가 될 수 있다.

이러한 문제점들을 해결하기 위한 개선 방안들이 다양하게 제시되고 있다. 제도적 개선 방향으로는 우선 국민연금 연계 감액 방식의 합리적 조정이 필요하다. 현행 1:0.5의 감액 비율을 완화하거나, 감액 적용 기준을 상향 조정하는 방안 등이 검토될 수 있다. 소득·재산 기준의 합리적 조정을 통해 소득 역전 현상을 최소화하고, 지역별 특성을 반영한 선정 기준액 차등 적용도 고려해 볼 필요가 있다.

8) 자주 묻는 질문 (FAQ)

Q1. 기초 연금 수급은 언제부터 시작되나요?

A1. 기초 연금은 만 65세 생일이 속하는 달부터 수급이 시작됩니다. 생일이 속하는 달의 전월부터 미리 신청할 수 있으며, 신청이 늦어진 경우에도 최대 6개월까지 소급하여 지급받을 수 있습니다. 따라서 65세 생일 이전에 미리 신청 절차를 진행하는 것이 바람직합니다.

Q2. 기초 연금 수급 자격의 소득 인정액 산정 시, 부채는 어떻게 인정되며 한도는 어떻게 되나요?

A2. 기초 연금의 소득 인정액을 계산할 때, 모든 부채가 재산에서 차감되는 것은 아닙니다. 법적으로 규정한 특정 부채만 인정되며, 구체적인 내용은 다음과 같습니다.

▶ **인정되는 부채의 종류**

- 금융 기관 대출금: 제1금융권(은행), 제2금융권(저축 은행, 보험사, 카드사 등)으로부터 받은 대출이 해당됩니다.
- 공공 기관 대출금: 정부, 지방 자치 단체, 한국 자산 관리 공사, 한국 주택 금융 공사 등 공공 기관으로부터 받은 융자금이나 대부금이 포함됩니다.

- 임대 보증금: 본인 소유의 주택이나 상가 등을 다른 사람에게 임대하고 받은 보증금은 부채로 인정됩니다. 이는 나중에 임차인에게 돌려줘야 할 돈이기 때문입니다.

▶ **인정되지 않는 부채**

- 개인 간의 사채: 친구, 가족 등 개인에게 빌린 돈은 공적으로 증명하기 어려워 부채로 인정되지 않습니다.
- 물품 구매 대금(외상): 물건을 구매하고 아직 지불하지 않은 대금은 부채에서 제외됩니다.
- 카드 연체 대금: 신용 카드 사용 후 연체된 금액은 부채로 인정되지 않습니다.

▶ **부채 차감 한도**

- 부채는 **전체 재산 가액을 초과하여 차감할 수 없습니다.** 예를 들어, 총 재산이 3억 원인데 부채가 4억 원이라면, 재산 가액은 0원으로 계산되며, 초과된 부채 1억 원이 다른 소득을 줄여 주지는 않습니다. 즉, 부채 공제의 목적은 재산 가액을 줄이는 데 한정됩니다.

Q3. 해외 거주 시에도 기초 연금을 받을 수 있는지?

A3. 해외에 거주하는 경우 기초 연금 지급이 정지됩니다. 다만 단기간의 일시적 해외 체류는 허용되며, 국내로 돌아와서 신고하면 지급이 재개됩니다. 해외 거주 기간 중의 기초 연금은 소급 지급되지 않습니다.

Q4. 기초 연금 신청 시 어떤 서류가 필요한지?

A4. 기본적으로 기초 연금 신청서, 신분증, 통장 사본, 금융 정보 등 제공 동의서가 필요합니다. 개인의 상황에 따라 임대차 계약서, 소득·재산 관련 증빙 서류, 부채 증명 서류, 가족 관계 증명서 등의 추가 서류가 필요할 수 있습니다.

Q5. 자녀로부터 정기적인 용돈이나 지원을 받는 경우, 기초 연금 소득 인정액에 포함되나요?

A5. 네, 포함될 수 있습니다. 자녀 등으로부터 정기적으로 받는 금품은 '사적 이전 소득'으

로 분류되어 소득 인정액에 반영됩니다.

▶ 사적 이전 소득 산정 기준

- 대상: 배우자 및 30세 미만 미혼자녀를 제외한 부양 의무자(자녀, 며느리, 사위 등)로부터 최근 1년간 정기적으로 지원받은 금품을 대상으로 합니다.

- 정기성 판단: 일시적인 지원(경조사비, 병원비 대납 등)은 제외되나, 매월 또는 매 분기 등 주기적으로 받는 용돈이나 생활비는 포함됩니다.

- 산정 방식: 최근 1년간 지원받은 총액을 12개월로 나눈 월평균 금액을 소득으로 산정합니다.

▶ 증빙 방법 및 확인

- 기초 연금 신청 시, 신청자는 가족 등으로부터 받는 정기적인 지원 여부와 금액을 성실히 신고해야 합니다.

- 지자체 담당자는 금융 거래 내역 조회 등을 통해 정기적인 입금 내역이 확인될 경우, 이를 사적 이전 소득으로 산정할 수 있습니다. 따라서 자녀가 부모님의 **생활비 계좌로 매달 일정 금액**을 보내 드리는 경우, 이는 기초 연금 수급 자격을 결정하는 소득 인정액에 포함될 가능성이 매우 높습니다.

Q6. 소득이나 재산 변동 시 신고 의무가 있는지?

A6. 소득이나 재산에 중요한 변동 사항이 발생한 경우 30일 이내에 관할 기관에 신고해야 합니다. 또한 정기적으로 실시되는 소득·재산 조사에 성실히 협조해야 하며, 허위 신고나 신고 누락 시에는 급여 환수나 지급 중단 등의 조치가 취해질 수 있습니다.

Q7. 기초 연금 소득 인정액에 비과세 소득도 포함되나요?

A7. 과세냐 비과세냐를 따지지 않고 세전 금액 전체가 소득 인정액으로 잡힙니다.

Q8. 기초 연금 수급권의 압류, 담보 제공, 양도가 금지되는지? 압류가 가능한 경우는 어떤 경우가 있는지?

A8. 기초 연금 수급권의 압류, 담보 제공, 양도를 금지하는 이유는 기초 연금이 어르신들의 최소한의 인간다운 생활을 보장하기 위한 사회 보장적 성격을 갖기 때문입니다. 만약 연금을 압류하거나 담보로 잡을 수 있게 되면, 그 본래의 목적을 달성할 수 없게 됩니다.

▶ **압류 금지의 법적 근거:** 기초 연금법 제13조(수급권의 보호)는 '수급권은 양도, 압류하거나 담보로 제공할 수 없다'고 명시하여 수급권을 강력하게 보호하고 있습니다.

▶ **예외적 압류 가능성:** 원칙적으로 기초 연금 자체는 압류할 수 없습니다. 하지만 연금이 일반 예금 계좌에 입금된 후에는 다른 예금과 섞여 '예금 채권'의 성격을 띠게 되어 압류될 수 있습니다. 법원에서는 어떤 돈이 기초 연금인지 구분하기 어렵기 때문입니다.

▶ **압류 방지 대책: 기초 연금 안심 통장**

이러한 문제를 해결하기 위해 '**기초 연금 안심 통장(압류 방지 전용 통장)**' 제도가 있습니다. 이 통장에는 기초 연금만 입금될 수 있으며, 법적으로 압류가 원천적으로 금지됩니다. 기초 연금을 수급하는 어르신은 금융 기관(대부분의 시중 은행)에서 안심 통장을 개실하고, 지자체에 연금 수령 계좌를 이 통장으로 변경 신청하면 됩니다.

9) 기초 연금을 영업에 활용하는 방법

당연한 얘기겠지만, 고령자들을 대상으로 강의를 하면 가장 질문을 많이 하는 부분이 '기초연금'이다. 국민연금은 보험료 대비 10배를 수령해도 자신이 낸 보험료 때문에 받는다는 생각이 강한데, 기초 연금은 그냥 '공짜'로 받는다는 느낌 때문인지 알 수는 없다. 어쨌든 기초 연금에 대한 관심은 매우 크다. 그래서 영업인이라면 기초 연금에 대해서도 잘 알고 있어야 한다. 그런데 기초 연금을 막상 파고들어 보면 여러 가지로 문제가 많다.

가장 큰 문제는 '형평성' 문제다. 자신 명의의 부동산은 없지만 현금이 10억 이상 있고, 외제차를 끌고 다녀도 별다른 소득이 없다면 기초 연금을 받을 수 있다. 자녀가 대기업 사장이라도 아무 상관없다.

다른 문제는 '연금'이다. 특히 국민연금이 문제다. 공무원 연금처럼 수령액이 많아서 기초 연금을 못 받는 것은 이해기 가지란 국민연금은 공제 없이 그대로 소득으로 잡혀서 다른 소득이 조금만 있어도 국민연금 때문에 기초 연금을 받지 못할 수 있다.

이 장의 앞 부분에서 기초 연금 수령 대상자인데 국민연금을 513,765원 보다 많이 받으면 감액이 된다고 했다. 그러니까 국민연금 수령을 늦추거나 추후 납부 등을 통해 보험료를 더 냈는데 더 낸 것 때문에 기초 연금이 삭감될 가능성이 충분이 있다는 것이다. 기초 연금이 완전 박탈되는 공적 연금액은 월 228만 원 이상 수령할 때이다. 이 두 가지 숫자 51만 3천원과 228만 원은 외워두는 것이 좋다.

그러니까 국민연금 수령액 평균을 보면 기초 연금이 감액될 소지가 많고, 공무원 연금이나 사학 연금, 군인 연금 수령자는 삭감은 기본이고 대부분 완전 박탈 대상일 가능성이 높다. 만약 다른 소득이 거의 없어서 경계(?)에 있는 사람들이라면 다른 소득이 발생하지 않도록 주의(?)해야 한다. 비과세가 절실히 필요한 경우가 이런 경우다.

그리고 기초 연금에서 알아야 할 가장 중요한 부분은 꼭 '신청을 해야 준다'는 점이다. 매년 수만 명의 대상자들이 자신이 기초 연금 수령 대상자인데도 신청을 하지 않아서 받지 못하고 있다. 관련 정보를 모르거나 신청방법을 모르거나 과정이 번거로워서 못 받는다고 한다. 우리 영업인들은 기초 연금에 대해 기본적인 내용을 숙지해서 곤란을 겪는 분들에게 도움을 줄 수 있으면 좋겠다.

10) 기초 연금 관련 화법

네. 그런데 제가 재미있는 질문 하나 드려도 될까요?

매년 수만 명이 '이것'을 안 해서 기초 연금을 수령하지 못한다고 합니다.

혹시 '이것'이 무엇인지 알고 계신가요?

(대부분 소득이 많아서…등이라고 대답함)

네…소득 기준은 되는데 못 받는 분들을 말씀드린 겁니다.

정답은 '신청하지 않아서'입니다.

(신문 기사를 보여 주면서) 여기 신문 기사를 보세요. 제 말이 맞죠? (웃으면서)

네 뭐든지 정확하게 알아보고 정확하게 대비를 해 놔야 나중에 문제가 생기지 않습니다.

또 하나 중요한 점이 있습니다

지금 국민연금이나 공무원 연금 같은 공적 연금을 수령 중이시면 알아 두셔야 할 내용입니다.

공적 연금 수령액이 51만 3천원 이상이면 기초 연금이 삭감되기 시작하고 월 228만 원 이상 수령하면 아예 나오지 않습니다. 기초 연금 신청하실 때 제게 문의 주시면 제가 소득 인정액은 얼마나 되는지, 어디에 신청해야 하는지, 필요한 서류는 무엇인지 등등 필요한 모든 내용을 일러 드리겠습니다.

4 기초 생활 수급자

1. 기초 생활 수급자란

기초 생활 수급자는 국민 기초 생활 보장법에 따라 생계가 어려운 저소득층에게 국가가 최소한의 생활을 보장하는 사회 보장 제도의 대상자를 말한다. 우리 사회의 마지막 안전망 역할을 하며, 경제적 어려움으로 인해 기본적인 생활을 유지하기 어려운 분들에게 실질적인 도움을 제공하고 있다.

2. 기초 생활 수급자 대상 (2025년 선정 기준)

기초 생활 보장 제도는 가구의 소득과 재산을 평가한 '소득 인정액'이 정부가 정한 기준(기준 중위 소득)보다 낮을 경우 지원받을 수 있다.

2025년 급여별 선정기준

단위 원

구분	1인	2인	3인	4인	5인	6인
중위 소득 32%(생계 급여)	765,440	1,258,560	1,608,000	1,951,360	2,274,560	2,580,800
중위 소득 40%(의료 급여)	956,800	1,573,200	2,010,000	2,439,200	2,843,200	3,226,000
중위 소득 48%(주거 급여)	1,148,160	1,887,840	2,412,000	2,927,040	3,411,840	3,871,200
중위 소득 50%(교육 급여, 차상위)	1,196,000	1,966,500	2512500	3,049,000	3,554,000	4,032,500
중위 소득 100%	2,392,000	3,933,000	5,025,000	6,098,000	7,108,000	8,065,000

▶ 소득 인정액 = 소득 평가액 + 재산의 소득 환산액

여기서 중요한 것은 단순히 월급이나 통장 잔고만 보는 것이 아니라, 보유한 재산(자동차, 주택 등)을 소득으로 환산하여 계산한다는 점이다.

과거에는 자동차가 있다는 이유만으로 수급 자격에서 탈락하는 경우가 많는데 2025년 부터는 자동차 재산 기준이 대폭 완화되었다. 배기량 2,000cc 미만의 10년 이상 된 노후 차량이나 차량가액 500만 원 미만인 자동차는 일반 재산으로 분류되어 소득 환산율이 크게 낮아졌다.

3. 급여 종류 및 혜택

기초 생활 수급자로 선정되면 소득 수준과 가구 특성에 따라 맞춤형 급여를 지원받게 된다.

▶ **생계 급여**: 매달 현금으로 지급되며, 2025년 1인 가구 기준 최대 76만 5,444원까지 받을 수 있다. (가구의 소득 인정액을 차감하여 차등 지급한다)

▶ **의료 급여**: 병원비 부담을 덜어 주는 제도로, 1종과 2종으로 나뉜다. 1종은 입원비 전액, 외래 진료비 본인 부담금 면제 등 더 많은 혜택을 받는다. 2025년부터는 건강 생활 유지비 지원금도 인상된다.

▶ **주거 급여**: 임차 가구에는 지역별 기준 임대료를 상한으로 실제 임차료를 지원하고, 자가 가구에는 주택 노후도에 따라 수선 비용을 지원한다. 2025년에는 기준 임대료와 수선 비용이 모두 인상되었다.

▶ **교육 급여**: 초·중·고등학생 자녀가 있는 가구에 교육 활동 지원비를 지원한다. 2025년에는 초등학생 48만 3천 원, 중학생 67만 9천 원, 고등학생 72만 7천 원으로 인상된다.

▶ **그 외 혜택**: 주민세 비과세, TV 수신료 면제, 전기·가스 요금 할인 등 다양한 감면 혜택도 받을 수 있다.

기본적으로 급여 종류 별로 중위 소득 기준을 충족해야 각각의 급여를 받을 수 있다. 예를 들어 중위 소득 46% 이하여서 주거 급여와 교육 급여를 받더라도 생계 급여는 받을 수 없다. 반대로 중위 소득 32% 이하자로 생계 급여를 받는다면 의료 급여, 주거 급여, 교육 급여를 모두 받을 수 있다고 본다. 다만 다른 급여는 '부양 의무자 기준'이 폐지되었는데 의료 급여만 여전히 부양 의무자 기준이 적용되므로, 아주 예외적으로 생계 급여는 받으면서 의료 급여 대상에서는 제외될 수 있다.

4. 부양 의무자

기초 생활 보장 제도에서 '부양 의무자'란 수급 신청자를 부양할 책임이 있는 가족을 의미한다.

구체적으로는 '1촌 직계혈족(부모, 아들, 딸)' 및 그 배우자(사위, 며느리)를 말한다. 과거에는 수급 신청자의 소득 및 재산 기준이 충족되더라도, 부양 의무자가 부양 능력이 있다고 판단되면 수급자에서 탈락하는 경우가 많았는데 많은 부분이 개선되었다.

▶ 생계 급여: 2021년 10월부터 부양 의무자 기준이 폐지되었다. 단, 부양 의무자의 연소득이 1억 3천만 원을 넘거나, 부동산 등 재산이 12억 원을 초과하는 경우에는 여전히 부양 능력이 있는 것으로 간주되어 수급이 제한될 수 있다.

▶ 의료 급여: 아직 부양 의무자 기준이 남아 있지만, 부양 의무자 가구에 중증 장애인이나 기초 연금 수급 노인이 포함된 경우 등 기준이 완화되었다.

▶ 주거 급여 및 교육 급여: 부양 의무자 기준을 적용하지 않는다. 따라서 이제는 자녀나 부모가 있다는 이유만으로 기초 생활 수급 신청을 포기할 필요가 없다.

5. 신청 절차 및 준비 서류

▶ **신청 장소**: 주소지 관할 읍·면·동 주민 센터(행정 복지 센터)에 방문하여 신청할 수 있다.

▶ **신청 가능자**: 본인, 가구원, 친척 또는 기타 관계인이 신청할 수 있으며, 사회 복지 전담 공무원이 직권으로 신청할 수도 있다.

▶ **준비 서류**:

　- 사회 보장 급여 제공(변경) 신청서 (주민 센터 비치)

　- 금융 정보 등 제공 동의서 (가구원 및 부양 의무자 포함)

　- 신분증

- 임대차 계약서 (해당 시)

- 기타 소득·재산 확인 서류 (월급 명세서, 진단서 등)

▶ **온라인 신청**: 복지로 홈페이지(www.bokjiro.go.kr)를 통해 주거 급여, 교육 급여 등 일부 급여는 온라인으로도 신청 가능하다.

6. 주의 사항 및 의무

기초 생활 수급자가 되면 신고 의무를 이행해야 한다. 소득이나 재산의 변동, 가구원 변경, 주소 이전 등이 발생하면 반드시 14일 이내에 신고해야 하며, 이를 위반할 경우 급여가 중단되거나 환수 조치를 받을 수 있다.

취업을 하게 되어 소득이 생겼다고 해서 즉시 수급 자격이 박탈되는 것은 아니다. 근로 능력이 있는 수급자는 자활 사업에 참여할 수 있다. 자활 근로, 자활 기업, 희망키움통장 등의 프로그램을 통해 경제적 자립 기반을 마련할 수 있으며 성공적으로 자활하여 수급에서 벗어나는 경우 추가 인센티브도 제공된다.

5장

종합 소득세(연말 정산)

1) 종합 소득세란

종합 소득세(Global Income Tax)는 개인이 지난 1년간 경제 활동으로 얻은 모든 소득을 합산하여 과세하는 세금이다. 대한민국 거주자라면 누구나 소득이 발생했을 때 소득세를 납부할 의무가 있으며, 종합 소득세는 이러한 소득세의 가장 기본적인 형태라고 할 수 있다.

종합 과세 대상 소득 분류표

과세 구분	소득구분	소득	소득금액	비고
종합 과세	사업 소득	총 수입 금액	총 수입 금액 - 필요 경비	
	근로 소득	과세 대상 근로 소득	근로 소득 - 근로 소득 공제	
	이자 소득	이자 수입	이자 수입	공제 없음 (2천 만원까지 원천 징수하고 종결)
	배당 소득	배당 수익	배당 수익	
	연금 소득	연금 소득	연금 소득 - 연금 소득 공제	공적 연금: 종합 과세 사적 연금: 1,500만 이상 시 선택
	기타 소득	기타 소득	기타 소득 - 필요 경비	연 300만 한도 원천 징수하고 종결
분류 과세	양도 소득	양도 소득	양도 소득 - 필요 경비 - 양도 소득 특별 공제	
	퇴직 소득	퇴직 소득	퇴직 소득 - 퇴직 소득 공제	

위의 6가지 소득을 모두 합산하여 다음 해 5월 1일부터 5월 31일까지 주소지 관할 세무서에 신고 및 납부해야 한다. 다만, 퇴직 소득과 양도 소득은 종합 소득에 합산하지 않고 별도로 분류하여 과세한다(이 두 가지를 분리 과세라고 한다)

종합 과세 신고 대상자를 구체적으로 적으면 다음과 같다.

- 사업자 등록을 하고 사업자 등록 번호를 부여받은 개인 사업자
- 근로 소득 이외의 소득이 1개 이상 있는 자
- 프리랜서, 영업 사원 등 사업 소득 원천 징수(3.3%) 소득이 있는 자
- 금융 소득이 연간 2,000만 원 초과자
- 사적 연금 소득이 1,500만 원을 초과하는 자(분리 과세 신청자 제외)
- 연간 2,000만 원의 수입을 초과하는 주택 임대 소득자

원칙적으로 종합 소득세 신고를 해야 하지만 예외가 되는 경우는 다음과 같다.

- 근로 소득만 있고 연말 정산을 완료한 경우
- 직전 과세 기간의 수입 금액이 7,500만 원 미만이고 다른 소득이 없는 보험 모집인
- 퇴직 소득과 연말 정산 대상 사업 소득만 있는 경우
- 비과세 또는 분리 과세 소득만 있는 경우
- 기타 소득이 연 300만 원 이하이고 분리 과세를 원하는 경우

2) 연말 정산이란

자영업자와 프리랜서에게 '**종합 소득세**'가 있다면 근로자와 공무원에게는 '**연말 정산**'이 있다. 연말 정산(Year-end Tax Settlement)은 근로 소득이 있는 직장인을 대상으로 하는 제도이다. 회사는 매월 직원에게 급여를 지급할 때, 정해진 간이 세액표에 따라 소득세를 미리 원천 징수하여 국가에 납부한다. 하지만 이 금액은 확정된 세액이 아닌, 예상치를 미리 떼어 두었다가 1년 동안의 총 근로 소득이 확정되면, 해당 소득에 대해 최종적으로 납부해야 할 세금을 정확하게 계산한다. 이 과정에서 각종 소득 공제 및 세액 공제를 반영하여 기납부한 세액과 비교하고, 그 차액을 환급받거나 추가로 납부하게 되는데, 이것을 '연말 정산'이라고 한다. 연말 정산은 보통 다음 해 2월분 급여를 지급할 때

이루어진다.

연말 정산 대상자는 기본적으로 근로 소득이 있는 사람이 대상이지만 **제외 대상**도 있다.

- 일용 근로자(건설 일용직 등)
- 총급여액 500만 원 이하이면서 다른 소득 금액이 300만 원을 초과하는 경우
- 2개 이상의 직장에서 근무하는 경우(주된 근무지에서 연말 정산)

3) 종합 소득세와 연말 정산

종합 소득세와 연말 정산을 완전 별개의 것으로 생각하는 사람도 많지만 기본적으로 연말 정산은 종합 소득세 신고의 일부라고 할 수 있다. 간단하게 말하자면 급여 생활자처럼 다른 소득이 많지 않은 직장인들의 편의를 위해 회사나 단체에서 종합 소득세 신고를 간소화해서 대신 신고를 해 주는 시스템이라고 할 수 있다. 따라서, 근로 소득만 있는 직장인은 연말 정산을 제대로 마쳤다면, 그것으로 종합 소득세 신고 의무가 완료되어 별도로 종합 소득세 신고를 할 필요가 없다.

근로 소득 외 다른 소득이 있는 직장인이라면 연말 정산은 회사에서 받은 근로 소득에 대해서만 이루어진다. 만약 사업 소득, 기타 소득 등 다른 소득이 있다면, 연말 정산을 하였더라도 반드시 다음 해 5월에 근로 소득과 다른 소득을 모두 합산하여 종합 소득세 신고를 다시 해야 한다. 이 경우, 연말 정산 시 제출했던 공제 항목들은 종합 소득세 신고 시 중복으로 적용할 수 없다.

4) 소득 공제와 세액 공제

소득 전체에 과세가 되는 것은 아니다. 다양한 공제 항목을 통해 과세 대상 소득을 줄이거나(소득 공제), 산출된 세금 자체를 깎아 주는(세액 공제) 과정을 거치게 된다.

종합 소득 금액 세액 계산 흐름도

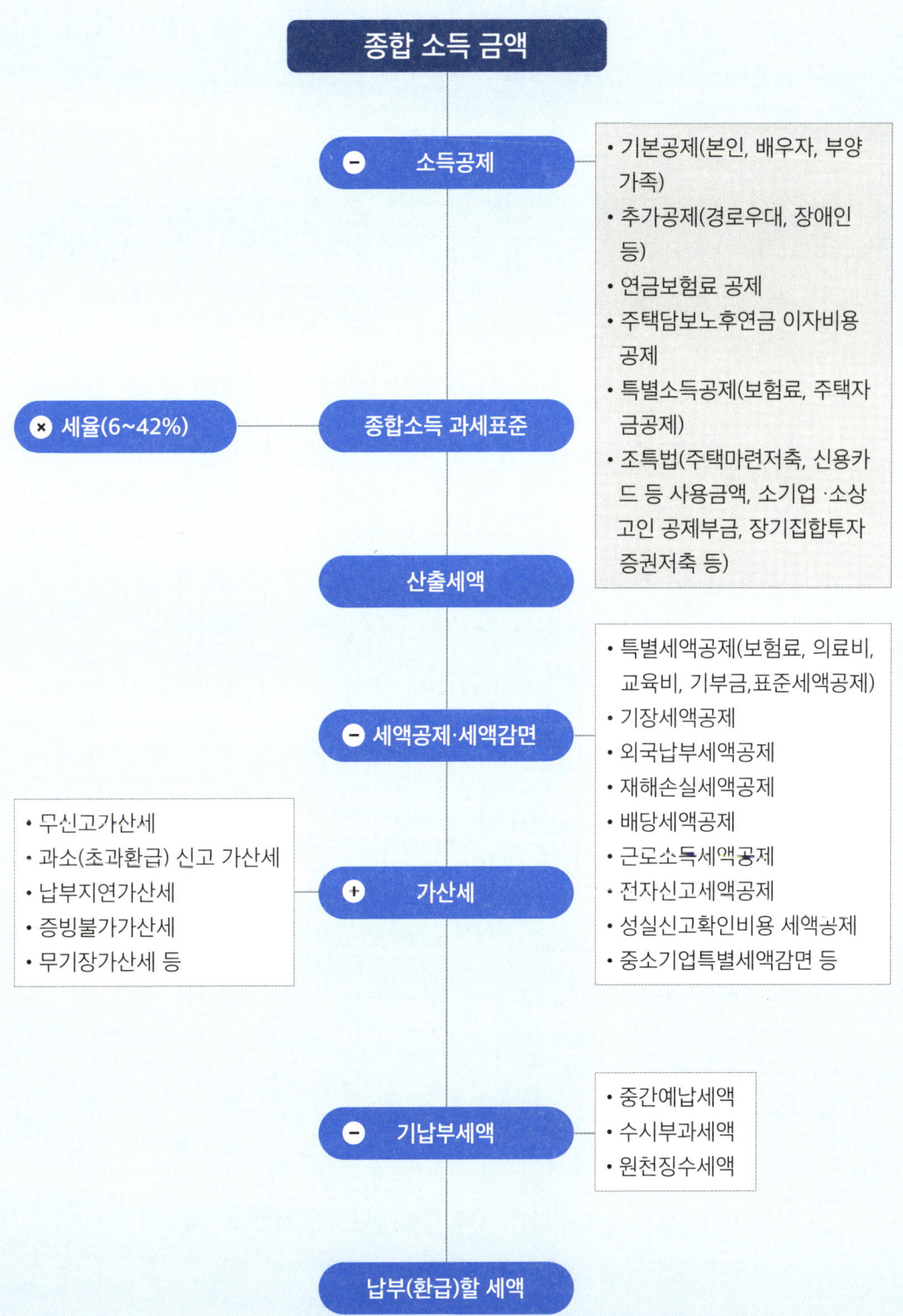

종합 소득 금액

(−) **소득공제**
- 기본공제(본인, 배우자, 부양가족)
- 추가공제(경로우대, 장애인 등)
- 연금보험료 공제
- 주택담보노후연금 이자비용 공제
- 특별소득공제(보험료, 주택자금공제)
- 조특법(주택마련저축, 신용카드 등 사용금액, 소기업·소상공인 공제부금, 장기집합투자증권저축 등)

(×) **세율(6~42%)** — **종합소득 과세표준**

산출세액

(−) **세액공제·세액감면**
- 특별세액공제(보험료, 의료비, 교육비, 기부금,표준세액공제)
- 기장세액공제
- 외국납부세액공제
- 재해손실세액공제
- 배당세액공제
- 근로소득세액공제
- 전자신고세액공제
- 성실신고확인비용 세액공제
- 중소기업특별세액감면 등

(+) **가산세**
- 무신고가산세
- 과소(초과환급) 신고 가산세
- 납부지연가산세
- 증빙불가가산세
- 무기장가산세 등

(−) **기납부세액**
- 중간예납세액
- 수시부과세액
- 원천징수세액

납부(환급)할 세액

가. 소득 공제

소득 공제는 세금을 매기는 기준이 되는 '과세 표준'을 낮추는 역할을 한다. 과세 표준이 낮아지면 더 낮은 세율을 적용 받을 수 있어 절세 효과가 커진다.

2025년 주요 소득 공제 항목내용

구분	항목	주요 내용 (2025년 귀속 기준)
인적공제	기본공제	본인 및 부양가족 1명당 150만원 공제 (소득 요건, 나이 요건 충족 시)
	추가공제	경로우대(70세 이상, 100만원), 장애인(200만원), 부녀자(50만원), 한부모(100만원)
연금보험료 공제	국민연금 등	납부한 국민연금 보험료 전액 공제
특별소득공제	건강보험료 등	납부한 건강보험료, 고용보험료 전액 공제
	주택자금	무주택 세대주가 지출한 주택임차차입금 원리금 상환액, 장기주택저당차입금 이자상환액 등
기타 소득공제	신용카드 등 사용금액	총급여액의 25% 초과 사용분에 대해 공제 (신용카드 15%, 현금영수증/체크카드 30%)
	주택마련저축	청약저축, 주택청약종합저축 납입액의 40% 공제 (연 300만원 한도)
	노란우산공제	소기업·소상공인 대상, 소득금액에 따라 연 최대 500만원 공제 (2025년부터 한도 상향)

[주요 소득 공제 항목]

▶ 인적 공제: 인당 연 150만 원

  - 본인, (소득 없는)배우자

  - 부양가족(직계 존속, 직계 비속, 형제 자매, 국민 기초 생활 보장법상 수급자 등)

  - 추가 공제: 경로 우대, 장애인, 부녀자, 한부모 등

▶ 연금 보험료 공제

   - 국민연금, 공무원 연금, 사학 연금, 군인 연금 보험료

   - 납부한 보험료 전액 공제

▶ 특별소득 공제

   - 보험료 공제: 건강 보험료, 장기 요양 보험료, 고용 보험료

   - 주택 자금 공제: 주택 담보 대출 이자 상환액 등

▶ 기타 소득 공제

   - 개인 연금 저축공제

   - 소상공인 공제 부금

   - 투자 조합 출자 등 소득 공제

나. 세액 공제

세액 공제는 소득 공제를 거쳐 계산된 '산출 세액'에서 세금 자체를 직접 차감해 준다. 세액 공제를 100만 원 받았다면 자신의 소득 수준에 관계없이 세금이 100만 원 감소한다. 따라서 소득 수준과 관계없이 공제액만큼 세금이 줄어듦으로 소득이 적은 사람들에게 체감 효과가 더 크게 보일 수 있다.

2025년 주요 세액 공제 항목내용

구분	항목	주요 내용 (2025년 귀속 기준)
근로소득	근로소득세액공제	산출세액에 따라 일정 금액 공제 (연 50만원 한도)
자녀	자녀세액공제	기본공제 대상 자녀 1명당 15만원, 둘째 20만원, 셋째 이상 30만원 공제
연금계좌	연금계좌세액공제	연금저축, IRP 납입액에 대해 12% 또는 15% 공제 (연 900만원 한도)
특별 세액공제	보험료	보장성보험료 납입액의 12% 공제 (연 100만원 한도)
	의료비	총급여액의 3% 초과 지출 의료비의 15% 공제 (본인, 65세 이상, 장애인은 한도 없음)
	교육비	본인, 부양가족을 위해 지출한 교육비의 15% 공제 (한도 상이)
	기부금	기부금 유형 및 금액에 따라 15%~30% 공제
주택	월세액세액공제	총급여 7천만원 이하 무주택 세대주가 지급한 월세액의 15% 또는 17% 공제 (연 750만원 한도)
기타	결혼세액공제 (신설)	2024.1.1~2026.12.31 혼인신고 시 100만원 공제 (부부 각 50만원, 생애 최초 1회)

세액 공제 항목 중에 **'고향 사랑 기부제'**가 있다. 지자체에 10만 원을 기부하면 세액 공제를 통해 그대로 10만 원을 환급해 주고 지자체가 3만 원 상당의 선물까지 준다. 잊지 말고 하는 편이 좋다. (이 장 마지막 부분 – '영업인이 알아야 할 제도5'에서 상세 설명)

5) 연말 정산 – 절세 전략

가. 기본 전략

① 신용 카드 등 사용액 소득 공제는 총급여액의 25%를 초과하여 사용한 금액부터 공제 대상이 된다. 25%가 되기 전까지 사용하는 카드는 포인트나 할인 혜택이 좋은 카드를 사용하고 25%를 넘으면 체크 카드나 현금 영수증 사용액을 늘린다.

② 연금 저축(세제 적격 연금 저축 보험)을 가입하면 기본 600만 원까지 세액 공제가 된

다. 하지만 신중하게 생각해야 한다. 만기 전에 해지하면 해지 환급금이 적을 수 있다.

③ 인적 공제를 최대한 받는다. 같이 살고 있지 않은 부모님도 되고, 요건만 갖추면 처제나 처남, 장인, 장모도 가능하다. (연령, 소득, 생계 요건 필요)

④ 의료비는 총급여의 3%를 초과해야 공제가 가능하므로 전략이 필요하다.

⑤ 월세 생활자는 '월세액 세액 공제'를 놓치지 말아야 한다. (총급여 7,000만 이하만 가능)

⑥ 무주택 세대주인 근로자(총급여 7천만 이하)는 청약 통장 납입액의 40%를 소득 공제 받을 수 있다.

나. 맞벌이 부부 연말 정산

① 소득이 높는 배우자가 받는 것이 유리한 항목

- 부모님이나 자녀 등 부양가족 공제는 소득이 높은 쪽이 받아야 유리하다.

- 부양가족으로 등록한 자녀의 교육비 역시 공제받는 쪽에서 받아야 한다.

② 소득이 낮은 배우자가 받는 것이 유리한 항목

- 신용 카드 사용은 총급여액이 낮은 쪽이 유리하다. (25% 초과 금액부터 공제 시작)

- 의료비도 총급여액이 낮은 쪽이 유리하다. (3% 초과 금액부터 공제 시작)

③ 상황에 따라 달리 판단할 항목

- 연금 저축, IRP는 본인 명의 계좌, 본인 납입분만 공제가 가능하다.

- 주택 마련 저축 등은 계약자 명의, 세대주 요건 등을 충족해야 가능하므로 해당 요건을 충족하는 배우자가 공제 받아야 한다.

6) 종합 소득세 - 단순 경비율, 기준 경비율, 간편장부, 복식 부기

종합 소득세 신고를 하는 개인 사업자(자영업자)나 프리랜서라면 먼저 자신이 어떤 기장 의무가 있는지, 그리고 신고 유형은 무엇인지를 파악하고 있어야 한다. 조금 내용이 어려울 수도 있지만 영업인이라면 반드시 알고 있어야 한다.

개인 사업자가 종합 소득세를 신고할 때 원칙적으로 '**장부**'를 작성해야 한다. 일정 매출 미만이면 '**간편장부**'를 일정 매출 이상이면 '**복식 부기 장부**'를 만들어서 종합 소득세 신고를 할 때 제출을 해야 한다. 이때 장부를 작성하지 않으면 일정 매출 미만이면 '**단순 경비율**'을 적용하고, 일정 매출 이상이면 '**기준 경비율**'을 적용한다.

가. 간편장부

간편장부는 소규모 사업자들을 위해 국세청에서 특별히 고안한, 쉽고 간단한 장부다. 마치 가게의 수입과 지출을 일기처럼 간단하게 기록하는 것과 비슷하다.

▶ **대상:**

- 직전 연도 수입 금액이 업종별 기준 금액 미만인 사업자

*농업/어업, 도매/소매업 등: 6억 원

*제조업, 숙박/음식점업 등: 3억 6천만 원

*부동산 임대업, 서비스업 등: 1억 5천만 원

- **해당 과세 기간에 신규로 사업을 시작한 사업자**

▶ **특징:**

- **장부의 형태:** 수입과 비용을 날짜별로 한 줄씩 순서대로 기록한다.

- **작성 방법:** 복잡한 회계 지식이 없어도 쉽게 작성할 수 있다. 국세청에서 제공하는 양식을 참고하여 작성하면 된다.

▶ **계산 방식: 종합 소득 금액 = 총 수입 금액 - 필요 경비**

- 필요 경비는 실제로 지출한 비용을 영수증, 세금 계산서 등 증빙을 통해 입증한다.

나. 복식 부기

복식 부기는 기업 회계의 기본 원리에 따라 모든 거래를 차변(왼쪽)과 대변(오른쪽)으로 나누어 기록하는 방식이다. 모든 거래가 두 번(이중) 기록되기 때문에 복식 부기라고 부른다.

▶ **대상:**

- **직전 연도 수입 금액이 업종별 기준 금액 이상인 사업자**

(위 간편장부 대상 기준 금액의 2배 이상)

- 전문직 사업자 (의사, 변호사, 회계사 등)는 수입 금액과 관계없이 복식 부기 의무 대상이다.

▶ 특징:

- **장부의 형태**: 자산, 부채, 자본, 수익, 비용 계정을 활용하여 재무 상태표와 손익 계산서 등 회계 장부를 작성한다.
- **작성 방법**: 회계 원리에 대한 전문 지식이 필요하다. 일반적으로 세무사나 회계사에게 기장 대리를 맡기는 경우가 많다.

▶ 계산 방식:

- 복식 부기 장부를 바탕으로 손익 계산서, 재무 상태표 등을 작성하고, 이를 토대로 소득 금액을 계산한다.

※ 소득 금액 = 총수입 금액 - 필요 경비

다. 단순 경비율

단순 경비율은 장부를 작성하지 않은 소규모 사업자에게 적용되는 추계 신고 방법이다.

▶ 대상:

- 신규 사업자(해당 과세 기간에 사업을 처음 시작한 경우)
- 계속 사업자 중 직전 연도 수입 금액이 업종별로 정해진 기준 금액(예: 제조업 3,600만 원, 도소매업 6,000만 원, 부동산임대/서비스업 2,400민 원 등) 미만인 사업자
- 단, 전문직 사업자는 수입 금액과 관계없이 단순 경비율 적용 대상에서 제외된다.

▶ 특징:

- 장부를 작성할 필요 없이 간단하게 소득 금액을 계산할 수 있다.
- 매출액에 국세청이 정한 업종별 단순 경비율을 곱하여 경비를 일률적으로 계산한다.
- 실제 지출이 많더라도 경비율만큼만 인정되므로, 실제 경비가 경비율보다 많다면 세금 부담이 커질 수 있다.

※ 계산 방식: 소득 금액 = 총수입 금액 - (총수입 금액 × 단순 경비율)

라. 기준 경비율

기준 경비율은 단순 경비율 대상자가 아닌 사업자가 장부를 작성하지 않았을 때 적용되는 추계 신고 방법이다. 단순 경비율보다 규모가 큰 사업자에게 적용된다.

▶ **대상:**

- 단순 경비율 대상자에 해당하지 않는 사업자 중 장부를 기장하지 않은 경우.
- 즉, 직전 연도 수입 금액이 단순 경비율 적용 기준 금액 이상인 사업자.
- 전문직 사업자.

▶ **특징:**

- 단순 경비율에 비해 경비 인정 폭이 좁고, 주요 경비는 증빙을 제출해야만 인정받을 수 있다.
- **주요 경비:** 매입 비용, 임차료, 인건비
- **기타 경비:** 수입 금액에 기준 경비율을 곱하여 계산
- 주요 경비에 대한 증빙이 없으면 세금 부담이 급격히 증가할 수 있다.
- 일반적으로 장부를 기장하는 것보다 세금 부담이 크므로, 기준 경비율 대상자라면 간편장부라도 작성하는 것이 절세에 유리하다.

※ **계산 방식:** 소득 금액 = 총 수입 금액 - 주요 경비(실제 지출액) - (총 수입 금액 × 기준 경비율)

마. 실제 신고

위의 내용만 보면 어떻게 해야 할지 어려울 수 있다. 먼저 내가 속한 업종부터 확인한다.

업종별 수입 금액 기준표

업 종 별	복식부기 의무자	간편장부 대상자	기준경비율 적용대상자	단순경비율 적용대상자
가. 농업·임업 및 어업, 광업, 도매 및 소매업(상품중개업을 제외한다)부동산 매매, 아래에 해당하지 아니하는 사업	3억원 이상자	3억원 미만자	6천만원 이상자	6천만원 미만자
나. 제조업, 숙박 및 음식점업, 전기·가스·증기 및 공기조절 공급업, 수도하수폐기물처리·원료재생업, 건설업(비거주용 건물 건설업은 제외) 부동산 개발 및 공급업(주거용 건물 개발 및 공급업에 한정), 운수업 및 창고업, 정보통신업, 금융 및 보험업, 상품중개업, 욕탕업	1억5천만원 이상자	1억5천만원 미만자	3천6백만원 이상자	3천6백만원 미만자
다. 부동산 임대업, 부동산업(부동산매매업 제외), 전문과학 및 기술서비스업, 사업시설관리·사업지원 및 임대서비스업, 교육 서비스업, 보건업 및 사회복지 서비스업, 예술·스포츠 및 여가관련 서비스업, 협회 및 단체, 수리 및 기타 개인서비스업, 가구내 고용활동"	7천5백만원 이상자	7천5백만원 미만자	2천4백만원 이상자	2천4백만원 이상자

위 표는 국세청에 나와 있는 업종별 수입 금액 기준표이다. 수입 금액 기준을 확인하고 계속사업자라면 '전년도 매출', 신규 사업자라면 '당해 매출'을 확인해서 아래 표에 따라 기장 의무, 신고 유형을 판단한다.

기장 의무 & 추계 신고 유형 판단표

구분	기장의무 (전년도 기준)	추계 신고유형 (전년도 기준)	추계 신고유형 (당해년도 기준)
업종 1	3억 미만:간편 3억 이상:복식	6천만 미만: 단순 6천만 이상: 기준	3억 미만: 단순 3억 이상: 기준
업종 2	1.5억 미만:간편 1.5억 이상:복식	3,600만 미만: 단순 3,600만 이상: 기준	1.5억 미만: 단순 1.7억 이상: 기준
업종 3	7,500만 미만:간편 7,500만 이상:복식	2,400만 미만: 단순 2,400만 이상: 기준	7,500만 미만: 단순 7,502만 이상: 기준

다만, **전문직**은 수입 금액과 관계없이 **무조건 복식 부기 의무자**이며 기준 경비율 대상자이다.

내가 전문직이 아니라면 위의 추계 신고 유형 판단표를 보고 판단하면 된다.

예를 들어, 음식점(업종 2)을 하고 있고 운영을 계속하고 있는 '계속운영자'이다. 전년도 수입이 2억이다. 이 경우라면 기장 의무 중 '복식 부기' 대상자이며 추계 신고 유형은 '기준 경비율'이다.

보험 영업인은 기타 서비스업에 속하며, 업종 코드는 94090이다. 직전 연도 수입이 7,500만 원 미만이면 간편장부 대상자에 해당하고 연말 정산 후 종결한다. 다만 올해 처음 소득발생한 사람은 수입 금액과 관계없이 간편장부 대상자이다.

직전 연도 수입이 7,500만 원 이상이면 복식 부기 의무자에 해당하므로 가급적이면 세무사에게 기장을 맡기는 편이 좋다. 만약 복식 부기 의무자가 장부를 기장하지 않고 추계 신고(단순/기준 경비율)만 하면 '무기장 가산세(소득 금액의 20% 또는 산출 세액의 20% 중 큰 금액)'가 부과되니 주의해야 한다. 장부를 작성하지 않는다면 추계 신고는 직전 연도 수입이 2,400만 원 미만일 경우 단순 경비율을 적용하고 2,400만 원 이상이라면 기준 경비율을 적용한다.

7) 종합 소득세(연말 정산)에 대해 궁금한 내용들

Q1. 아르바이트 소득도 세금 신고를 해야 하나요?

A1. 네, 해야 합니다. 급여를 받을 때 3.3%를 원천 징수 했다면 사업 소득에 해당하므로, 5월에 종합 소득세 신고를 해야 합니다. 이 과정에서 떼인 세금을 환급받을 수도 있습니다. 일용직 근로 소득의 경우, 원천 징수로 납세 의무가 종결되므로 별도 신고는 필요 없습니다.

Q2. 중도에 퇴사한 경우 연말 정산은 어떻게 하나요?

A2. 퇴사 시점에서 회사가 기본적인 연말 정산을 하지만, 이는 인적 공제 등 기본 공제만 반영된 결과입니다. 따라서 이직한 경우, 12월 말 근무지에서 전 직장 근로 소득을 합산

하여 연말 정산을 해야 합니다. 만약 연말까지 재취업하지 않았다면, 다음 해 5월에 개인이 직접 종합 소득세 신고를 통해 누락된 공제 항목을 반영하고 세금을 정산해야 합니다.

Q3. 부양가족으로 등록하려면 어떤 요건을 갖춰야 하나요?

A3. 기본적으로 생계를 같이하고, 연간 소득 금액 합계액이 100만 원(근로 소득만 있는 경우 총급여 500만 원) 이하여야 합니다. 여기에 배우자 외 부양가족은 나이 요건(직계 존속 만 60세 이상, 직계 비속·형제 자매 만 20세 이하 등)도 충족해야 합니다.

Q4. 의료비 세액 공제, 실손 보험금 수령액은 어떻게 해야 하나요?

A4. 지출한 의료비 중에서 실손 의료 보험금으로 보전받은 금액은 세액 공제 대상에서 제외해야 합니다. 이를 누락하고 공제받을 경우, 추후 가산세를 포함하여 추징될 수 있으니 유의해야 합니다.

Q5. 직장을 다니면서 주말에 부업으로 배달 아르바이트를 했습니다. 세금 신고는 어떻게 해야 하나요?

A5. 반드시 다음 해 5월에 종합 소득세 신고를 하셔야 합니다. 먼저 회사에서는 근로 소득에 내해 연말 정산을 정싱적으로 진행합니다. 그 후, 5월이 되면 연말 정산을 마친 근로 소득과 부업으로 발생한 사업 소득을 합산하여 주소지 관할 세무시에 신고해야 힙니다. 이때 연말 정산 시 적용받은 부양가족 공제 등을 중복으로 신청할 수 없으며, 홈택스에서 연말 정산 자료를 불러와 간편하게 합산 신고할 수 있습니다.

Q6. 작년 연말 정산 때 의료비 공제를 빠뜨렸습니다. 지금이라도 돌려받을 수 있나요?

A6. 네, 가능합니다. '경정 청구'라는 제도를 통해 지난 5년간 누락된 공제를 추가로 신청하여 세금을 환급받을 수 있습니다. 국세청 홈택스를 통해 간편하게 신청할 수 있으며, 관련 증빙 서류(누락된 의료비 영수증 등)를 준비하여 신고하면 관할 세무서에서 검토 후 환급해 줍니다.

Q7. 따로 살고 계시는 부모님(만 60세 이상, 소득 없음)도 부양가족으로 공제받을 수 있나요?

A7. 네, 가능합니다. 주거 형편상 따로 거주하더라도, 자녀가 부모님께 생활비를 보내 드리는 등 실질적으로 부양하고 있다면 부양가족 기본 공제(1인당 150만 원) 및 추가 공제(만 70세 이상 등)를 받을 수 있습니다. 단, 다른 형제 자매가 부모님을 중복으로 공제받을 수는 없으므로 사전에 협의가 필요합니다.

Q8. 월세 세액 공제를 받고 싶은데, 집주인에게 알려야 하거나 동의를 받아야 하나요?

A8. 아닙니다. 집주인의 동의나 허락은 전혀 필요하지 않습니다. 임대차 계약서, 주민 등록등본, 월세 이체 증빙 서류만 준비하여 연말 정산 시 본인이 직접 신청하면 됩니다. 이는 납세자의 정당한 권리이므로 눈치 보지 않으셔도 됩니다.

Q9. 프리랜서로 일하며 수입의 3.3%를 떼고 돈을 받았습니다. 이건 뭔가요?

A9. 3.3% 원천 징수는 사업 소득에 대한 세금을 미리 떼어 가는 것입니다. 하지만 이는 실제 경비나 소득 공제를 전혀 반영하지 않은 금액입니다. 따라서 다음 해 5월에 반드시 종합 소득세 신고를 해야 합니다. 이 과정에서 1년간 지출한 경비를 인정받고 각종 공제를 적용하면, 미리 낸 3.3% 세금의 상당 부분을 환급받을 가능성이 매우 높습니다.

8) 종합 소득세를 영업에 활용하는 방법

보험 영업인들이 주로 만나는 직업은 자영업자들이다. 그래서 영업인들은 종합 소득세에 대해 잘 알아야 한다. 먼저 해야 할 일은 '종합 소득세' 프로세스를 이해하는 것이다. 간단하게 말하자면 전체 소득에서 '소득 공제'를 통해 먼저 한 번 공제하고 이때 '산출 세액'이 나온 이후 '세액 공제'를 다시 해 주면 최종적으로 내야 할 세금액이 확정되는 구조다.

소득 공제 항목은 손댈 부분이 많지 않다. 인적 공제가 가장 크고 중요한데 억지로 만들 수 없다. 그래서 노란우산 정도가 노력해서 바꿀 수 있는 영역의 대부분이다. 뒤에 다시 언급하겠지만 사실 노란우산도 애매한 부분이 많이 있는 제도라서 영업인이라면 정확하게 잘 알고 있어야 한다.

종합 소득세 신고나 연말 정산 할 때 실제 절세 부분은 '세액 공제' 부분에서 이루어진다. 블로그나 유튜브, 세금 관련 콘텐츠를 보면 대부분 '절세 3총사'라고 하면서 연금 저축, ISA, IRP 세 가지를 들고 있다. 원수사나 GA에 있는 영업인들 대부분은 이 세 가지를 잘 모르는 분들이 많다. 반대로 필자가 직접 상담한 젊은 직장인들 대부분은 세 가지를 잘 알고 있다. 실제로 가입도 많이 했고 활용도 잘 하고 있다. 그래서 이런 절세 상품(?)에 대해 잘 알고 있지 못하면 설득을 할 수 없다. 이런 상품들은 장점도 많지만 단점도 있고 한계도 명확하다. 그래서 잘 알고 있어야 일정 수준 이상의 가입을 막고 나머지 여유 자금을 보험 상품으로 전환시킬 수 있다. 이른바 '납입 여력'을 만들어 줄 수 있다는 말이다.

이 장에서는 종합 소득세 신고 시 합법적인 절세를 통해 세금을 절약하는 노하우를 다루고 있다. 다음 장부터 기술되어 있는 노란우산이나 연금 저축, ISA, IRP 등에 대해 자세하게 기술하는 이유는 고객들의 상품 포트폴리오를 적절하게 컨설팅 해 주기 위해서이다. 우리가 판매하는 보험 상품은 분명히 경쟁력이 있다. 그냥 있는 정도가 아니라 매우 뛰어난 상품들이다. 단, 공부를 해야 한다.

종합 소득세와 다른 한편으로 급여 생활자들이 주로 하는 '연말 정산'에 대해서는 '연말 정산 절세 노하우'부터 공부를 하는 것이 좋다. 다만 대부분의 직장인들은 연말 정산에 대해 잘 알고 있다. 사회 초년생들도 지금은 여기저기 공부를 많이 해 와서 잘 알고 있으니 우리는 그 정도보다는 많이 알아야 한다.

9) 종합 소득세 관련 화법

고객님 지난번에 종합 소득세(종소세)를 얼마나 신고하셨는지 여쭤봐도 될까요?

혹시 종소세 줄이는 방법에 대해 알고 계신가요?

네. 그렇다면 제가 질문 몇 가지 드려도 괜찮으시죠?

종합 소득세를 줄이려면 결국 '소득 공제 항목'에서 한 번 그리고 '세액 공제 항목'에서 또 한 번 줄여야 합니다.

소득 공제를 받기 위해 일반적으로 노란우산 공제를 많이 가입하는데 고객님도 가입하셨어요?

네. 잘하셨습니다.

다음으로는 세액 공제 항목인데 연금 저축이나 ISA, IRP에 가입하고 계신가요?

네. 일단 대충은 알고 계신데 자세하게는 모르신다는 말씀이시죠?

그렇다면 제가 소득 공제 항목과 세액 공제 항목에서 여러 가지 금융 상품으로 어떤 혜택을 보는지에 대해 간단하게 정리해 드리면 도움이 되실까요?

정말 잘됐습니다. 여러 가지 세제 혜택을 받을 수 있는 상품들과 가장 큰 혜택을 받는 비과세 상품까지 한 번에 정리해 드릴 테니 일단 들어보시고 더 궁금한 점 있으시면 언제든지 질문해 주세요.

먼저 고객님 수입부터 여쭤보겠습니다.

5　　　　　　　　　　　**고향 사랑 기부제**

고향 사랑 기부제는 여러모로 긍정적 효과가 큰 세액 공제 제도이다. 영업인 여러분들도 만나는 고객들마다 권유해서 세액 공제도 받고 고향도 도울 수 있도록 했으면 좋겠다.

1. 고향 사랑 기부제란

고향 사랑 기부제는 대한민국 국민이면 누구나 할 수 있다. 법인이나 단체는 현재로서는 참여할 수 없다.

자신의 현재 주소지를 제외한 모든 광역·기초 지방 자치 단체에 기부할 수 있는데, 꼭 자신의 출신 고향이 아니더라도, 마음으로 응원하고 싶은 어떤 지역이든 선택하여 기부하는 것이 가능하다. 마음에 드는 답례품을 제공하는 지자체에 기부하는 사람들도 많다. 행정 안전부에서 운영하는 종합 정보 시스템 '**고향사랑e음**' 웹사이트를 통해 온라인으로 간편하게 기부할 수 있고 인터넷 사용이 어려운 분들은 전국 농협은행 창구를 통한 오프라인 기부도 가능하다.

기부 금액은 개인별 연간 500만 원까지 기부할 수 있다…다만 세액 공제로 돌려주는 한도는 10만 원까지이다.

2. 기부자에게 돌아오는 혜택

1) 세액 공제 혜택

- 기부금 10만 원까지는 전액,
- 10만 원 초과 500만 원 이하 금액에 대해서는 16.5%의 세액 공제를 받을 수 있다. 예를 들어 10만 원을 기부했다면 연말 정산 시 10만 원을 그대로 돌려받게 된다.

2) 마음이 담긴 답례품

기부자는 기부 금액의 30% 이내에서 해당 지역의 특산품이나 지역 상품권 등을 답례품으로 받을 수 있다. 10만 원을 기부했다면, 10만 원 세액 공제와 더불어 3만 원 상당의 답례품까지 받게 되니, 기부자 입장에서는 13만 원의 혜택을 누리는 셈이다.

결론적으로, 10만 원 기부를 통해 '**10만 원 전액 세액 공제 + 3만 원 상당의 답례품**' 이라는 일석이조의 효과를 얻을 수 있다.

3. 고향 사랑 기부금 사용

우리가 낸 소중한 기부금은 과연 어디에 사용될까? 고향 사랑 기부금은 기부금을 받은 지자체의 재정으로 편입되어, 해당 지역의 주민 복리 증진을 위한 다양한 사업에 투명하게 사용된다. 주요 사용처는 다음과 같다.

1) 지역 주민의 복리 증진:

- 사회적 취약 계층 지원 (독거노인 돌봄, 저소득층 아동 지원 등)

- 지역 공동체 활성화 (마을 축제 지원, 커뮤니티 공간 조성 등)

- 문화·예술·보건 증진 사업 (지역 문화유산 보존, 공공의료 서비스 확충 등)

2) 지역 경제 활성화:

- 지역 특산품 및 관광 상품 개발 지원

- 청년 창업 지원 및 일자리 창출

- 전통 시장 활성화 및 소상공인 지원

실제로 많은 지자체들이 고향 사랑 기부금을 활용하여 의미 있는 사업들을 추진하고 있다. 전남 담양군은 기부금을 활용해 다문화 가정 아동들에게 한글 교육을 지원하고 있으며, 경북 영주시는 농업 인력난 해소를 위한 스마트팜 시설 구축에 기부금을 사용하고 있다.

4. 답례품의 경제적 효과

고향 사랑 기부제의 또 다른 매력은 바로 '답례품'이다. 각 지역은 자신들의 특색과 자부심이 담긴 농축수산물, 가공식품, 공예품, 관광 서비스 이용권 등 다채로운 답례품을 마련하여 기부자들에게 감사의 마음을 전하고 있다. 이 답례품은 기부자에게는 선물이 되고 지역 경제에는 활력을 불어넣는 중요한 자원이 된다.

▶ **지역 생산자 판로 개척:** 답례품 공급업체로 선정된 지역의 농가나 소상공인들은 안정적인 판로를 확보하게 된다. 이는 소득 증대로 직결되며, 생산 의욕을 고취시키는 효과를 가져온다.

▶ **지역 브랜드 홍보 효과:** 기부자들은 답례품을 통해 이전에는 몰랐던 지역의 우수한 특산품을 접하게 된다. 이는 자연스럽게 해당 지역과 제품에 대한 인지도를 높이고, 재구매나 입소문으로 이어져 지역 브랜드를 전국에 알리는 홍보 대사 역할을 톡톡히 해낸다. 각 지역의 특색을 살린 개성 넘치는 답례품들이 큰 인기를 끌고 있다. 제주도의 감귤, 전라남도의 한우, 강원도의 건어물 세트 등 전통적인 인기 품목은 물론, 벌초 대행 서비스(전남 장성), 지역 화가의 미술품(전남 진도) 등 이색적인 답례품도 있다. '고향사랑e음' 홈페이지에 가 보면 지역별로 다양한 답례품이 있으니 어떤 지역에 기부를 할지 결정하지 못한 분들은 답례품을 보고 지역을 골라도 좋을 듯싶다.

참고로 소득이 없는 사람(예를 들어 종합 소득세 신고 안 하는 가정주부 등)은 기부는 할 수 있어도 기부금 10만 원을 돌려받을 수 없다.

6장

노란우산

1) 노란우산이란?

'노란우산' 제도는 소상공인과 자영업자들이 폐업이나 사업 중단 시 생계비 마련을 위해 미리 돈을 모아 두는 공적 공제 제도이다. 정식 명칭은 '소상공인 공제 제도'이지만, 친근한 이미지를 위해 '노란우산'이라는 브랜드명을 사용한다. 2007년 중소기업협동조합중앙회를 통해 시작되었다.

▶ 주요 목적
- 소상공인과 자영업자의 폐업 시 생계 안정
- 사업 재기를 위한 경제적 기반 마련
- 자영업자들의 사회 안전망 구축
- 국가 차원의 사회 보장 제도 보완

중소기업협동조합중앙회(중기협)가 주관기관으로 운영하며, 정부(중소벤처기업부)의 지원을 받아 운영되므로 준공영적 성격이 강하다.

기본적으로 자영업자가 매월 일정 금액을 저축하면, **연간 최대 500만 원까지 소득 공제 혜택**을 받아 세금을 절약하고, 여기에 **연 복리 이자**까지 더해 폐업이나 노령 등 공제사유가 발생했을 때 **퇴직금처럼** 목돈으로 돌려받도록 만들어졌다. 대부분의 자영업자가 별도의 퇴직금이 없는 만큼 퇴직금 용도로 가입하는 경우가 가장 많다. 또, 납입한 공제금은 법적으로 압류, 양도, 담보 제공이 금지되어 있어 이것도 장점이다.

2) 노란우산 혜택

노란우산은 여러 가지 혜택이 있다.

가. 절세 혜택(소득 공제)

노란우산의 가장 대표적인 혜택은 바로 **연간 최대 600만 원까지 가능한 소득 공제**라고 할 수 있다. 납입한 금액에 대해 소득 공제를 받아 종합 소득세를 줄일 수 있다.

소득 대비 소득 공제 한도

사업소득 또는 총급여액	소득공제 한도
4,000만 원 이하	600만 원
4,000만 원 초과 ~ 6,000 만 원 이하	500만 원
6,000 만 원 초과 ~ 1억원 이하	400만 원
1억원 초과	200만 원

예를 들어, 과세 표준이 5,000만 원인 사람이 연간 300만 원을 납입했다면, 300만 원 전액을 소득 공제 받아 **최대 485,000원**의 절세 효과를 볼 수 있다. (지방 소득세 10% 포함, 세율 15% 적용 시)

※ 참고 - 소득 공제 한도는 매출액 기준이 아니라 '사업 소득 금액'이 기준이다. 즉 매출액에서 단순 경비율 또는 기준 경비율을 적용한 후의 금액이다.

나. 복리 이자

노란우산은 기준 이율에 연 복리 방식으로 이자가 쌓여 시간이 지날수록 목돈이 불어나게 만들었다. 기준 이율은 변동될 수 있지만, 장기적으로 유지하면 안정적인 수익을 기대할 수 있다. 2025년 현재 기준 이율은 연 3%다.

다. 수급권 보호

공제금은 **법에 의해 압류, 양도, 담보 제공이 금지**된다. 사업이 어려워져 채권자로부터 압류가 들어와도 노란우산에 쌓인 돈만큼은 안전하게 지킬 수 있다.

라. 공제 계약 대출

긴급하게 자금이 필요할 경우, 해지하지 않고도 납입한 금액 내에서 대출을 받을 수 있다. 낮은 이율로 간편하게 이용할 수 있어 유용하게 활용 가능하다.

마. 희망 장려금 (일부 지역)

일부 지방 자치 단체에서는 신규 가입 소상공인에게 1년간 월 1~2만 원의 가입 장려금을 추가로 지원하기도 한다. 가입 전, 사업장이 위치한 지자체에 문의하여 혜택을 꼭 확인해야 한다.

3) 납입 방법

월 납입액은 5만 원부터 100만 원까지 1만 원 단위로 자유롭게 선택할 수 있으며, 경영 상황에 따라 증액 또는 감액이 가능하다. **연간 최대 1200만 원까지 납입 가능하다.**

납부 방법은 가입 시 매달 지정한 계좌에서 출금하도록 자동 이체 방식으로 납부한다.

4) 공제금 지급

가. 지급 사유

- **폐업 시**: 사업자 등록 말소 시
- **사업 양도 시**: 사업을 타인에게 양도할 때
- **개인 회생 또는 파산**: 법원의 개인 회생, 파산 선고 시
- **사망 시**: 가입자 사망 시 유족에게 지급
- **노령**: 만 60세 이상이면서 납입 기간이 10년 이상인 경우

나. 지급 금액

- **5년 이상 납입**: 납입 원금 + 수익금 100% 지급
- **1년 이상 5년 미만**: 납입 원금 + 수익금의 80% 지급
- **1년 미만**: 납입 원금의 95% 지급

다. 정상 해지 시 세금

노란공제는 비과세 상품이 아니다. 폐업, 사망, 퇴임, 노령 등 정상적인 사유로 수령할 시에는 '퇴직 소득세'가 적용된다. 퇴직 소득세는 다른 소득과 합산되지 않고 분류 과세되며, 오랜 기간에 걸쳐 형성된 소득임을 감안하여 다양한 공제(연승연분법)를 적용하므로 실효 세율이 낮은 편이다.

※ 퇴직 소득세율은 6%(1,400만 이하) ~ 45%(10억 원 초과)인데 계산 과정이 복잡하므로 여기에 수록하지 않았다.

5) 노란우산 부가 서비스

노란우산은 가입자들을 위해 다양한 복지 및 부가 서비스를 무료로 제공하고 있다.

- 상해 보험 무료 가입: 상해로 인한 사망 또는 후유장애 발생 시 최고 월 부금액의 150배까지 보험금을 지급한다. (가입 후 2년간 지원)
- 휴양 시설 이용: 전국 대명리조트, 한화리조트 등 주요 휴양 시설을 저렴한 회원가로 이용할 수 있다.
- 건강 검진 할인: 전국 주요 병원 및 검진 센터에서 종합건강 검진 비용 할인 혜택을 받을 수 있다.
- 경영·법률·세무 상담: 변호사, 회계사 등 전문가로부터 사업 운영에 필요한 전문적인 상담을 무료로 받을 수 있다.
- 소상공인 교육: 마케팅, 상권 분석 등 다양한 분야의 온·오프라인 교육을 무료로 수강할 수 있다.
- 쇼핑몰 할인: 복지플러스 사이트를 통해 다양한 상품과 서비스를 할인가로 구매할 수 있다.

6) 노란우산 가입 자격

사업자 등록증이 있는 개인 사업자 이외에 다음 중 하나에 해당된다면 가입할 수 있다.

가. 가입 대상

- **소기업·소상공인 대표자**: 사업자 등록증을 소지한 개인 사업자 또는 법인 대표자(업종별 연평균 매출액 10억~120억 원 이하)
- **프리랜서 등 무등록 소상공인**: 사업자 등록증이 없더라도 사업 소득 원천 징수 영수증(3.3%)을 통해 사업 영위 사실을 증명할 수 있는 자 (예: 작가, 강사, 프로그래머, 디자이너 등)

나. 가입 제한

- 이미 가입되어 있는 자
- 가입 제한 업종(주점업, 무도장, 도박장 등)을 영위하는 자
- 비영리 법인의 대표자 및 임원

다. 가입 방법

- 온라인: 노란우산 홈페이지 또는 모바일 앱
- 은행 방문: 시중 은행(국민, 신한, 우리, 하나 등) 지점
- 중소 기업 중앙회 방문: 지역 본부 및 지부
- 콜센터: 1666-9988

7) 중도 해지 시 불이익

노란우산은 장기적인 노후 준비를 위한 제도이므로, 중도 해지 시에는 몇 가지 불이익이 따른다.

가. 일반 해지 (임의 해지)

폐업, 사망, 노령 등 정당한 공제금 지급 사유가 아닌 개인적인 사유로 해지하는 경우이다.

- 기타 소득세 부과: 납입 원금과 이자를 합한 해지 환급금에 대해 **16.5%의 기타 소득세**가 원천 징수 된다. 이는 그동안 받았던 소득 공제 혜택을 반납하는 개념이다.

※ 예) 3년간 매년 500만 원씩 납입하여 총 247만 5천원의 세제 혜택을 받은 경우

*추징 세액: 247만 5천원

*예전에는 5년 내 임의 해지하면 '가산세'가 부과되었으나 2017년 세법 개정을 통해 해지 가산세 규정이 폐지되었다.

- **원금 손실 가능성**: 납입 기간이 짧을수록 원금 손실이 발생할 수 있다.

나. 강제 해지

- 부금을 12개월 이상 연체한 경우
- 공제 계약 대출 이자를 6개월 이상 연체한 경우 강제 해지 시에도 일반 해지와 동일한 불이익이 적용된다.

다. 간주 해지

개인 사업자가 법인으로 전환하면서 기존 개인 사업자 명의의 공제 계약을 해지하고 법인 대표 자격으로 재가입하는 경우이다. 이 경우에는 불이익 없이 해지 환급금을 수령하고, 법인 대표로 신규 가입할 수 있다.

노란우산 가입을 매우 쉽게 생각해서는 안 된다. 정당한 사유 없이 중도 해지하면 불이익이 있기 때문에 신중하게 생각하고 가입해야 한다.

8) 기타 – 알아 두면 좋은 내용

- 납입 금액은 변경 가능: 사업 상황에 따라 월 5만 원부터 100만 원까지 1만 원 단위로 자유롭게 납입 금액을 증액 또는 감액할 수 있다.
- 압류 방지 통장 활용: 공제금을 수령할 때는 '**행복지킴이 통장**' 등 압류 방지 전용 통장을 이용하면 더욱 안전하게 자산을 보호할 수 있다.
- 사업이 어려워져 납입이 부담될 경우, 일정 기간 납부를 중지할 수도 있다.
- 노란우산 홈페이지나 카카오톡 플러스친구를 통해 최신 이율, 이벤트, 복지 서비스 등 유용한 정보를 정기적으로 확인하는 것이 좋다.

9) 노란우산에 대해 궁금한 내용들

Q1. 노란우산 공제금은 법적으로 '압류가 금지'되는데 국세나 지방세 체납 시에도 보호가 되나요?

A1. 네, 예외 없이 100% 보호됩니다. 소상공인 진흥 및 보호에 관한 법률 제118조의11(수급권의 보호)에 따라 노란우산 공제금 수급권은 양도, 담보 제공, 압류의 대상이 될 수 없습니다. 이는 일반적인 민사 채권뿐만 아니라 국세, 지방세, 4대 보험료 등 국가가 징수하는 공과금 체납에 대해서도 동일하게 적용됩니다. 소상공인의 최소한의 생활 보장과 사업 재기를 위한 자금을 보호하려는 강력한 법적 장치입니다. 안전한 수령을 위해 압류 방지 전용 통장인 '행복지킴이 통장'으로 수령하는 것이 더 좋습니다.

Q2. 사업자 등록을 말소한 후에도 노란우산을 유지할 수 있나요?

A2. 아니요. 사업자 등록 말소 시 자동으로 해지되며, 이는 '정당한 해지 사유'로 불이익 없이 공제금을 받을 수 있습니다.

Q3. 개인 사업자로 노란우산에 가입했는데, '법인으로 전환'했습니다. 이 경우 기존 노란우산 계약은 어떻게 되며, 소득 공제 혜택은 계속 받을 수 있나요?

A3. '부금 통산(제도)'을 통해 계약을 유지할 수 있습니다. 개인 사업자 폐업 시 공제금을 바로 수령하지 않고, 신설된 법인의 대표 자격으로 기존 계약을 그대로 이어 가는 제도입니다. 이를 통해 과거의 가입 기간과 부금, 이자율 모두 손실 없이 승계할 수 있습니다.

법인으로 전환된 후에는 대표 이사의 '근로 소득'을 기준으로 소득 공제가 적용됩니다. 단, 법인 대표의 총급여액이 7천만 원을 초과하면 근로 소득에서는 소득 공제를 받을 수 없습니다. 하지만 사업 소득이 별도로 있다면 그 사업 소득 금액 내에서는 여전히 공제가 가능합니다.

부금 통산 신청은 법인 전환을 위한 개인 사업자 폐업일로부터 60일 이내에 중소기업 중앙회에 신청해야 합니다.

Q4. 여러 사업장을 운영하는 경우 각각 가입할 수 있나요?

A4. 아니요. 1인 1계좌 원칙으로 중복 가입은 불가능합니다.

Q5. 배우자와 함께 사업하는 경우 각각 가입 가능한가요?

A5. 네, 각자 사업자 등록을 보유하고 있다면 별도로 가입 가능합니다.

Q6. 사업이 어려워져 월 부금을 12개월 이상 미납했을 경우 계약은 어떻게 되며, 나중에 계약을 정상화할 방법이 있나요?

A6. 12개월 이상 연체 시 계약은 '해지' 처리될 수 있습니다. 하지만 즉시 강제 해지되는 것은 아니며, 보통 해지 예고 통보가 먼저 이루어집니다. 연체 기간에는 이자가 가산되지 않으며, 대출 등 다른 복지 서비스 이용에 제한이 생깁니다. 만약 강제 해지되면 '임의 해지'와 동일하게 처리되어 16.5%의 높은 기타 소득세가 부과됩니다.

정상화하는 방법은 밀린 부금과 소정의 연체 이자를 한 번에 납부하여 계약을 정상화할 수 있습니다. 별도로 당장 납부가 부담스럽다면, 먼저 최소 금액인 월 5만 원으로 '부금 감액'을 신청하여 추가적인 연체를 막는 방법도 있습니다.

Q7. 프리랜서도 노란우산에 가입할 수 있나요?

A7. 네, '사업사 등록을 보유한' 프리랜서라면 가입이 가능합니다.

Q8. 해외 거주자도 가입할 수 있나요?

A8. 한국에서 사업자 등록을 보유하고 있다면 해외 거주자도 가입 가능합니다.

10) 노란우산을 영업에 활용하는 방법

노란우산의 원래 이름이 '노란우산 공제'였다가 최근에 '공제'를 빼고 '노란우산'으로 변경되었다. 공제라는 말이 무엇일까? 동일한 목적을 가진 법인이 모여서 공동 사업을 영위하는 곳을 '공제 조합'이라 하고 이 조합에서 상부상조의 목적으로 하는 비영리 보험 활동을 하는 것을 '공제'라고 한다. 즉 조합에서 보험업을 하면 '공제'라고 하고 영리 목적으로 만든 민간 기업에서 공제 활동을 하면 '보험'이라고 한다. 다시 말해 노란우산도 보험의 한 종류라고 생각하면 이해가 쉽다.

그래서 보험처럼 '공시 이율'로 부리해 주고, 중도 해지하면 손해 볼 수 있고, 약관 대출도 된다. 다른 한편으로 해석하면 보험의 장점과 단점까지 그대로 있다고 할 수 있다. 어떤 사람들은 노란우산이 매우 특별한 금융 상품이라고 생각하기도 하는데 기본적으로 '보험'이라는 점을 설명해 줘야 한다.

많은 자영업자들이 노란우산에 가입되어 있다. 오랫동안 상담해 온 경험치를 토대로 가입 이유를 정리해 보면

첫째, 자영업자들은 퇴직금이 없기 때문에 많은 사람들이 퇴직금 마련을 위해서

둘째, 나중을 대비해서 목돈 마련을 목적으로

셋째, 자영업자들은 마땅한 절세 방법이 없어서 소득 공제가 되기 때문에 가입한다고 생각한다.

개인적으로 노란우산에 가입하는 것은 좋은 일이고 장려할 만하다고 생각한다. 그런데 자신의 재무 상황에 맞는 정도 이상으로 가입하는 것은 바람직하지 않다. 위의 가입목적들에 대해 영업인의 관점에서 대응을 하자면,

첫째, 중도 해지하면 그동안 소득 공제 받은 것을 반납해야 하고 만기까지 가도 '퇴직 소득세'가 적용되므로 비과세에 비하면 세부담이 더 있다고 봐야 한다.

둘째, 목돈 마련이 목적이면 이율이 높은 상품에 투자하는 것이 더 좋다. 2025년 현재 기준 이율이 연 3%인데 보험 회사 확정 이율 상품이 금리가 훨씬 더 높다.

셋째, 소득 공제는 되지만 비과세 혜택은 없다. 소득 공제 금액도 소득이 1억 이상인 자영업자는 연간 소득 공제액이 200만 원밖에 되지 않는다. 가끔 소득은 많으면서 매달 100만 원씩 납입하는 경우도 많이 보는데 소득 공제액은 한달에 16만 원 정도 밖에 안 된다.

정리하면 노란우산만 가입해서 열심히 보험료를 낼 것이 아니라 자신의 소득 대비 소득 공제 한도를 따져 가면서 유지하는 것이 현명하다.

11) 노란우산 관련 화법

사장님. 노란우산 가입하셨죠? 혹시 어떤 이유로 가입하셨는지 여쭤봐도 될까요?

세 가지 이유에서 가입하셨다는 말씀이시죠? 네. 잘 가입하셨습니다.

그런데 제가 노란우산을 가입한 많은 사장님들과 얘기해 보니 이런저런 문제점이 있다는 것을 알게 됐습니다. 하나씩 말씀드리면…

첫째, 퇴직금 마련을 꼭 노란우산으로만 해야 하는 것은 아닙니다. 퇴직금 마련을 잘 하려면 안정성과 수익성 모두 중요한데 2025년 8월 현재 노란우산의 공시 이율이 3.3%입니다. 생명 보험사 상품들 중에는 확정 금리(최저 보증)로 단리 7~8% 상품들이 있습니다. 가입 목적만 일치하면 더 높은 수익률을 올릴 수 있는 대안이 될 수 있습니다.

둘째, 노란우산은 정상 해지 할 때에도 원칙적으로 '일시금'으로 수령해야 합니다. 목돈 마련하기에는 좋을 수 있습니다. 그런데 직역 연금들이 과거에 일시금으로 지급했다가 지금은 대부분 '연금'으로 주는 이유가 있습니다. 퇴직금을 일시금으로 주면 노후 준비에 쓰지 않고 사업한다고 날리고 자식들이 뺏어 가고 하기 때문에 연금부터 확보하는 것이 매우 중요합니다.

셋째, 개인 사업자의 경우 소득이 1억이 넘으면 일 년 동안 최대 공제액이 200만 원밖에 안 됩니다. 한 달에 20만 원도 안되는데 매달 100만 원씩 납입하는 경우를 많이 봅니다. 상담하면서 왜 이렇게 많이 내시느냐… 소득 공제 200만 원밖에 안 된다고 하면 '정말이야?'고 되묻는 분들노 많습니다. 이러다가 중도에 해지라도 하면 '기타 소득세'를 다시 내야 합니다. 정상 해지하는 경우도 비과세가 안 되니 결론적으로 모든 혜택을 다 합쳐 봐야 '비과세'를 이길 수는 없습니다.

6 개인 회생, 파산, 면책

우리나라에는 '개인 회생'과 '개인 파산'이라는 법적인 제도가 있다. 이 두 가지 제도를 통해 '면책(免責)'이라는 목표로 갈 수 있다.

1. 개인 회생

개인 회생은 장래에 계속적으로 수입을 얻을 가능성이 있는 '성실한 채무자'를 위한 제도이다. 재산보다 빚이 더 많지만, 일정한 소득으로 최저 생계비를 제외한 금액을 3년간 (최대 5년) 성실히 갚아 나가면, 약속한 변제금을 모두 갚은 후에 남은 채무 전체에 대해 '면책'을 받을 수 있다.

▶ 개인 회생 대상자

- 일정한 소득이 있는 사람(급여 소득자, 자영업자, 아르바이트, 연금 소득자 등)

- 총 채무액이 무담보 채무 5억 원, 담보부 채무 10억 원 이하인 사람

  (2024년 기준, 금액은 변동될 수 있음)

- 재산보다 채무가 훨씬 더 많은 사람

- 전문직 자격이나 현재 직장을 유지하며 빚을 해결하고 싶은 사람

- 가지고 있는 재산(집, 차 등)을 지키고 싶은 사람

▶ 개인 회생의 장점

- **강력한 채권추심 금지**: 법원에 금지 명령이 내려지면 채권자들의 모든 빚 독촉 행위가 중단된다.

- **재산 유지 가능**: 파산과 달리 일정한 재산을 보유한 상태로 절차를 진행할 수 있다.

- **자격 유지**: 공무원, 교사 등 특정 자격이 필요한 직업을 그대로 유지할 수 있다.

- **성공적인 변제 후 '면책'**: 변제 계획을 성실히 이행하면, 법원의 **면책 결정**을 통해 남은 원금과 이자 전액을 최종적으로 탕감받고 모든 빚에서 해방된다.

▶ 개인 회생의 단점

- **3년의 성실 변제 의무**: 면책을 받기까지 3년 동안 매월 꾸준히 변제금을 납부해야 하는 부담이 있다.

- **까다로운 자격 조건**: 면책의 전제 조건인 '변제 능력' 즉, 일정한 소득을 증명해야 한다.

2. 개인 파산

개인 파산은 자신의 모든 재산으로도 도저히 빚을 갚을 수 없는 '지급 불능' 상태의 채무자를 위한 제도이다. 여기서 중요한 점은 파산 선고와 면책 결정이 별개의 절차라는 것이다. 먼저 법원이 '파산 선고'를 내리면, 채무자가 가진 재산을 현금화하여 채권자들에게 공평하게 나누어 주는 절차가 진행된다. 이 절차가 끝난 후, 법원은 채무자에게 빚을 갚지 못하게 된 경위 등을 심사하여 최종적으로 '면책' 허가 결정을 내린다. 이 면책 결정이 있어야만 비로소 모든 빚에서 해방될 수 있다.

▶ **개인 파산, 대상자**
  - 소득이 없거나, 최저 생계비보다 현저히 적은 사람
  - 고령, 질병, 장애 등으로 인해 경제 활동이 불가능하여 향후 빚을 갚을 능력이 없는 사람
  - 채무가 재산을 압도적으로 초과하여 변제 자체가 무의미한 사람

▶ **개인 파산의 장점**
  - **'면책'을 통한 모든 빚의 소멸**: 면책 결정을 받으면 세금 등 일부 비면책 채권을 제외 모든 빚이 사라져 완벽한 재정적 리셋이 가능하다.

▶ **개인 파산의 단점**
  - **재산 처분**: 면책을 얻는 대가로 최소한의 생계 보장 재산을 제외한 모든 재산을 포기해야 한다.
  - **면책 전까지의 자격 제한**: 파산 선고 후 **면책 결정이 확정되기 전까지** 변호사, 공무원 등 일부 전문직 자격을 취득하거나 유지할 수 없다.
  - **금융 거래 불이익 및 사회적 편견**: 면책 이후에도 일정 기간 금융 거래에 제약이 있을 수 있으며, '파산자'라는 심리적 부담감이 존재한다.

개인 회생과 개인 파산의 차이점 비교

구분	개인회생	개인파산
면책의 조건	3년간 변제계획 완수 후 면책	재산 청산 후 별도 심사를 통한 면책
채무 처리	변제 후 남은 빚을 면책	재산으로 갚고 남은 빚을 면책
재산 보유	일정 재산 보유 가능	최소 생계형 재산 외 처분 원칙
직업/자격	유지 가능	면책 확정 전까지 일부 제한
핵심 목표	채무 재조정을 통한 사회 복귀	채무 면제를 통한 새로운 시작

▶ '면책'이란?

'면책'은 파산 절차의 궁극적인 목표이다. 파산 선고만으로는 빚이 사라지지 않는다. 면책 결정을 받아야만 채무 변제 책임이 법적으로 소멸되고, 채권자들은 더 이상 빚 독촉을 할 수 없다. 또한, 면책을 받으면 파산자로서 받았던 공법/사법상의 불이익(자격 제한 등)이 모두 사라지는 '복권(復權)'의 효과도 함께 얻게 된다. 단, 낭비나 도박으로 재산을 탕진했거나, 재산을 숨기고 신청하는 등 면책 불허가 사유에 해당하면 면책을 받지 못할 수도 있으므로 모든 절차는 정직하게 임해야 한다.

7장 연금 저축(세제 적격 연금 보험)

1) 연금 저축(세제 적격 연금 보험)이란

'연금 저축'은 개인이 노후 생활 자금을 마련할 목적으로 가입하는 대표적인 '세제 적격' 연금 상품이다. '세제 적격'이란 국가가 세금 혜택을 부여함으로써 가입을 장려하는 제도적 장치를 의미한다. 즉, 가입자는 연금 저축 계좌에 일정 금액을 납입하는 것만으로도 연말 정산 시 세액 공제 혜택을 받을 수 있으며, 운용 기간에 발생하는 수익에 대해서는 과세를 이연(나중에 세금을 내는 것)받아 재투자의 효율을 높일 수 있다.

이러한 혜택은 가입자가 노후에 연금 형태로 자금을 수령하도록 유도하기 위한 국가의 정책적 배려이다. 따라서 연금 저축은 단기적인 자금 운용보다는 최소 5년 이상 납입하고 만 55세 이후 연금으로 수령하는 장기적인 재정 계획에 가장 적합한 금융 상품이라 할 수 있다. 다른 말로 표현하자면 반드시 노후 연금으로 수령하겠다는 결심을 하고 가입해야 나중에 문제가 생기지 않는다.

2) 연금 저축 펀드와 연금 저축 보험

연금 저축 계좌는 운용 주체와 방식에 따라 크게 두 가지로 나뉜다. (연금 저축 신탁이 있었지만 2023년부로 판매가 중단되었다) 하나는 증권사에서 취급하는 '**연금 저축 펀드**'이고, 다른 하나는 생명 보험사에서 판매하는 '**연금 저축 보험**'이다. 두 상품은 '연금 저축'이라는 동일한 제도적 틀 안에 있지만, 운용 방식과 수익 구조, 안정성 측면에서 명확한 차이를 보인다.

▶ 연금 저축 펀드 (투자 신탁): 가입자가 납입한 금액을 주식, 채권 등 다양한 자산에 투자하여 그 운용 실적에 따라 수익이 결정되는 실적배당형 상품이다. 투자 결과에 대한 책임은 전적으로 가입자에게 있으며, 원금 손실의 가능성이 존재한다. 반면, 높은 수익률을 기대할 수 있다는 장점이 있다.

▶ 연금 저축 보험: 가입자가 납입한 보험료를 보험사가 국공채 등 안전 자산 위주로 운용하며, 계약 시점에 약정한 이율(공시 이율)에 따라 수익을 보장하는 원리금 보장형 상품에 가깝다. 안정성이 높지만, 기대 수익률은 상대적으로 낮다.

어떤 상품이 절대적으로 우월하다고 말할 수는 없다. 개인의 투자 성향, 위험 감수 능력, 목표 수익률 등을 종합적으로 고려하여 신중하게 선택해야 한다. 참고로 둘 다 은행에서 판매하고 있으며 판매액과 건수 모두 은행이 가장 많다.

3) 세액 공제와 과세 이연

연금 저축 제도의 가장 큰 매력은 강력한 세제 혜택에 있다. 이는 크게 '세액 공제'와 '과세 이연'으로 요약할 수 있다.

▶ **세액 공제** (Tax Credit): 연금 저축 계좌에 납입한 금액에 대해 연말 정산 시 산출된 세금 자체를 직접 깎아 주는 혜택이다. 2025년 기준, 연간 납입액 중 최대 600만 원(개인형 퇴직 연금(IRP) 합산 시 최대 900만 원)까지 공제 대상이 된다. 공제율은 총급여액에 따라 16.5% 또는 13.2%(지방 소득세 포함)가 적용된다. 예를 들어, 총급여 5,500만 원 이하인 가입자가 연 600만 원을 납입했다면, 연말 정산 시 99만 원(600만 원 × 16.5%)의 세금을 환급받게 된다. 이는 연 16.5%의 확정 수익을 얻는 것과 동일한 효과를 지닌다.

▶ **과세 이연** (Tax Deferral): 연금 운용 기간 동안 발생한 이자나 배당, 매매 차익 등 운용 수익에 대해 즉시 세금을 부과하지 않고, 연금을 수령하는 시점까지 과세를 미뤄 주는 혜택이다. 일반 금융 상품의 경우 수익 발생 시 15.4%의 이자 소득세가 원천 징수 되지만, 연금 저축 계좌에서는 이 세금마저 재투자의 원천으로 활용할 수 있다. 과세 이연을 통해 복리 효과가 극대화된다. 원론적으로 볼 때, 세액 공제와 과세 이연을 통해 복리 효과가 더 극대화될 수 있다. 따라서 연금 저축도 잘 활용하면 효과적인 노후 준비 수단이 될 수 있다.

4) 연금 저축 펀드

가. 연금 저축 펀드란

연금 저축 펀드는 '투자를 통해 노후 자금을 적극적으로 불려 나간다'는 개념에서 출발한다. 가입자는 증권사에 연금 저축 계좌를 개설하고, 그 계좌를 통해 다양한 펀드 상품을 매수하거나 매도하며 자신만의 포트폴리오를 운용하게 된다.

원래 펀드란 다수의 투자자로부터 모은 자금을 자산 운용 전문가가 주식, 채권, 부동산 등 다양한 자산에 대신 투자하고, 그 결과를 투자자에게 돌려주는 간접 투자 상품이다. 연금 저축 펀드 계좌는 이러한 펀드들을 담는 일종의 '바구니' 역할을 한다. 가입자는 이 바구니 안에 국내 주식형 펀드, 해외 주식형 펀드, 채권형 펀드, TDF(Target Date Fund), ETF(상장 지수 펀드) 등 다양한 종류의 펀드를 자유롭게 담고 교체할 수 있다.

나. 연금 저축 펀드 장단점

▶ 장점

- 높은 기대 수익률: 주식 등 위험 자산에 대한 투자 비중을 높여 은행 예금이나 보험 상품보다 월등히 높은 수익을 추구할 수 있다. 장기적인 관점에서 자본 시장의 성장은 자산 증식의 가장 확실한 방법 중 하나이다.
- 투자의 유연성: 시장 상황 변화에 따라 능동적으로 포트폴리오를 변경할 수 있다. 주식 시장이 호황일 때는 주식형 펀드의 비중을 늘리고, 불황이 예상될 때는 채권형 펀드 등 안전 자산으로 비중을 옮겨가는 전략적 자산 배분이 가능하다.
- 다양한 투자 대상: 국내뿐만 아니라 미국, 유럽, 신흥국 등 전 세계의 다양한 자산에 분산 투자가 가능하여 위험을 관리하고 새로운 성장 기회를 포착할 수 있다. 특히 ETF를 활용하면 저렴한 비용으로 특정 국가나 산업에 손쉽게 투자할 수 있다.
- 낮은 수수료: 연금 저축 보험에 비해 사업비나 수수료가 저렴한 편이며, 특히 온라인으로 가입할 경우 더욱 비용을 절감할 수 있다.

▶ 단점

- 원금 손실 가능성: 모든 투자의 숙명과도 같이, 연금 저축 펀드는 운용 실적에 따라

원금 손실이 발생할 수 있다. 투자에 대한 최종 책임은 가입자 본인에게 있다.

- 투자 지식의 필요성: 높은 수익을 얻기 위해서는 시장 상황을 분석하고, 개별 펀드의 특성을 파악하며, 포트폴리오를 주기적으로 관리하는 노력이 필요하다. 투자에 대한 기본적인 이해 없이 시작할 경우, 오히려 손실을 볼 가능성이 크다.

5) 연금 저축 보험(세제 적격 연금 보험)

가. 연금 저축 보험이란

연금 저축 보험은 '안정적인 자금 운용을 통해 확정된 노후 소득을 보장한다'는 원칙에 충실한 상품이다. 가입자가 매월 납입하는 보험료에서 사업비를 제외한 금액이 보험사의 특별 계정에 적립되고, 보험사는 이 자금을 주로 국공채나 우량 회사채 등 안정성이 높은 자산에 투자하여 수익을 낸다.

연금 저축 보험의 가장 큰 특징은 '공시 이율'과 '최저 보증 이율'이다.

▶ **공시 이율**: 보험사가 자산 운용 수익률을 반영하여 매월 또는 분기별로 고시하는 이율로, 연금 적립금에 적용되는 금리이다. 시중 금리나 채권 수익률과 연동하여 변동된다.

▶ **최저 보증 이율**: 시장 금리가 아무리 하락하더라도 보험사가 가입자에게 보장해야 하는 최소한의 이율이다. 이는 원금 손실에 대한 불안감을 해소하고, 최소한의 수익을 보장하는 안전장치 역할을 한다.

정리하면, 연금 저축 보험은 은행의 예·적금과 유사한 구조를 가지면서도, 장기 복리 운용과 최저 보증 이율이라는 안정성을 더한 상품이기 때문에 장기적인 측면에서 장점이 많다.

나. 연금 저축 보험의 장단점

▶ **장점**

- 원리금 보장: 예금자 보호법에 따라 금융 기관 파산 시에도 1인당 최대 1억 원까지 원리금이 보장되며, 최저 보증 이율 제도를 통해 원금 손실의 위험이 거의 없다. 투

자의 변동성을 감내하기 어려운 보수적인 성향의 투자자에게 적합하다.

- 안정적인 복리 효과: 비록 수익률은 낮지만, 확정된 이율을 바탕으로 장기간 안정적인 복리 효과를 누릴 수 있다.

- 종신 연금형 선택 가능: 일부 상품의 경우, 가입자가 사망할 때까지 평생 연금을 지급하는 '종신 연금형'을 선택할 수 있어 안정적인 현금 흐름을 확보하는 데 유리하다.

▶ 단점

- 낮은 기대 수익률: 안정성을 추구하는 만큼 기대 수익률이 매우 낮다. 장기적인 인플레이션을 고려할 때, 실질적인 자산 가치가 하락할 위험이 존재한다.

- 높은 사업비: 펀드에 비해 초기 사업비가 높은 편이다. 가입 초기에 납입 보험료의 상당 부분이 사업비로 차감되므로, 단기간 내에 해지할 경우 큰 원금 손실을 볼 수 있다.

- 낮은 유연성: 한번 가입하면 상품을 변경하거나 투자 전략을 수정하기가 어렵다. 시장 상황에 대한 능동적인 대처가 어렵다.

6) 연금 저축과 세금

가. 소득 공제 혜택

연금 저축의 가장 큰 장점은 연말 정산 시 **'세액 공제'**를 받을 수 있다는 점이다. 연간 세액 공제 한도인 600만 원을 불입하면 13.2%~16.5% 공제가 가능하다. 총급여가 5,500만 원 이하인 사람이라면 600만 원을 불입하고 99만 원을 돌려받을 수 있다.

연금 저축만 단독으로 600만 원이지만 IRP까지 합산하면 연간 900만 원의 세액 공제 효과가 있다. (납입 한도는 합산 1800만 원이다)

연금 저축과 IRP 세액 공제율표

총급여액		5,500만원 이하	5,500만원 초과
세액공제율		16.50%	13.20%
공제대상 저축액	연금저축	6,000,000원	6,000,000원
	IRP 합산	9,000,000원	9,000,000원
최대 절세금액	연금저축	990,000원	792,000원
	IRP 합산	1,485,000원	1,188,000원

나. 연금 수령 조건

연금 저축 계좌에 쌓인 적립금은 다음 세 가지 조건을 모두 충족할 때부터 연금으로 수령할 수 있으며, 이때 저율의 연금 소득세(3.3% ~ 5.5%)가 적용된다.

- 조건 1: 가입일로부터 5년 이상 경과
- 조건 2: 가입자의 나이가 만 55세 이상
- 조건 3: 연금 수령 한도 이내에서 인출

연금 수령 방법은 크게 '기간 연금'과 '종신 연금'으로 나뉜다. 종신 연금은 연금 저축 보험에서만 가능하며, 연금 저축 펀드는 정해진 기간(예: 10년, 20년) 동안 나누어 받는 '기간 연금' 방식으로만 수령할 수 있다.

다. 연금 소득세

연금 수령 시점에는 운용 기간 동안 미뤄 두었던 세금을 납부해야 한다. 이때 적용되는 세금이 '연금 소득세'이며, 재원에 따라 세율이 다르게 적용된다.

▶ 세액 공제 받은 납입 원금 + 운용 수익: 이 재원을 연금으로 수령할 경우, 수령 당시 나이에 따라 3.3% ~ 5.5%의 낮은 세율이 적용된다.

  - 만 55세 ~ 69세 수령 시: 5.5%

  - 만 70세 ~ 79세 수령 시: 4.4%

  - 만 80세 이상 수령 시: 3.3% (종신 연금형의 경우 나이와 무관하게 4.4%)

참고로 납입 한도 내에서 세액 공제를 받지 않은 납입 원금 부분은 연금으로 수령하더

라도 비과세된다. (인출 시 세액 공제를 받지 않은 납입 원금을 먼저 인출하면 절세에 유리함)

그리고 연간 **사적 연금(연금 저축+IRP) 수령액이 1,500만 원(2025년 기준)을 초과**할 경우, 해당 연금 소득 전체에 대해 **종합 과세**(다른 소득과 합산하여 6.6%~49.5% 세율 적용) **또는 분리 과세**(16.5%) 중 **선택**할 수 있다. 따라서 연금 수령액을 연간 1,500만 원 이하로 조절하여 저율 과세 혜택을 최대한 누리는 것이 현명한 전략이다.

라. 연금 외 수령과 기타 소득세

부득이한 사정으로 연금 수령 조건을 충족하기 전에 자금을 인출하거나, 연금 수령 한도를 초과하여 인출할 경우, 이는 '연금 외 수령'으로 간주되어 **16.5%의 기타 소득세**가 부과된다. 이는 세제 혜택을 받은 만큼의 페널티 성격을 지닌다. 여기에는 발생한 이자 수입도 포함한다.

예를 들어 연간 600만 원 한도로 공제를 받은 원금 + 발생한 이자수입이 있다고 하면

불입원금 1,600만 원 + 이자 100만 원 시 → 1,700만 × 16.5% = 2,805,000원

이 기타 소득세로 과세된다.

따라서 연금 저축은 중도 해지 가능성을 최소화하고, 장기적인 노후 자금이라는 본래의 목적에 맞게 운용하는 것이 무엇보다 중요하다.

7) 연금 저축 성공을 위한 10가지 팁

첫째, 지금 바로 시작하라. 연금 저축의 가장 큰 무기는 시간이다. 복리의 마법은 시간이 길수록 더욱 강력해진다. 20대에 시작하는 연금 저축과 40대에 시작하는 연금 저축의 최종 결과는 천양지차이다.

둘째, 꾸준히 적립하라. 시장의 등락에 관계없이 일정한 금액을 꾸준히 적립하는 것이 중요하다. 이는 달러 코스트 애버리징(Dollar Cost Averaging) 효과로 이어져 평균 매수 단가를 낮추는 효과를 가져온다.

셋째, 세제 혜택을 최대한 활용하라. 연간 소득 공제 한도까지는 반드시 납입하여 세제

혜택을 놓치지 말아야 한다. 특히 고소득자일수록 세제 혜택의 절대 금액이 크므로 더욱 적극적으로 활용해야 한다.

넷째, 분산 투자를 실천하라. 한 가지 자산이나 한 지역에만 집중 투자하지 말고 다양한 자산에 분산 투자해야 한다. 이는 위험을 줄이면서도 안정적인 수익을 추구하는 기본 원칙이다.

다섯째, 장기적 관점을 유지하라. 단기적인 시장 변동에 일희일비하지 말고 장기적인 관점에서 투자해야 한다. 연금 저축은 수십 년간 지속되는 초장기 투자이므로 인내심이 필요하다.

여섯째, 정기적으로 점검하고 조정하라. 투자 후 방치하지 말고 정기적으로 성과를 점검하고 필요 시 포트폴리오를 조정해야 한다. 하지만 과도한 빈도의 조정은 오히려 해가 될 수 있다.

일곱째, 비용을 최소화하라. 수수료와 비용은 장기간에 걸쳐 상당한 차이를 만들어 낸다. 동일한 위험, 수익이라면 비용이 낮은 상품을 선택하는 것이 유리하다.

여덟째, 감정적 판단을 배제하라. 시장이 급등할 때의 탐욕이나 급락할 때의 공포에 휩쓸리지 말고 미리 수립한 투자 원칙을 고수해야 한다.

아홉째, 지속적으로 학습하라. 금융 시장과 상품은 끊임없이 변화하므로 지속적인 학습이 필요하다. 하지만 너무 많은 정보에 휩쓸리지 말고 핵심적인 지식에 집중해야 한다.

열 번째, 개인 상황 변화에 대응하라. 결혼, 출산, 이직 등 개인 상황이 변화할 때마다 연금 저축 전략도 함께 조정해야 한다.

위의 10가지 팁 중에 가장 중요한 것 하나만 들라고 하면 '지금 바로 시작하라'이다. 연금 저축에 관한 어떤 꿀팁도 지금 당장 시작하는 것을 이길 수 없다.

8) 연금 저축에 대해 궁금한 내용들

Q1. 이제 막 사회생활을 시작하는 사회 초년생인데 연금 저축을 가입해야 할까요?

A1. 아닙니다. 빠르면 빠를수록 좋습니다. 연금 저축의 가장 큰 무기는 '시간'입니다. 20대에 시작하면 '복리 효과'를 극대화하여 적은 금액으로도 50~60대 은퇴 시점에 훨

씬 더 큰 목돈을 만들 수 있습니다. 월 10만 원이라도 일찍 시작하는 습관이 30년, 40년 뒤에는 상상 이상의 차이를 만들어 냅니다.

Q2. 자영업자인데 연금 저축에 가입해도 되는지요?

A2. 소득이 있는 모든 사람은 연금 저축에 가입할 수 있습니다. 자영업자도 연금저축에 가입하고 종합소득세 신고 시 세액공제를 받을 수 있습니다.

Q3. 중간에 급전이 필요할 때 해지하면 어떻게 되나요?

A3. 중도 해지 시 불이익이 따릅니다. 세액 공제 받은 납입 원금과 운용 수익에 대해 16.5%의 기타 소득세가 부과됩니다. 이는 그동안 받았던 세금 혜택을 모두 반납하는 것과 마찬가지이므로, 해지는 신중해야 합니다. 연금 저축 보험이라면 가급적 약관 대출을 먼저 받아 보는 것이 좋습니다.

Q4. ISA 계좌가 만기가 되면 연금 저축으로 이체해도 되는지?

A4. 만기 해지하고 60일 이내면 이체해도 됩니다. 일반적으로는 연금 저축보다 IRP 계좌로 이체합니다.

Q5. 연말 정산 때문에 연금 저축 보험에 가입하고 싶은데 12월에 한꺼번에 1년치 내도 되는지?

A5. 네. 가능합니다. 12월 달에 1년치 다 내도 되고 연말 정산 시 1년치 신청해도 세액 공제 혜택 다 받을 수 있습니다.

Q6. 연금 저축 펀드 처음 할 때 어떤 펀드를 선택해야 하는지?

A6. 처음이라면 TDF(Target Trade Fund)를 추천합니다. TDF는 '알아서 굴려 주는 펀드'로, 투자자의 은퇴 시점에 맞춰 주식과 채권의 비중을 자동으로 조절해 줍니다. 예를 들어 'TDF 2050'은 2050년 은퇴 예정자를 위한 상품으로, 젊을 때는 주식 비중

을 높여 공격적으로 운용하고 은퇴 시점이 다가올수록 채권 비중을 늘려 안정적으로 전환합니다.

Q7. 연금 저축에서 연금이 나오고 있는 도중 사망하면?

A7. 먼저 배우자가 연금을 승계해서 연금으로 받아도 되고, 일시금으로 받아도 됩니다. 이때는 상속세 대신 저율의 연금 소득세만 내면 됩니다. 배우자가 연금으로 받다가 사망하면 자녀가 상속 가능한데 이때는 상속세가 부과됩니다.

Q8. 연금 저축도 예금자 보호가 되는지?

A8. 은행이나 증권사의 연금 저축신탁, 보험사의 연금 보험은 예금자 보호법에 따라 금융 회사별로 1인당 최고 1억 원까지 보호됩니다(2025년 9월 1일부터 1억으로 상향) 하지만 연금 저축 펀드는 운용 실적에 따라 손익이 결정되는 실적 배당형 상품이므로 예금자 보호 대상이 아닙니다.

9) 연금 저축을 영업에 활용하는 방법

연금 저축은 크게 펀드와 (세제 적격)연금 보험으로 나누는데, 실제 가입은 연금 보험이 더 많다. 연금 보험의 경우 보험 설계사들보다 은행에서 가입시키는 경우가 많은데 아무래도 수수료 문제 때문인 것으로 짐작된다.

실제 연금 저축을 가입하는 가장 큰 이유는 세액 공제 때문이다. 연말 정산이 코앞에 닥쳐서 막상 시뮬레이션을 해 보니 환급은 고사하고 세금을 더 내야 하는 상황에서 '뭔가 방법이 없을까?'하다가 가입하는 경우가 많다. 노후도 대비해서 가입하는 사람은 생각보다 적은 것이 사실이다.

이렇게 가입하다 보니 중도에 급전이 필요할 때 쉽게 해지하는 경우가 많다. 연금 저축 펀드든 연금 저축 보험이든 첫 번째 문제는 '**중도 해지**' 시에 발생한다. 소득이 5,500만 원 이하인 경우는 그마나 나은데 소득이 5,500만 원 이상인 사람은 연말 정산 시 13.2%의 세액 공제를 받다가 중도 해지 시 16.5%를 반납해야 한다. 그동안의 이자 소득에 대해서도 16.5%를 반납해야 한다. **세금 환급 받은 것보다 더 많이 '토해 내야'한다.**

두 번째 문제는 수익률이다. 연금 저축 펀드와 연금 저축 보험을 합산해서 최근 10년간의 수익률 평균이 1.8%에 불과하다. (2025. 2월 조선일보) 1.8%의 수익률은 물가 상승률에 비해 한참 모자라기 때문에 실질 수익은 마이너스라고 볼 수 있다.

세 번째 문제는 해지율이다. 안타깝게도 이 부분에 대해 정확한 자료가 발표된 바가 없다. 다만 연금 저축 보험에 대한 해지율은 있다. **연금 저축 보험의 최근 10년간 해지율은 47.6%이다.** (2025년 기준) 10년간 해지율이 50%에 육박한다면 실제 55세 이후에 연금으로 수령하는 사람은 이보다 훨씬 낮다고 봐야 한다.

네 번째 문제는 만기 시 과세 문제다. 중도에 해지를 하지 않고 만기까지 가서 연금으로 수령해도 5.5%~3.3%까지 '연금 소득세'를 내야 한다. 즉, 비과세가 아니라는 소리다. 당장 세액 공제를 13.2% 받았더라도 나중에 5.5%를 세금으로 낸다면 **실제 절세 효과는 7.7%에 불과하다는 계산이 나온다.**

다섯 번째 문제는 '종합 과세' 또는 '분리 과세'의 문제다. 사적 연금은 1,500만 원 이상 수령 시 타소득과 합산해서 종합 과세가 된다. 종합 과세가 싫다면 '분리 과세'를 신청해도 된다. 이 경우 위의 네 번째 문제에서 말한 '연금 소득세'가 부과된다. **종합 과세 되면 정말 문제고 분리 과세를 신청해도 '비과세' 혜택이 없다.**

결론적으로 위에서 언급한 5가지 이유 때문에 연금 저축보다 (생명 보험사)의 '비과세 연금 보험'이 훨씬 더 좋은 선택이라고 생각한다. 개인적인 생각으로는 **어떤 절세 효과보다 비과세가 더 좋다고** 생각한다. 특히 연금 소득이 노후에 종합 소득세에 합산하거나 별도 과세가 되더라도 비과세를 이길 수는 없다.

10) 연금 저축 관련 화법

고객님 (세제 적격)연금 저축 보험에 관심 있으세요?

혹시 어떤 이유 때문에 가입하시고 싶은지 여쭤봐도 될까요?

(연말 정산 시 세액 공제가 되어서 그렇다)

네. 세액 공제 때문에 그러시군요. 실례지만 현재 소득이 5,500만 원 이상 이신가요? 5,500만 원 이하신가요? 5,500만 원을 기준으로 공제액이 달라져서 그렇습니다.

소득이 5,500만 원 이하시라면 16.5%, 이상이라면 13.2%까지 세액 공제를 받을 수 있습니다. 최대 600만 원 그러니까 한달에 50만 원을 12달 내시면 대략 99만 원, 79만 원 정도를 돌려받으실 수 있습니다.

그런데 고객님 절세 때문에 이 상품에 관심이 있으시다면 이런 점도 알고 계세요?

첫째, 만약에 불입하다가 중도 해지하시면 16.5%를 다시 반납해야 합니다. 이자 소득이 있다면 이자 소득까지도 16.5%입니다. 고객님은 소득이 5,500만 원을 넘기 때문에 13.2% 세액 공제 혜택을 보시고 손해는 16.5%가 발생하니 손해가 더 클 수 있습니다.

둘째, 2024년까지 최근 10년 동안 수익률 평균이 1.8% 밖에 안된다는 것은 알고 계세요? 이 정도 수익률이라면 나중에 연금을 수령할 때 문제가 되지 않을까요?

셋째, 지금 세액 공제 혜택이 있더라도 나중에 만기가 되어서 연금을 수령할 때 연금액이 1,500만 원을 넘으면 종합 과세 또는 분리 과세를 선택해야 합니다. 분리 과세 시는 5.5%의 연금 소득세를 내야 하구요.

이런 부분들이 문제라고 생각하지 않으세요?

그렇다면 이런 문제가 전혀 없는 연금 상품은 어떨까요?

이자가 아무리 많아도 완전 비과세 되고, 연 수익은 확정 7%를 20년 동안 보장하고, 종합 소득세에도 포함 안 되고, 이자 소득 때문에 피보험자 박탈에도 영향이 없는 상품이 있다면 이런 상품이 더 좋지 않을까요? 어떻게 생각하세요?

7 TDF와 ETF

TDF(Target Date Fund)와 ETF(상장 지수 펀드)는 사회 제도는 아니고 금융 상품이지만 영업인이라면 꼭 알아 두어야 할 중요한 상품이기 때문에 간단하게 정리해 보았다.

1. TDF (Target Date Fund): '자동 조종 모드' 투자

TDF는 '목표 시점 펀드'라고 불리며, 특정 목표 시점(예: 은퇴 시점)에 맞춰 자동으로 자산 배분을 조정하는 펀드를 말한다. 펀드 이름에 보통 목표 연도가 표기되어 있어, 예를 들어 '2050년 은퇴'를 목표로 하는 투자자라면 'TDF 2050'을 선택하면 된다.

▶ **TDF의 핵심 원리: '글라이드 패스(Glide Path)'**

TDF의 가장 큰 특징은 바로 글라이드 패스라는 자산 배분 전략이다. 이 전략에 따라 펀드는 목표 시점이 멀리 있을 때는 주식과 같은 위험 자산 비중을 높게 가져가 수익률을 극대화한다. 그러다가 목표 시점이 다가올수록 채권과 같은 안전 자산 비중을 점진적으로 늘려 안정성을 확보한다.

▶ **TDF의 장점**

투자자가 따로 신경 쓸 필요 없이 전문가들이 알아서 포트폴리오를 관리하고 리밸런싱해 준다. 그래서 투자를 처음 시작하는 초보자에게 최적화되어 있다. 그래서 투자 지식이 부족하거나 바쁜 직장인들이 '그냥 묻어 두는' 투자 수난으로 신뢰하는 상품이다.

또 주식, 채권, 대체 투자 등 다양한 자산에 투자하여 시장 변동성 위험을 낮추는 '분산 투자 효과'가 있으며 장기적인 목표인 '은퇴 준비'에 가장 적합한 구조를 가지고 있다.

▶ **TDF의 단점**

첫 번째로 높은 수수료를 들 수 있다. 펀드 매니저의 운용 보수와 펀드 내부에 포함된 ETF나 펀드의 수수료가 이중으로 발생할 수 있어, 일반 ETF에 비해 수수료가 높다.

그리고 투자자의 개별적인 위험 성향이나 자산 규모를 고려하지 않는 '원사이즈 피츠 올(one-size-fits-all)' 방식이라 개인의 투자 성향에 맞지 않을 가능성이 있다. 여기에 더해 펀드 내부 구성 자산을 실시간으로 확인하기 어렵다는 문제도 있다.

2. ETF (Exchange-Traded Fund): '내가 직접 운전하는' 투자

ETF는 '상장 지수 펀드'로, 특정 지수(예: 코스피 200, S&P 500)의 움직임을 추종하도록 설계된 펀드이다. 주식처럼 증권 시장에서 실시간으로 거래할 수 있다는 것이 가장 큰 특징이다.

▶ **ETF의 핵심 원리: '지수 추종(Index Tracking)'**

ETF는 기본적으로 패시브(Passive) 투자 전략을 따르며, 펀드 매니저가 적극적으로 종목을 고르는 것이 아니라, 특정 지수를 구성하는 종목을 그대로 사서 담아 운용한다. 덕분에 운용 수수료가 매우 낮다.

▶ **ETF의 장점**

주식처럼 장중에 원하는 가격에 사고팔 수 있어 높은 유동성을 자랑한다. 또, 지수를 추종하는 패시브 운용 방식 덕분에 운용 보수가 매우 낮다는 장점도 있다. 개인적으로 주식, 채권, 원자재, 부동산 등 투자할 수 있는 ETF의 종류가 매우 다양하다는 점이 매력적인 상품이라고 생각한다. 이런 점 때문에 개인이 선호하는 특정 산업, 국가, 테마에 집중 투자하는 것도 가능하다.

▶ **ETF의 단점**

장점도 많지만 장점이 또 단점이 될 수 있는데 ETF는 투자자가 직접 원하는 ETF를 선택하고, 시장 상황에 맞춰 주기적으로 리밸런싱을 해야 지속적으로 수익을 올릴 수 있다. 또, 실시간 거래가 가능하기 때문에 단기 매매에 몰두하여 잦은 수수료와 거래 비용을 발생시킬 수 있다는 문제도 있다. 여기에 레버리지, 인버스 등 복잡한 구조의 ETF가 많아 투자 전 충분한 학습이 필요하다는 단점도 있다.

3. 적합한 투자자

▶ TDF를 추천하는 투자자

- 투자를 '자동 조종'하고 싶은 분: 신경 쓰지 않고 목표 시점까지 꾸준히 투자하고 싶은 분에게 가장 적합하다.

- 은퇴 자금 마련이 주된 목표인 분: 장기적인 관점에서 자산 증식과 안정성을 동시에 추구하는 TDF의 설계가 은퇴 준비에 최적화되어 있다.

- 투자 지식이 부족한 초보자: 전문가가 알아서 관리해 주므로, 금융 시장에 대한 이해가 깊지 않아도 쉽게 시작할 수 있다.

▶ ETF를 추천하는 투자자

- 투자를 '직접 운전'하고 싶은 분: 시장 상황에 따라 능동적으로 포트폴리오를 구성하고 리밸런싱하는 것을 즐기는 분에게 좋다.

- 낮은 수수료를 중요하게 생각하는 분: 장기 투자 시 수수료가 수익률에 큰 영향을 미치므로, 비용을 최소화하고 싶은 분에게 유리하다.

- 다양한 투자 기회를 찾고 있는 분: 특정 지수, 산업, 테마 등 폭넓은 분야에 걸쳐 투자를 원하는 분에게 적합하다.

결론적으로, TDF와 ETF는 각각의 장단점이 뚜렷한 투자 상품이다. TDF는 투자를 간편하게 만들어 주는 '편리한 올인원 패키지'라면, ETF는 투자자가 직접 원하는 재료를 골라 담을 수 있는 '다양한 식자재 모음'과 비슷하다고 비유할 수 있다.

8장 ISA(Individual Savings Account, 개인 종합 자산 관리 계좌)

1) ISA란

우리나라도 본격적인 저성장, 저금리 시대에 들어섰다. 여기에 고령화라는 거대한 시대적 흐름 속에서, 개인의 자산 관리는 더 이상 선택이 아닌 생존의 문제가 되었다. 이제는 잠자는 동안에도 나의 자산이 스스로 일하게 하는 '투자'의 중요성을, 그리고 그 과정에서 발생하는 세금을 합법적으로 줄이는 '절세'의 지혜가 필요한 시기이다.

이러한 시대적 요구에 부응하여 탄생한 금융 제도가 바로 ISA(Individual Savings Account), 즉 **개인 종합 자산 관리 계좌**이다. ISA는 하나의 계좌 안에서 예금, 펀드, 주식, ETF, ELS 등 다양한 금융 상품을 통합하여 관리하고, 그 과정에서 발생하는 이익과 손실을 합산하여 세제 혜택을 부여하는 '자산 관리 도구'라고 할 수 있다. '만능 통장'이라는 별칭이 말해 주듯, ISA는 분산된 개인의 자산을 하나의 그릇에 담아 효율적으로 운용하고, 절세라는 강력한 무기를 통해 자산 증식의 속도를 높이는 상품이다.

ISA는 정부가 국민의 재산 형성을 지원하기 위해 도입한 정책적 금융 상품으로, 하나의 통합 계좌를 통해 다양한 금융 상품을 운용하고 이에 대해 세제 혜택을 부여하는 것을 핵심으로 한다. 기존의 금융 시스템에서는 각 상품별로 이익에 대해 개별적으로 과세가 이루어졌다. ISA는 계좌 내에서 발생한 모든 금융 상품의 이익과 손실을 통합 계산하여 순이익에 대해서만 과세한다. 이것이 ISA가 지닌 가장 독특한 특징이자, 투자자에게 가장 큰 실익을 제공하는 '손익 통산(損益通算-이익과 손해를 같이 계산해서 순수 이익에만 과세)'의 원리이다.

여기에 일정 한도까지 비과세 혜택을 제공한다. 일반형의 경우 200만 원, 서민형은 연간 400만 원까지 비과세 혜택을 받을 수 있다. 비과세 한도를 넘는 이익에 대해서는 9.9% 분리 과세 혜택까지 있다.

2) ISA의 혜택

ISA의 핵심적인 혜택은 다음과 같이 얘기할 수 있다.

가. 손익 통산(損益通算, Profit and Loss Aggregation)

계좌 내 다양한 금융 상품에서 발생한 이익과 손실을 모두 합산하여 최종적인 순소득을 계산한다. A 상품에서 -200만 원 손해 보고 B 상품에서 +300만 원 수익이 났다면 합쳐서 100만 원만 수익으로 계상한다. 수익을 따질 때는 매년 정산하지 않고 만기 시점에서 그동안의 수익과 손실을 더해서 최종적인 수익을 계상한다. 이때 모든 금융 상품들을 합산하는 것은 아니다. 개별 주식이나 주식형 ETF, 개별 채권, 채권형 ETF의 매매 차익은 포함하지 않는다.

특히 주의해야 할 점이 '해외 주식에 대한 매매 차익' 부분이다. 2025년 현재 ISA에서는 **해외에 상장된 개별 주식(예: 애플, 테슬라 등)을 직접 매매할 수 없으며**, 따라서 직접적인 해외 주식 매매 차익에 대한 손익 통산이나 비과세 혜택도 없다. 다만, '국내 상장 해외 ETF'를 매매함으로써 해외 시장에 간접적으로 투자하고 세금 혜택을 누릴 수 있다. 예를 들어

*미국 S&P500 지수를 추종하는 KODEX 미국S&P500TR(H) ETF
*미국 나스닥100 지수를 추종하는 TIGER 미국나스닥100 ETF
*기타 다양한 국가 및 섹터의 지수를 추종하는 국내 상장 ETF
등에 대해서 투자가 가능하다.

나. 비과세 혜택

손익 통산 후 산출된 순소득에 대해서는 일정 한도까지 세금을 전혀 부과하지 않는다. 2025년 기준, 일반형 ISA는 200만 원, 서민형 및 농어민형 ISA는 400만 원까지의 순소득이 완전 비과세 처리된다.

다. 분리 과세

비과세 한도를 초과한 순소득에 대해서는 9.9%(지방 소득세 포함)의 낮은 단일 세율로

분리 과세한다. 이는 다른 소득(근로 소득, 사업 소득 등)과 합산하여 높은 누진 세율을 적용받는 종합 과세를 피할 수 있게 해 주는 매우 중요한 혜택이다. 특히 금융 소득이 많은 고소득자일수록 분리 과세의 절세 효과는 극대화될 수 있다.

일반 계좌 투자 시 vs ISA 투자 시 세금 비교표

투자소득	일반계좌 세금	ISA 계좌 세금
국내주식 매매차익	현재 비과세	비과세 (한도 없이 전액 비과세)
배당금, 채권이자 과세대상 투자상품의 매매차익(국내상장 해외 ETF, 레버리지, ETF, ELS)	원천징수 15.4% 또는 종합과세 중 큰 금액 부과	이익금 200만원까지 비과세 (서민형은 400만원 비과세) 초과 시 9.9% 분리 과세
예시) 투자금 1억 시 연배당 1,000만원	세금: 최소 15.4% (과세 154 만원)	200만원까지 비과세 배당금 800만원에 대해 9.9%

3) ISA 종류

ISA는 운용 주체와 방식에 따라 신탁형, 일임형, 중개형 세 가지로 나뉜다.

가. 신탁형 ISA

가입자가 직접 운용할 금융 상품을 구체적으로 지정(신탁)하면, 금융 회사는 그 지시에 따라 상품을 매매하고 관리하는 역할을 수행한다. 즉, 투자의 모든 의사 결정 권한이 가입자에게 있다. 투자 포트폴리오에 대한 완전한 통제권을 행사할 수 있다는 장점이 있지만 가입자가 직접 시장을 분석하고 상품을 선택해야 하는 단점도 있다. 명확한 투자 원칙을 가지고 직접 포트폴리오를 구성하고 싶은 능동적 투자자에게 맞는 형태의 ISA라고 할 수 있다.

나. 일임형 ISA

가입자가 자신의 투자 성향(안정형, 중립형, 공격형 등)을 제시하면, 금융 회사의 전문가가 그에 맞는 모델 포트폴리오를 구성하고 시장 상황에 따라 자산을 배분하며 운용을 전적으로 책임(일임)지는 방식의 ISA다.

투자에 대한 지식이나 시간이 부족한 경우에도 전문가의 도움을 받아 체계적인 자산 관리가 가능하다는 장점이 있는 방면 전문가에게 운용을 맡기는 대가로 일정한 수수료를 지불해야 하며, 운용 성과는 금융 회사의 역량에 좌우된다는 단점도 있다. 투자 초보나 바쁜 직장인 등에게 적합할 수 있다.

다. 중계형 ISA

가장 최근에 도입된 형태로, 기존의 신탁형 ISA 기능에 더하여 국내 상장 주식에 직접 투자할 수 있는 기능이 추가된 유형이다. 증권사의 주식 매매(브로커리지) 계좌와 ISA의 절세 혜택이 결합된 형태라고 할 수 있다. 펀드, ELS 등 간접 투자 상품뿐만 아니라 개별 주식까지 직접 매매하며 가장 능동적이고 공격적인 투자가 가능하다는 장점과 모든 투자 판단과 그에 따른 책임이 가입자에게 귀속된다는 단점이 함께 있다. 개별 종목 분석을 통해 적극적으로 초과 수익을 추구하며, 주식 직접 투자를 선호하는 투자자에게 적합한 ISA라고 할 수 있다.

ISA 계좌 종류표

	중개형	신탁형	일임형
특징	채권, 주식투자 가능	예금도 필요한 경우	전문가가 대신 운용
상품	채권, 국내상장주식, 펀드, ETF, 리츠, 상상형수익증권, 파생결합증권/사채, ETN, RP형	ETF, 리츠, 산장형수익증권, ETN, 펀드, 파생결합증권/사채, 예금, RP형	펀드, ETF 등
방법	고객이 직접 투자 상품을 선택		투자전문가 일임운용
보수/수수료	투자 상품별 수수료 및 보수	신탁보수: 연 0.20% (연 1회 후취)	일임수수료 연 0.10%/연0.50% (상품별상이)
모바일 비대면	일반형 가능	불가	불가

4) 가입 자격, 한도

ISA는 소득이 있는 대한민국 거주자라면 누구나 가입할 수 있다. 단, 직전 3개년도 중 1

회 이상 **금융 소득 종합 과세 대상자**(연간 금융 소득 2,000만 원 초과)는 가입이 제한된다. 납입 한도는 **연간 2,000만 원**이며 5년간 총 1억 원까지 납입할 수 있다. 한 해에 2,000만 원을 다 채우지 못했다면 미납입 한도는 다음 해로 이월하여 추가 납입이 가능하다.

5) 가입 기간, 중도 인출, 한도

ISA의 만기는 5년이고 의무 **가입 기간은 3년**이다. 일반적으로 3년이 지나면 해지하고 새로 가입한다. 세제 혜택은 최소 3년의 의무 가입 기간을 유지했을 때 온전히 누릴 수 있다. 3년 이내에 계좌를 해지할 경우, 비과세 및 분리 과세 혜택이 적용되지 않고 일반 과세(15.4%)로 전환되므로 신중해야 한다. 단, 중도 인출은 납입 원금 범위 내에서 횟수 제한 없이 자유롭게 가능하다. 인출액만큼 납입 한도 복원은 안된다.

연간 2000만 원까지 납부가 가능하니 5년간 최대 1억까지 납부가 가능하다. 만약 계좌를 개설해 놓고 납부하지 않았다면 나중에 한꺼번에 누적해서 납부할 수도 있다. 예를 들어 2022년 1월에 개설해 놓고 납부를 전혀 안 했다면 2025년에 최대 8천만 원까지 납부하는 것도 가능하다는 것이다.

6) ISA 만기 후

ISA 만기 후 60일 이내에 해당 계좌의 자금을 연금 저축이나 IRP(개인형 퇴직 연금) 계좌로 이체할 경우, 이체 금액의 10%(최대 300만 원 한도)에 대해 추가적인 세액 공제 혜택을 받을 수 있다. 이는 ISA를 통해 불린 자산을 다시 한번 세제 혜택을 받으며 노후 자금으로 전환하는 것이다. ISA로 중기적인 자금을 마련하고, 이를 연금 계좌로 이전하여 장기적인 노후 소득원으로 활용하는 전략을 잘 활용해 볼 필요가 있다.

7) ISA와 투자형 상품

ISA로 투자할 수 있는 금융 상품은 매우 다양하다. 예금, 적금부터 주식, 채권, 펀드, ETF, 리츠까지 거의 모든 투자 상품이 포함된다. 하지만 모든 상품이 ISA에 적합한 것은 아니므로, 전략적인 상품 선택이 필요하다. 대표적인 몇 가지 상품들을 예로 들어 보면 다음과 같다.

▶ 예금과 적금: 원금 보장 상품으로 안전성이 가장 높다. ISA 포트폴리오의 안전 자산 역할을 하며, 시장 변동성이 클 때 자금을 임시로 대피시키는 용도로도 활용할 수 있다. 하지만 저금리 환경에서는 인플레이션을 상회하는 수익률을 기대하기 어렵다. 예금과 적금을 ISA에서 활용할 때의 장점은 손익 통산 기능이다. 다른 위험 자산에서 손실이 발생했을 때, 예금 이자와 손익 통산하여 세금 부담을 줄일 수 있다.

▶ 국내 주식은 ISA에서 직접 투자할 수 있는 상품 중 하나이다. 개별 주식 선택을 통해 높은 수익률을 추구할 수 있지만, 상당한 투자 지식과 경험이 필요하다. 또한 개별 주식의 변동성이 크므로 포트폴리오 내 비중을 적절히 조절해야 한다.

주식 투자 시 배당금도 중요한 고려 사항이다. 배당주에 투자할 경우 정기적인 현금 흐름을 확보할 수 있으며, 이 배당금을 ISA 내에서 재투자하여 복리 효과를 극대화할 수 있다.

▶ 펀드는 ISA에서 가장 인기 있는 투자 상품 중 하나이다. 전문 운용사의 관리를 받을 수 있고, 소액으로도 분산 투자가 가능하다. 주식형, 채권형, 혼합형, 해외 펀드 등 다양한 옵션이 있어 개인의 투자 성향에 맞는 선택이 가능하다. 펀드 선택 시에는 운용 보수, 과거 성과, 운용 철학 등을 종합적으로 고려해야 한다. 특히 ISA는 장기 투자가 전제되므로, 일관된 운용 철학을 가진 펀드를 선택하는 것이 중요하다.

▶ ETF(상장 지수 펀드)는 최근 ISA에서 인기를 얻고 있는 상품이다. 낮은 비용으로 시장 전체에 분산 투자할 수 있으며, 투명성이 높다는 장점이 있다. 국내 주식 ETF뿐만 아니라 해외 주식, 채권, 원자재 등 다양한 자산군에 투자하는 ETF가 있어 포트폴리오 다양화에 유리하다.

▶ 리츠(부동산투자 신탁)는 부동산에 간접 투자할 수 있는 상품이다. 정기적인 배당 수익을 제공하며, 주식이나 채권과 상관관계가 낮아 포트폴리오 분산 효과가 있다. 하지만 금리 변동에 민감하고 유동성이 상대적으로 낮다는 단점이 있다.

▶ 해외 투자 상품도 ISA에서 중요한 비중을 차지한다. 해외 주식이나 채권에 투자하는 펀드, ETF를 통해 글로벌 분산 투자가 가능하다. 특히 달러화 등 외화 자산에 투자하여 환율 리스크를 헷지하거나 환차익을 추구할 수 있다. (다만 **국내 금융사가 판매하는 해외 투자 펀드, ETF만 가입 가능**)

8) ISA에 대해 궁금한 내용들

Q1. 만기가 5년인데 3년 만에 해지하면 그동안 받은 세금 혜택이 유지되나요?

A1. 네. 유지됩니다. 3년 만에 해지하고 다시 가입해도 되고, 5년을 채우고 만기에 찾아도 됩니다. 어떤 경우든 그동안 받은 세금 혜택에는 지장이 없습니다.

Q2. 가입할 때는 서민형으로 가입했는데 만기 때 급여가 올라서 총급여가 5천만 원을 초과하면 어떻게 되나요?

A2. 서민형으로 가입했다고 해도 일반형으로 전환되어서 혜택이 축소됩니다.

Q3. ISA 계좌를 다른 금융 기관으로 이전할 수 있나요?

A3. 가능합니다. 기존에 개설한 ISA를 다른 금융 기관으로 계좌 이전할 수 있으며, 세제 혜택은 그대로 이어집니다. 단, 이전 과정에서 일부 상품은 현금화해야 하므로 운용 방식에 유의해야 합니다.

Q4. 가입하고 2년 후에 금융 소득 종합 과세에 해당하면 어떻게 되나요?

A4. 이 경우 강제 해지가 되는 경우가 있고 그냥 유지하는 경우가 있습니다. 금융 기관 마다 다르므로 직접 문의해야 합니다.

Q5. 여러 증권사나 은행에서 ISA 계좌를 만들 수 있나요?

A5. 아니요, ISA는 전 금융 기관을 통틀어 1인 1계좌만 개설할 수 있습니다. A 증권사에서 중개형 ISA를 만들었다면, B 은행에서 신탁형 ISA를 추가로 개설하는 것은 불가능합니다. 하지만 마음에 들지 않으면 다른 금융 회사의 ISA로 이전(계좌 이전)하는 것은 가능하므로, 처음 선택에 너무 부담을 가질 필요는 없습니다.

Q6. ISA 만기가 되면 어떻게 운용해야 할까요?

A6. 만기가 도래하면 현금으로 인출하거나 다른 금융 기관으로 이전할 수 있습니다. 추가적인 세제 혜택을 누리려면 연금 계좌(연금 저축이나 IRP)로 이전하는 방법도 있습니다.

Q7. ISA 계좌 만기 후에 자동 가입이나 연장하는 것도 가능한가요?

A7. 만기 후에 재가입되거나 연장되지 않습니다. 계좌를 계속 유지하면서 세제 혜택을 받으려면 만기일 이전에 반드시 별도의 연장 신청을 해야 합니다. 만약 만기일까지 아무 조치를 취하지 않으면 일반 계좌로 전환되어 절세 혜택을 받을 수 없습니다.

9) ISA를 영업에 활용하는 방법

의외로 많은 사람들이 ISA에 가입되어 있다. 하지만 은행에서 상담 도중 그냥 막연히 좋다고 하니 개설해 두었다가 잊고 있거나 심지어 가입되어 있는 사실조차 모르고 있는 경우도 있다. ISA는 필요한 사람에는 매우 유용하지만 그렇지 않다면 그다지 쓸모가 없다. 예를 들어 전업주부이고 은행 적금 이외 다른 투자는 선호하지 않는 경우 ISA가 전혀 도움이 되지 않는다.

ISA 가입하는 이유를 하나만 얘기하자면 우리나라에 있는 모든 금융 상품 중 유일하게 '비과세도 되고, 세액 공제도 되고, 분리 과세도 되고, 세제 이연도 되는' 올인원 상품이라는 설명 때문이다. 이렇게 나열해 놓고 보면 엄청나게 혜택이 많은 상품으로 보이지만 실상은 좀 다르다.

비과세 혜택은 일반형 기준 200만 원만 되고, 200만 원을 제외한 수익은 분리 과세 9.9% 되고, 세액 공제는 만기 후 전환 할 때 300만 원 까지만 해준다. 세제 이연도 3년 시섬에 해지하면 따히 도융이 되는 것도 아니다. 반대로 ISA 계좌로 펀드나 ETF에 투자하는 투자자라면 위의 혜택들이 매우 큰 도움이 된다. 특히 금융 소득 종합 소득세 대상자라면 분리 과세 9.9%는 매우 큰 혜택이다.

정리하면 금융사의 다양한 상품들에 투자해서 수익을 올리고 있는 사람들에게 ISA 계좌는 매우 유용하지만 그렇지 않다면 굳이 필요가 없는 계좌이니 이 부분을 명확하게 알려 줄 필요가 있다. 또 하나, 최근 미국장에 투자하는 사람들이 많은데 직접 투자는 물론이고 'ETF S&P 500' 같은 인기 절정의 ETF도 국내 증권사에서 판매하는 것이 아니라면 세제 혜택을 받을 수 없다는 점도 명심해야 한다.

ISA를 직접 잘 운용해서 수익도 잘 내는 고객이라면 잘했다고 칭찬하면서 ISA에만 '몰

빵'하는 것보다 확정 금리 상품으로 포트폴리오를 짜는 것이 더 좋은 선택이 될 수 있음을 어필하는 방법이 현명하다.

10) ISA 관련 화법

고객님. ISA 가입하셨나요?

혹시 어떤 이유 때문에 가입하셨는지 여쭤봐도 될까요?

(비과세도 되고 세액 공제도 된다고 하더라…)

네. 맞습니다. 그런데 예전에 비해서 비과세 상품이 많이 줄어들었습니다.

ISA는 200만 원밖에 안되지만 비과세도 되고, 나머지는 9.9%로 분리 과세도 되면서 일부 금액은 세액 공제도 되는 거의 유일한 상품입니다.

그렇다면 고객님은 ISA 계좌로 어떤 투자를 하고 계신지 여쭤봐도 될까요?

예를 들면 펀드나 ETF 상품에 투자하고 계신가요?

▷ 소액으로 ETF S&P 500 등에 투자 중이다.

　네. 잘하셨습니다. 결국 ISA를 가입하신 이유도 수익이 나면 비과세나 분리 과세 등 세금 혜택 때문에 가입하신 거죠?

　그럼 비과세를 200만 원까지만 받을게 아니라 몇십 배 더 큰 금액에 대해서 완전 비과세 혜택을 받을 수 있는 상품이 있다면 어떤 상품인지 들어 보시겠어요?

▷ 아직 투자 안 하고 있다

　네. 나중에 적절한 상품이 있으면 투자하시는 것도 좋은 방법 같습니다.

　그런데 이렇게 ISA 계좌를 미리 만들어 두신 것도 결국 비과세나 분리 과세 등 세금 혜택 때문에 가입하신 거죠?

　그럼 비과세를 200만 원까지만 받을 게 아니라 몇십 배 더 큰 금액에 대해서 완전 비과세 혜택을 받을 수 있는 상품이 있다면 어떤 상품인지 들어 보시겠어요?

8 | 실업 급여

직장을 잃는다는 것은 누구에게나 불안하고 힘든 일이다. 하지만 이때를 잘 극복하고 새로운 출발을 준비할 수 있도록 돕는 사회 안전망이 있다. 바로 '실업 급여'다. 단순히 돈을 받는 것을 넘어, 재취업 활동에 필요한 시간과 경제적 여유를 제공하는 중요한 제도다.

1. 실업 급여란?

실업 급여는 고용 보험 가입자가 비자발적인 사유로 실직했을 때, 재취업 활동을 하는 기간 동안 생활 안정을 돕고 재취업의 기회를 지원하기 위해 지급하는 급여다. 실업 급여는 크게 구직 급여와 취업 촉진 수당으로 나눌 수 있다. (일반적으로 '실업 급여'라고 하면 주로 '구직 급여'를 의미한다)

▶ **구직 급여**: 실업 상태에서 적극적으로 재취업 활동을 하는 동안 지급되는 급여

▶ **취업 촉진 수당**: 조기 재취업 수당, 직업 능력 개발 수당, 광역 구직 활동비, 이주비 등으로 구성되며, 재취업을 돕기 위해 지급되는 부가적인 수당

2. 수급 자격 요건

실업 급여를 받기 위해서는 아래의 네 가지 조건을 모두 만족해야 한다.

1) **고용 보험 가입 기간**: 이직일 이전 18개월(초단시간 근로자는 24개월) 동안 고용 보험 가입 기간이 총 180일 이상 이어야 한다. 여기서 '180일'은 주 5일 근무 기준으로 약 6개월에 해당하며, 근무일 수를 기준으로 계산한다.

2) **비자발적 이직**: '비자발적 이직'이어야 한다. 즉, 자진해서 퇴사한 경우에는 원칙적으로 실업 급여를 받을 수 없다. 하지만, 정당한 이유가 있는 자발적 퇴사의 경우에는 예외적으로 인정받을 수 있다.

  ▶ **정당한 이유로 인정되는 자발적 퇴사 사유 (예시)**

  - 임금 체불, 최저 임금 미달, 법정 근로 시간 위반 등 근로 조건이 현저히 낮아져 퇴사한 경우

- 사업장 이전으로 통근이 곤란해진 경우 (왕복 3시간 이상 소요)

- 부모나 동거 친족의 질병, 부상으로 30일 이상 간호가 필요하여 퇴사한 경우

- 성차별, 성희롱 등 직장 내 괴롭힘으로 퇴사한 경우

- 그 외 질병이나 부상으로 퇴사한 경우 (의사 소견서 등 증빙 필요)

3) **재취업을 위한 노력**: 적극적으로 재취업 활동을 해야 한다. 단순한 구직 등록만으로는 부족하며, 워크넷을 통한 구직 활동, 면접 참여, 직업 훈련 참여 등 구체적인 증빙이 필요하다.

4) **근로의 의사와 능력**: 이직 당시 근로의 의사와 능력이 있었음에도 불구하고 취업하지 못한 상태여야 한다.

3. 얼마나, 언제까지?

실업 급여의 지급액과 지급 기간은 '이직 전 평균 임금'과 '고용 보험 가입 기간', 그리고 '연령'에 따라 달라진다.

1) 실업 급여 지급액

- **지급액**: 이직 전 평균 임금의 60%를 지급한다. (단, 상한액과 하한액이 있다.)

- **일 상한액**: 1일 66,000원 (2024년 기준)

- **일 하한액**: 최저 임금의 80%를 적용하며, 1일 63,104원 (2024년 최저 임금 기준)

2) 실업 급여 지급 기간

- 나이와 고용 보험 가입 기간에 따라 최소 120일에서 최대 270일까지 받을 수 있다.

지급 기간표 (2024년 기준)

▶ 만 50세 미만

- 고용 보험 가입 기간 1년 미만: 120일

- 고용 보험 가입 기간 1년 이상 ~ 3년 미만: 150일

- 고용 보험 가입 기간 3년 이상 ~ 5년 미만: 180일

- 고용 보험 가입 기간 5년 이상 ~ 10년 미만: 210일

- 고용 보험 가입 기간 10년 이상: 240일

▶ 만 50세 이상 및 장애인

- 고용 보험 가입 기간 1년 미만: 120일

- 고용 보험 가입 기간 1년 이상 ~ 3년 미만: 180일

- 고용 보험 가입 기간 3년 이상 ~ 5년 미만: 210일

- 고용 보험 가입 기간 5년 이상 ~ 10년 미만: 240일

- 고용 보험 가입 기간 10년 이상: 270일

영업인이라면 꼭 알아 두어야 할 중요한 제도이기 때문에 개략적인 내용이라도 숙지해 둘 필요가 있다.

1) IRP란

가. IRP 개요

IRP(Individual Retirement Pension, 개인형 퇴직 연금)는 근로자 개인이 퇴직 급여를 수령하여 직접 운용하거나 추가로 납입하여 노후 자금을 준비하는 개인 연금 계좌이다. 2012년 7월 도입된 이후 우리나라 사적 연금의 한 축을 담당하고 있다.

IRP의 가장 큰 특징은 **개인이 직접 연금 자산을 관리**할 수 있다는 점이다. 기존의 퇴직 금이나 기업 주도의 퇴직 연금과 달리, 근로자 개인이 투자 결정권을 가지고 자신의 투자성향과 은퇴 목표에 맞게 자산을 운용할 수 있다.

또한 IRP는 이직이나 퇴직 시에도 연속성을 보장한다. 기존에는 이직할 때마다 퇴직금을 중간 정산하거나 새로운 퇴직 연금에 가입해야 했지만, IRP를 통해 하나의 계좌에서 지속적으로 연금 자산을 관리할 수 있게 되었다.

IRP는 크게 두 가지 자금원으로 구성된다. 첫째는 기존 직장에서 받은 퇴직 급여(퇴직금, 퇴직 연금)를 이전받는 것이고, 둘째는 개인이 추가로 납입하는 것이다. 이를 통해 퇴직 급여의 효율적 관리와 추가적인 노후 준비를 동시에 할 수 있다.

세제 측면에서도 IRP는 강력한 혜택을 제공한다. 추가 납입분에 대해서는 연금 저축과 합산하여 연간 900만 원까지 소득 공제가 가능하다. 또한 운용 기간 중에는 과세가 이연되고, 연금 수령 시에는 연금 소득세(5.5~3.3%)가 적용되어 일반 소득세보다 낮은 세율로 과세된다.

나. 가입 자격

중요한 점 중 하나가 연금 저축은 소득이 없는 사람도 가입을 할 수 있지만 **IRP는 소득이 있어야** 한다는 점이다. 퇴직 급여를 받은 사람이라면 누구나 가능하다. 근로자뿐만 아니라 공무원, 사립 학교 교직원, 군인 등도 모두 가입할 수 있으며, 자영업자도 노후 준비 목적으로 가입할 수 있다.

기본 가입 자격은 다음과 같다.

첫째, 퇴직 급여(퇴직금, 퇴직 연금)를 받은 사람이다. 이직이나 퇴직 시 받은 급여를 이전하기 위해 가입한다.

둘째, 자영업자나 프리랜서 등 사업 소득이 있는 사람이다. 이들은 퇴직 급여가 없지만 노후 준비를 위해 IRP에 가입할 수 있다.

셋째, 근로자 중 퇴직 연금이 없는 회사에 다니는 사람이다. 현재 직장에서 퇴직 급여를 받지 않았더라도 미래의 노후 준비를 위해 IRP에 가입할 수 있다.

다. 가입 기관

금융 기관별로 1개씩 가입할 수 있어 은행과 증권사에서 각각 만들 수 있다. 1인당 1개씩이 아니라서 여러 개를 만들 수도 있다. 일반적으로 인터넷이나 앱을 통해 개설한다.

▶ 은행 IRP: 기존 거래 은행에서 IRP를 개설하면 계좌 관리가 편리하고, 다양한 우대 혜택을 받을 수 있다. 또한 전국적인 지점망을 통해 대면 상담 서비스를 받을 수 있다. 은행에서 제공하는 주요 IRP 투자 상품은 예금, 적금, 펀드 등이다. 최근에는 ETF나 해외 투자 상품도 취급하는 은행이 늘어나고 있지만, 여전히 증권 회사에 비해서는 상품 선택권이 제한적이다.

▶ 증권사 IRP: 주식, 채권, 펀드, ETF, 리츠 등 거의 모든 투자 상품에 투자할 수 있으며, 해외 투자 상품의 선택권도 매우 넓다. 증권 회사의 강점은 전문적인 투자 자문 서비스이다. 시장 분석, 포트폴리오 진단, 자산 배분 컨설팅 등의 서비스를 통해 고객의 투자 의사 결정을 지원한다. 또한 온라인 플랫폼의 기능도 일반적으로 은행보다 우수하다. 보험 회사와 자산 운용사, 핀테크 업체에서도 IRP를 가입할 수 있지만 대부분 위의 두 곳에서 가입하는 것이 보편적이다.

2) IRP 유형

IRP는 가입 목적과 자금의 원천에 따라 크게 두 가지로 구분할 수 있다.

▶ **적립(가입자 부담금) IRP**: 재직 중인 근로자나 자영업자 등 소득이 있는 자가 노후 대비 및 세액 공제를 목적으로 자발적으로 가입하여 자기 부담금을 납입하는 계좌이다. 연금 저축과 합산하여 연간 1,800만 원까지 납입이 가능하며, 세액 공제 혜택의 주된 대상이 된다.

▶ **퇴직(사용자 부담금) IRP**: 근로자가 만 55세 이전에 퇴직하여 퇴직 급여를 수령할 때, 의무적으로 개설해야 하는 계좌이다. 이 계좌로 이전된 퇴직금은 퇴직 소득세가 즉시 과세되지 않고 이연되어, 연금 수령 시점까지 운용할 수 있는 기회를 얻는다. 이론적인 구분은 위와 같지만 실무적으로는 하나의 IRP 계좌 내에서 이 두 가지 재원이 통합되어 관리되는 경우가 일반적이다.

3) IRP와 세금

가. 세액 공제

IRP의 가장 직접적이고 매력적인 혜택은 연말 정산 시 적용되는 세액 공제이다.

▶ **공제 한도**: 연금 저축 납입액과 합산하여 연간 최대 900만 원까지 세액 공제 대상이 된다. (연금 저축 단독으로는 최대 600만 원)

▶ **공제율**: 가입자의 총급여액 또는 종합 소득 금액에 따라 16.5% 또는 13.2%(지방 소득세 포함)의 공제율이 적용된다.

▶ **최대 절세 효과**: 총급여 5,500만 원 이하인 가입자가 연 900만 원을 납입할 경우, 최대 148만 5천 원(900만 원 × 16.5%)의 세금을 환급받을 수 있다. 이는 연 16.5%의 확정 수익을 얻는 것과 동일한 효과를 지닌다.

연금 저축을 별도로 하지 않으면 최대 900만 원까지 세액 공제를 해 주니 절세 효과가 매우 크다. 그런데 연금 저축이 있으면 300만 원밖에 안된다. 이런 경우 절세 효과가 크다고 할 수 없다. 그런데 IRP에 대한 절세 효과는 세액 공제에 국한되지 않는다. 과세 이연 효과도 있다.

나. 과세 이연

IRP 계좌 내에서 금융 상품을 운용하여 발생한 이자, 배당, 매매 차익 등 모든 운용수익에 대해서는 세금이 즉시 부과되지 않는다. 이를 '**과세 이연**'이라 하며, 세금으로 납부해야 할 금액까지 재투자의 원천으로 활용하여 복리 효과를 극대화하는 방법이 될 수 있다.

예를 들어 연 5%의 수익률로 30년간 투자한다고 할 때 과세 이연을 적용하지 않으면 누적 수익률은 약 275%가 되지만 과세 이연을 적용하면 332%가 된다. 물론 이 정도의 효과를 얻으려면 오랜 시간 장기 투자를 해야 한다.

또, 퇴직 급여 이전분에 대해서도 과세 이연 효과가 있다. 퇴직 시점에 납부해야 할 퇴직 소득세를 연금 수령 시점으로 이연할 수 있어서 이 부분 또한 절세에 도움이 되는 부분이다.

다. 퇴직 소득세

퇴직금을 IRP 계좌로 이전하여 일시금이 아닌 연금 형태로 수령할 경우, 본래 납부해야 할 퇴직 소득세의 **30%~40%를 감면**받을 수 있다. (연금 수령 11년차부터는 40% 감면) 이는 퇴직이라는 중요한 생애 전환점에서 실질 수령액을 높이는 효과가 있다.

예를 들어, 20년 근속 후 퇴직 급여 5억 원을 받은 경우를 생각해 보자. 즉시 퇴직 소득세를 납부하면 약 3,000만 원의 세금을 내야 하지만, IRP로 이전 후 연금으로 수령하면 총 세금이 1,500만 원 정도로 줄어들 수 있다.

중간 정산의 불이익도 IRP를 통해 해결할 수 있다. 이직 시 퇴직 급여를 중산 정신하면 근속 연수별 공제 혜택을 제대로 받지 못하지만, IRP로 이전하면 최종 연금 수령 시까지 공제 혜택을 유지할 수 있다.

직장을 여러 군데 옮겨 다닌 사람도 퇴직 급여를 IRP에서 통합 관리하면 세제 혜택을 최대화할 수 있다.

라. 연금 수령

IRP에는 일반 소득세 보다 낮은 연금 소득세가 적용되며, 수령 기간에 따라 추가적인 공제도 제공된다. 연금 소득세 자체의 세율도 낮은 데다 종합 소득세를 적용받는 사람이라면 연금 수령 시에는 더 낮은 세율로 과세가 되어서 절세 효과가 크다. 여기에 '연금 소득 공제'도 추가로 받을 수 있다.

연간 연금 소득 중 900만 원까지는 전액 소득 공제 되며, 900만 원을 초과하는 금액에 대해서는 일정 비율이 공제된다. 구체적으로는 보면, 900만 원 초과 1,500만 원 이하 구간은 40%, 1,500만 원 초과 4,500만 원 이하 구간은 20%, 4,500만 원 초과 구간은 10%가 추가로 공제된다.

4) IRP와 자산 운용

가. 생애 주기별 자산 배분

IRP는 장기 투자를 전제로 하는 연금 상품이므로, 생애 주기에 맞는 체계적인 자산 배분 전략이 필수적이다. 연령대별로 투자 목표와 위험 감수 능력이 다르므로, 이에 맞는 차별화된 접근이 필요하다.

▶ 20~30대: 시간이 충분하므로 높은 수익률을 추구하는 공격적인 포트폴리오가 적합하다.

주식 비중을 70~80%까지 높이고, 그 중에서도 성장주나 신흥 시장 투자 비중을 늘려 장기적인 자산 증식을 도모한다.

이 시기의 IRP는 주로 추가 납입 중심으로 운용하는 것이 좋다. 퇴직 급여가 상대적으로 적으므로 개인의 추가 납입을 통해 연금 자산을 축적해 나가는 것이 핵심이다. 매월 30~50만 원 수준의 정기 납입으로 시작하여 소득 증가에 따라 점진적으로 늘려간다.

투자 상품 선택에서는 국내 주식형 펀드 40%, 해외 주식형 펀드 40%, 채권형 펀드 20% 정도의 구성이 바람직하다. 해외 투자 비중을 높여 글로벌 분산 투자 효과를 추구하고, 신흥 시장이나 테마형 펀드도 일부 포함시킬 수 있다.

▶ 40~50대: 전략적으로 안정성과 수익성의 균형을 추구해야 한다. 가족 부양 부담이 커지고 은퇴까지의 시간이 단축되므로, 위험을 단계적으로 줄여 나가면서도 적절한

성장성을 유지해야 한다.

이 시기에는 퇴직 급여 이전과 추가 납입이 모두 활발해진다. 이직을 통해 받은 퇴직 급여를 IRP로 이전하고, 동시에 늘어난 소득을 바탕으로 추가 납입도 확대한다. 소득 공제 한도인 600만 원을 최대한 활용하는 것이 중요하다.

자산 배분은 주식 60% 채권 40% 수준으로 조정한다. 주식 투자에서도 대형주나 배당주 비중을 늘려 안정성을 강화하고, 채권 투자에서는 회사채나 해외 채권도 포함시켜 수익률을 제고한다.

▶ 50대 후반 이후: 자산 보전에 최우선 순위를 둔다. 은퇴가 임박했으므로 큰 손실을 감당할 여력이 부족하며, 연금 수령 준비도 함께 고려해야 한다.

자녀들이 독립하고 주택 담보 대출 상환이 완료되면서 여유자금이 생기는 시기이므로, 이를 IRP에 집중 투자하여 은퇴 준비를 마무리한다.

자산 배분은 주식 30%, 채권 70% 수준으로 보수적으로 조정한다. 주식 투자에서는 우량 대형주나 고배당주 중심으로 구성하고, 채권 투자에서는 국채나 우량 회사채 비중을 늘린다.

나. 상품별 투자 접근법

IRP에서 투자할 수 있는 상품은 매우 다양하므로, 각 상품의 특성을 이해하고 전략적으로 활용하는 것이 중요하다. 상품별로 위험-수익 프로필이 다르므로 개인의 투자 목표와 성향에 맞는 조합을 구성해야 한다. 아래 내용은 변액 보험 펀드에서도 대부분 적용 가능한 얘기다.

원리금 보장 상품(예금, 적금)은 포트폴리오의 안전 자산 역할이다. 원금 손실 위험이 없고 확정된 이자를 제공하므로, 안정성을 중시하는 투자자에게 적합하다. 특히 연금 수령이 임박한 시기에는 비중을 늘려 자산 보전에 집중할 수 있다. 하지만 저금리 환경에서는 인플레이션을 상회하는 수익률을 기대하기 어렵다. 따라서 전체 포트폴리오에서 일정 비중(20~30%) 정도만 배분하고, 나머지는 실적 배당 상품에 투자하는 것이 바람직하다.

예금과 적금을 활용할 때는 금리 변동에 대비한 전략이 필요하다. 금리 상승기에는 단기 상품을, 금리 하락기에는 장기 상품을 선택하여 금리 리스크를 관리할 수 있다.

국내 주식형 펀드는 IRP의 핵심 성장 동력이다. 장기적으로 가장 높은 수익률을 기대할 수 있지만, 단기적으로는 변동성이 클 수 있다. 따라서 장기 투자 관점에서 접근하는 것이 중요하다. 국내 주식형 펀드 선택 시에는 운용 스타일을 고려해야 한다. 가치 투자 스타일은 상대적으로 안정적이지만 성장률이 제한적이고, 성장 투자 스타일은 높은 성장률을 기대할 수 있지만 변동성이 크다. 개인의 위험 성향에 따라 적절한 스타일을 선택하거나 혼합하는 것이 좋다.

대형주 펀드와 중소형주 펀드의 배분도 중요하다. 대형주는 안정성이 높지만 성장률이 제한적이고, 중소형주는 높은 성장 잠재력이 있지만 위험도 크다. 일반적으로 7:3 또는 6:4 정도의 비율로 배분하는 것이 적절하다.

해외 주식형 펀드는 글로벌 분산 투자의 핵심이다. 국내 경제의 구조적 한계와 인구 감소 등을 고려할 때, 해외 투자는 선택이 아닌 필수가 되어 가고 있다. 선진국과 신흥국의 배분이 중요한 고려 사항이다. 선진국 펀드는 상대적으로 안정적이지만 성장률이 낮고, 신흥국 펀드는 높은 성장률을 기대할 수 있지만 변동성이 크다. 일반적으로 선진국 70%, 신흥국 30% 정도의 배분이 권장된다. 지역별로는 미국, 유럽, 아시아로 분산하고, 섹터별로는 기술, 헬스케어, 금융 등으로 분산하여 위험을 관리한다. 최근에는 ESG 펀드나 테마형 펀드도 주목받고 있다.

채권형 펀드는 포트폴리오의 안정성을 담당한다. 주식에 비해 변동성이 낮고 정기적인 이자 수익을 제공하므로, 위험 조절과 현금 흐름 확보에 유용하다. 국채와 회사채의 배분을 고려해야 한다. 국채는 안전성이 높지만 수익률이 낮고, 회사채는 상대적으로 높은 수익률을 제공하지만 신용 위험이 있다. 개인의 위험 성향에 따라 적절한 비중을 결정한다.

듀레이션(금리 민감도) 관리도 중요하다. 금리 상승기에는 단기 채권이, 금리 하락기에는 장기 채권이 유리하므로 경기 사이클을 고려한 운용이 필요하다.

5) 연금 수령

가. 정상 수령 시

IRP 적립금은 다음 두 가지 조건을 모두 충족할 때부터 연금으로 수령할 수 있으며, 이때 저율의 연금 소득세(3.3% ~ 5.5%)가 적용된다. 아래 연금 소득세는 공적 연금 수령 시에도 동일한 내용으로 설명했었다.

▶ **가입자의 나이가 만 55세 이상**

▶ **가입일로부터 5년 이상 경과**

위 조건을 갖춰 연금을 수령하면, 복잡한 세금 대신 **3.3%~5.5%의 낮은 연금 소득세**만 내면 된다. 이는 다른 금융 소득의 이자 소득세(15.4%)나 중도 해지 시의 기타 소득세(16.5%)에 비해 파격적으로 낮은 수준이다.

이때 연금 소득세율은 연금을 수령하는 나이를 기준으로 달라진다.

- 만 70세 미만: 5.5%

- 만 70세 이상 ~ 80세 미만: 4.4%

- 만 80세 이상: 3.3% (※ 지방 소득세 포함 세율)

연금 수령 기간은 **최소 10년** 이상으로 설정해야 하며, 연간 수령 한도 내에서 자유롭게 수령 방식을 조절할 수 있다.

나. 중도 해지 시

부득이한 사유(무주택자의 주택 구입, 6개월 이상 요양 등)를 제외하고, 연금 수령 조건이 충족되기 전에 계좌를 해지하거나 일시금으로 인출할 경우, 세액 공제 받은 납입 원금과 운용 수익에 대해 16.5%의 기타 소득세가 부과된다. 이는 그동안 받은 세제 혜택을 반납하는 일종의 페널티이므로, IRP는 장기적인 관점에서 유지하는 것이 절대적으로 유리하다.

이때 세액 공제 받은 납입 원금은 물론 운용수익에 대해서도 16.5%의 세율이 적용된다. IRP로 이전했던 퇴직금의 경우는 이연된 퇴직 소득세가 100% 부과된다. (30% 감면 혜택 없음)

하지만 법적으로 정해진 '부득이한 사유'에 해당할 경우, 중도 해지를 하더라도 페널티 성격의 높은 세금을 내지 않고 정상적인 연금 수령과 동일한 낮은 연금 소득세 (3.3%~5.5%)를 적용받을 수 있다.

부득이한 인출 사유는 다음과 같다.

- 무주택자인 가입자가 본인 명의의 주택을 구입하는 경우
- 가입자 본인 또는 부양가족이 질병, 부상으로 6개월 이상 요양이 필요한 경우
- 가입자가 개인 회생 또는 파산 선고를 받은 경우
- 천재지변으로 피해를 본 경우

만약 위와 같은 상황에 처했다면, 반드시 관련 서류를 금융 기관에 제출하여 세금 불이익을 피해야 한다.

6) IRP에 대해 궁금한 내용들

Q 1. (세제 적격)연금 보험을 IRP로 이전 가능한가요?

A1. 가능합니다. 연금 보험도 되고 연금 저축 펀드도 됩니다. 이것을 '연금 계좌간 이체'라고 합니다. 이럴 경우 퇴직금을 통합 관리한다든가 다양한 투자 상품을 운용할 수 있다든가 하는 장점이 있습니다.

Q2. 기존 IRP에서 연금 개시를 하면 추가로 IRP 개설은 안되나요?

A2. IRP 계좌는 한 금융사에 한 개밖에 안됩니다. 다른 금융사에 개설하는 것은 가능합니다. 다만 기존 IRP 계좌에서 연금 개시를 한 경우에 한해서 동일 금융사에서 추가 개설도 가능은 합니다.

Q3. IRP 계좌에서 특정 펀드만 골라서 부분 해지(인출)가 가능한가요?

A3. 아니요, 불가능합니다. IRP에서의 인출은 '계좌 단위'로 이루어지며, 특정 자산을 지정하여 인출할 수 없습니다.

IRP 계좌는 여러 개의 펀드, 예금, ETF 등으로 구성된 하나의 '바구니'와 같습니다. 가입자가 인출을 요청하면, 특정 펀드를 매도하여 현금을 지급하는 방식이 아닙니다. 대신, 계좌에 담긴 모든 자산을 정해진 인출 순서와 재원별 비율에 따라 안분하여 현금화한 후 지급합니다.

Q4. 만 55세가 되어 연금 수령을 시작했습니다. 그런데 갑자기 목돈이 필요해졌는데, 연금 수령을 잠시 중단하거나 다시 목돈으로 찾을 수 있나요?

A4. 네, 가능합니다. 연금 수령 개시 후에도 인출 방식은 유연하게 변경할 수 있습니다. 연금 수령을 시작했다고 해서 남은 적립금 전체가 묶이는 것은 아닙니다. 대부분의 금융 기관은 연금 수령을 일시적으로 중단하거나, 수령주기 및 수령액을 변경하는 것을 허용하고 있습니다.

Q5. 부모님 부양, 주택 구매 등 '부득이한 사유'로 중도 인출 시, 세금 외에 다른 불이익은 없나요?

A5. 네, 없습니다. 법에서 정한 부득이한 사유로 인출하는 것은 '연금 수령'으로 간주되므로, 세금 혜택 외에 다른 페널티는 없습니다. 이때, IRP 계좌 자체가 '해지'되는 것이 아니라 필요한 금액만큼만 '부분 인출'이 일어나는 것입니다. 따라서 인출 후 남은 잔액은 IRP 계좌에 그대로 남아 계속 운용할 수 있으며, 이후 납입 및 운용을 통해 노후 자금을 다시 쌓아 갈 수 있습니다. 페널티 없이 유동성을 확보할 수 있는 중요한 장치이므로, 조건에 해당하는지 반드시 확인해야 합니다.

Q6. 퇴직하거나 IRP 계좌가 필요 없어지면 해지하는 편이 좋은가요?

A6. 해지해도 되고 굳이 안 해도 됩니다. 세금 혜택 등의 다른 이유가 없더라도 절세 목적이나 건보료 절감 목적으로 여유 자금을 IRP에 넣어 두는 경우도 있습니다.

Q7. IRP 납입 한도를 초과해서 불입하면 어떤 문제가 생기나요?

A7. 연간 1,800만 원(2025년 기준) 초과 납입 시 초과분에 대해서는 세액 공제가 불가능하며, 해당 금액은 일반 투자 상품과 동일하게 취급됩니다. 또한 조기 인출 시에는 연금 외 수령으로 분류되어 기타 소득세가 부과됩니다.

Q8. IRP 가입자 사망 시 유족 연금과 일시금 선택 시 세제 차이가 있나요?

A8. 유족 연금 선택 시 상속세 부과 후 연금 소득세가 적용되며, 일시금 선택 시에는 상속세만 부과됩니다. 상속 재산 규모와 유족의 소득 수준을 고려하여 더 유리한 방식을 선택 해야 하며, 전문가 상담을 받는 것이 바람직합니다.

Q9. 이혼 시 IRP도 재산 분할 대상이 되나요?

A9. IRP 적립금은 재산 분할 대상이 되며, 법원의 재산 분할 결정서나 조정조서에 따라 분할됩니다. 분할된 금액은 배우자의 IRP로 이관되며, 이 과정에서 별도의 세금은 부과되지 않습니다.

7) IRP를 영업에 활용하는 방법

IRP는 대부분의 직장이 퇴직을 할 때 꼭 필요하기 때문에 'IRP를 해야 하느냐 말아야 하느냐'의 문제로 고민할 필요가 없다. 일단은 해도 '어느 정도' 하느냐가 관건이다. 본인이 직접 투자 상품도 고를 수 있고 여러 가지 펀드나 ETF에 대해서도 많이 안다면 IRP 계좌에서 여러 가지 투자 상품을 직접 투자하는 것도 좋은 방법이다.

또 IRP는 연금 저축과 상호 보완 관계이기도 하고 경쟁 관계이기도 하다. 둘 다 노후를 대비한 연금을 준비하기 좋은 상품이라는 공통점이 있다. 반면 연금 저축은 좀 더 장기적으로 준비를 하기 적합하고 IRP는 장기보다 중단기적으로 운용하면 좋은 상품이다.

그래서인지 연금 저축의 세액 공제 혜택과 IRP의 세액 공제는 합산해서 공제해 준다. (600만+300만) 중도 해지 시에 물어내야 하는 해지 가산세도 동일하다. 앞서 본 연금 저축과 거의 동일하게 이 상품의 문제점을 말하자면 다음과 같다.

첫째, 소득이 5,500만 원을 넘는 사람은 세액 공제를 13.2%만 받을 수 있는데 중도 해지하면 16.5%의 기타 소득세를 물어야 한다. 여기에 운용수익 전체에 대해서도 16.5% 과세한다.

둘째, 정상적으로(?) 연금으로 수령한다고 해도 연금 소득세 5.5%를 내야 한다. 물론 이자 소득세 보다 낮은 세율로 과세하지만 비과세보다는 불리하다.

셋째, 이 부분이 IRP의 가장 큰 문제라고 생각하는데… IRP는 중도 해지 개념이 없다. 급하게 목돈이 필요하면 해지해서 찾아야 하고 기타 소득세 16.5%가 부과된다.

정리하면 연금 저축이든 IRP든 적정 수준에서 운용하는 것은 오히려 권장해야 할 부분이다. 고객이 IRP에 가입한 후에 - ISA처럼 - 직접 좋은 펀드나 ETF를 선정해서 수익을 잘 내고 있다면 매우 바람직하고 좋은 일이다. 하지만 투자는 언제나 투자자의 바람대로만 흘러가지 않는다. 이왕이면 보험사의 확정 금리 상품에도 가입해서 수익성과 안정성을 동시에 추구하는 것이 바람직하다. 세금 면에서도 세액 공제만 가지고 있는 것 보다 '비과세' 상품을 함께 가지고 있어야 더 많은 절세 효과를 누릴 수 있다는 점을 정확하게 설명할 수 있어야 한다.

8) IRP 관련 화법

고객님 혹시 IRP 가입하셨습니까?

▷ 가입했다.

네. 정말 잘하셨습니다.

그렇다면 가입하고 5년 지나서 55세 이후에 연금으로 수령해야 '연금 소득세'로 과세하는 것은 알고 계시죠? 연금 소득세는 이자 소득세나 기타 소득세에 비해서 세율이 낮습니다. 그런데 아예 세금이 없는 비과세라면 더 좋지 않을까요?

IRP는 지금 그대로 하시고, 비과세 상품을 늘려서 은퇴 후에 국민연금 삭감이나 건강 보험 피부양자 박탈을 미리 막을 수 있다면 더욱 더 좋지 않을까요?

보장 분석은 많이 받아 보셨죠?

그렇다면 이번 기회에 세테크 분석도 받아 보셔서 지금 세테크를 잘하고 있는지도 점검해 보시면 많은 도움이 되실 것 같습니다.

먼저 국민연금부터 점검해 볼까요?

▷ 아직 가입 안 했다.

네. 그래도 나중에 퇴직하실 때는 어차피 만드셔야 하니까 미리 어떤 혜택이 있는지 알아 두시면 더 좋지 않을까요?

IRP는 연금 저축과 합산해서 연간 최대 900만 원까지 소득 공제를 받을 수 있습니다.

또 세액 공제 혜택도 있습니다. 소득에 따라 16.5% 또는 13.2%를 돌려받을 수 있습니다.

여기에 이자나 배당 등 운용 수익이 발생하면 당장 세금을 부과하지 않는 '과세 이연' 효과도 있으니 잘 활용하시면 도움이 될 수 있습니다.

그런데 IRP만 단독으로 운용하지 마시고 비과세 상품을 늘려서 은퇴 후에 국민연금 삭감이나 건강 보험 피부양자 박탈을 미리 막을 수 있다면 더 좋지 않을까요?

이런 얘기 들어 보셨습니까?

네. 그럼 보장 분석은 많이 받아보셨죠?

그렇다면 이번 기회에 세테크 분석도 받아 보셔서 지금 세테크를 잘하고 있는지도 점검해 보시면 많은 도움이 되실 것 같습니다.

먼저 국민연금부터 점검해 볼까요?

9 　장기 요양 급여

최근 재가보험 등 장기 요양 급여와 관련된 보험 상품들이 많이 출시되어서 보험 영업인이라면 장기 요양에 대해서는 잘 알고 있으리라 생각하지만 정확한 정보를 정리해 둘 필요가 있다.

1. 장기 요양 급여란

장기 요양 급여는 65세 이상의 어르신 또는 65세 미만이지만 치매, 뇌혈관성 질환 등 노인성 질병으로 인해 6개월 이상 혼자서 일상생활을 수행하기 어렵다고 인정받은 분들에게 신체 활동 또는 가사 활동 지원 등의 형태로 제공되는 서비스이다. 국민 건강 보험 공단에서 운영하는 노인 장기 요양 보험 제도를 통해 재원을 마련하며, 수급자의 심신 상태와 필요한 돌봄의 정도에 따라 등급을 판정하여 맞춤형 서비스를 제공하고 있다.

2. 장기 요양 급여 서비스 종류

장기 요양 급여는 크게 재가 급여, 시설 급여, 특별 현금 급여 세 가지로 나눈다.

1) 어르신이 살던 집에서 편안하게 - 재가 급여

재가 급여는 어르신이 정든 자신의 집에서 머무르면서 필요한 돌봄 서비스를 받는 방식이다. 익숙한 환경에서 생활하며 심리적 안정을 유지할 수 있다는 큰 장점이 있다.

▶ 방문 요양: 요양 보호사가 직접 가정을 방문하여 식사 도움, 세면, 옷 갈아입기 등 신체 활동 지원은 물론, 청소, 세탁, 취사 등 가사 활동을 도와준다.

▶ 방문 목욕: 이동이 어려운 어르신을 위해 목욕 설비를 갖춘 차량이 가정을 방문하여 목욕 서비스를 제공한다.

▶ 방문 간호: 간호사 등이 의사의 지시에 따라 가정을 방문하여 간호, 진료 보조, 요양 상담 등 전문적인 의료 서비스를 제공한다.

▶ 주·야간 보호: 하루 중 일정한 시간 동안 어르신을 기관에 모시고 신체 활동 지원, 심신 기능 유지·향상을 위한 교육 및 훈련 등을 제공하는 서비스로, 가족들이 낮 시간 동안 안심하고 사회·경제 활동을 할 수 있도록 돕는다.

▶ 단기 보호: 가족의 출장이나 여행 등으로 일시적으로 돌봄이 어려운 경우, 일정 기간 동안 어르신을 기관에 보호하며 돌봄 서비스를 제공한다.

▶ 복지 용구 지원: 어르신의 일상생활과 신체 활동에 필요한 휠체어, 전동 침대, 욕창 예방 매트리스, 이동 변기, 성인용 보행기 등의 복지 용구를 구입하거나 대여할 수 있도록 연간 160만 원 한도 내에서 지원한다.

2) 전문적인 돌봄이 필요할 때 - 시설 급여

가정에서 돌봄이 어렵거나 24시간 전문적인 관리가 필요한 어르신을 위한 서비스이다.

▶ 노인 요양 시설: 장기간 입소하여 신체 활동 지원, 기능 회복 훈련 등 전반적인 돌봄 서비스를 제공받는 시설로, 흔히 요양원으로 알려져 있다.

▶ 노인 요양 공동 생활 가정: 9인 이내의 소규모 시설로, 가정과 같은 편안한 분위기에서 돌봄 서비스를 받을 수 있다는 장점이 있다.

장기 요양 급여별 이용 가능한 급여 분류표

1등급		2등급	3등급	4등급	5등급	인지지원등급
재가급여 또는 시설급여		재가급여				주, 야간 보호급여
치매가족휴가제 종일 방문요양						
특별현금급여(가족요양비)						
치매가족휴가제 단기보호급여, 기타 재가급여(복지용구)						

3) 특별한 상황을 위한 지원, 특별 현금 급여

장기 요양 기관이 현저히 부족한 도서·벽지 지역에 거주하거나, 천재지변, 신체·정신적 이유로 장기 요양 급여를 이용하기 어려운 경우 예외적으로 현금을 지급하는 제도다.

▶ **가족 요양비**: 위와 같은 사유로 가족(배우자, 직계 혈족 등)으로부터 돌봄을 받는 경우 일정 금액의 요양비를 지원한다.

3. 비용과 본인 부담금

장기 요양 급여 비용은 국가와 건강보험료에서 상당 부분 지원되지만, 이용자도 일부를 부담하게 된다. 본인 부담금 비율은 급여 종류와 소득 수준에 따라 차이가 있다. (식비, 진료비 등 비급여 항목 별도)

▶ **재가 급여**: 총비용의 15%

▶ **시설 급여**: 총비용의 20%

기초 생활 수급자는 본인 부담금이 면제되며, 소득 수준에 따라 본인 부담금의 40% 또는 60%를 경감받을 수 있다.

10장	퇴직 연금

1) 퇴직 연금이란

퇴직 연금이란, 근로자의 안정적인 노후 생활을 보장하기 위해 회사가 근로자에게 지급해야 할 퇴직금을 금융 회사에 적립하고, 이를 기업 또는 근로자가 운용하여 근로자가 퇴직할 때 연금 또는 일시금으로 지급하는 제도를 말한다. 쉽게 말해 회사가 직원을 위해 미리미리 모아 두는 **노후 자금**이다.

과거의 퇴직금 제도는 기업이 도산할 경우 근로자가 퇴직금을 받지 못할 위험이 있었다. 이러한 문제를 해결하고, 근로자의 수급권을 보다 **안전하게 보장하기 위해** 도입된 것이 바로 퇴직 연금 제도이다. 즉, 회사가 퇴직금을 외부 금융 기관에 맡겨 관리함으로써, 회사의 경영 상태와 상관없이 근로자는 자신의 퇴직금을 안전하게 수령할 수 있게 된 것이다.

퇴직 연금은 단순히 퇴직금을 안전하게 보관하는 것을 넘어, 적립된 자금을 투자하여 수익을 창출할 수 있다는 점에서 더욱 중요하다. 이를 통해 근로자는 은퇴 시점까지 더 많은 노후 자금을 마련할 수 있는 기회를 갖게 된다.

2) 퇴직 급여 제도 변천사

우리나라 퇴직 급여 제도는 다음과 같이 변화해 왔다.

▶ 1953~2005년 - 퇴직금 제도 도입

- 근로 기준법에 따라 도입된 제도로, 1년 이상 계속 근로한 근로자가 퇴직할 때 30일분 이상의 평균 임금을 지급하는 방식이었음
- **장점**: 계산이 간편하고 이해하기 쉬웠음
- **단점**: 기업이 퇴직금을 사내에 장부상으로만 적립해 두었기 때문에, 기업 도산 시 근로자가 퇴직금을 받지 못하는 **수급권 불안정** 문제가 심각했음. 또한, 잦은 이직 시에는 실질적인 노후 자금으로 활용되기 어려웠음

▶ 2005년 12월 ~ 현재: 퇴직 연금 제도 도입

- 근로자 퇴직 급여 보장법이 시행되면서 퇴직 연금 제도가 본격적으로 도입되었음

- 기업이 퇴직 급여 재원을 **외부 금융 기관에 적립**하도록 의무화하여 근로자의 **수급권을 획기적으로 강화**하였음

- 초기에는 퇴직금 제도와 퇴직 연금 제도를 기업이 선택적으로 도입할 수 있었지만, 점차 퇴직 연금 제도로의 전환이 가속화되었음

▶ 2012년 7월 ~ 현재: 퇴직 연금 제도 의무화 확대

- 상시 300인 이상 사업장을 시작으로 단계적으로 퇴직 연금 제도 도입이 의무화되었음

- 이후 2022년부터는 모든 신규 설립 사업장은 의무적으로 퇴직 연금 제도 운용해야 함

퇴직 급여 제도 변천사

연도	주요 내용
1961년	• 1953년 근로기준법 제정과 함께 도입 • 30명 이상 사업장 강제 적용, 법정 제도화 • 1년 이상 근속 시 1년 마다 30일치 평균임금
1997년	• 퇴직보험 및 중간정산제 도입 • 퇴직보험, 퇴직신탁에 적립가능
2005년	• 근로자퇴직급여보장법 제정 • 퇴직금, 퇴직연금 제도 중 선택 가능 • 퇴직연금은 DB와 DC로 구분 • IRP 도입(중간정산자, 퇴직자)
2012년	• 신생 사업장 퇴직연금 의무화 (제재 없어시 유명무실) • IRP 도입, IRP로 퇴직금 수령
2022년	• 모든 퇴직급여 IRP 계좌로 수령 의무화 • 중소기업 퇴직연금기금제도 도입

3) 퇴직 연금의 핵심적인 특징

퇴직 연금은 몇 가지 핵심적인 특징이 있는데 대략 다음과 같이 얘기할 수 있다.

▶ **수급권 보호 강화:** 가장 큰 특징은 **근로자의 퇴직금 수급권이 강력하게 보호**된다는 점이다. 회사가 망하더라도 금융 기관에 적립된 퇴직 급여는 안전하게 지킬 수 있다.

예금자 보호법에 따라 보호받기도 한다.

▶ **노후 자산 증식**: 적립금을 다양한 금융 상품에 **투자하여 운용**할 수 있다. 이를 통해 물가 상승률 이상의 수익을 추구하며 실질적인 노후 자산 가치를 높일 수 있다. (단, 투자에 따른 원금 손실의 위험도 존재한다)

▶ **세제 혜택**: 근로자는 연간 납입액에 대해 **세액 공제 혜택**을 받을 수 있으며, 운용 기간 동안 발생한 수익에 대한 과세는 **인출 시점까지 이연**된다. 이는 실질 수익률을 높이는 중요한 요소이다.

▶ **중도 인출 제한**: 법에서 정한 특정한 사유(무주택자의 주택 구입, 장기 요양 등)를 제외하고 **중도 인출이 엄격하게 제한**된다. 이는 근로자가 노후 자금을 다른 용도로 사용하지 않고, 본래 목적인 노후 대비에 집중하도록 돕는 장치이다.

▶ **연금 또는 일시금 수령 선택**: 퇴직 시 적립된 금액을 **연금 형태로 분할하여 수령**하거나, **일시금으로 한 번에 수령**할 수 있다. 연금으로 수령할 경우, 퇴직 소득세를 상당 부분 절감할 수 있어 장기적인 현금 흐름 관리에 유리하다.

4) 퇴직 연금의 종류와 특징

퇴직 연금은 크게 두 가지로 나눌 수 있다. (IRP까지 세 가지로 나누기도 한다)

퇴직 연금의 종류와 내용

구분	확정급여형(DB)	확정기여형(DC)
운용 주체	회사(사용자)	근로자(가입자)
적립금 수준	법정 최소 적립 수준 이상	연간 임금 총액의 1/12 이상
급여 수준	사전에 확정 (퇴직 시 평균임금 × 근속연수)	운용 성과에 따라 변동
특징	안정적 임금상승율이 높은 근로자에게 유리	추가 납입 가능 투자 성향에 따른 운용 가능
책임 소재	회사가 운용 손실 책임	근로자가 운용 손실 책임

가. 확정 급여형(Defined Benefit, DB)

근로자가 받을 퇴직 급여액이 사전에 확정되어 있는 방식이다. 급여액은 보통 퇴직 직전 3개월 평균 임금에 근속 연수를 곱하여 계산된다. 회사가 적립금을 직접 운용하며, 운용 결과에 대한 책임도 회사가 진다. 만약 운용 손실이 발생하더라도 회사는 약속된 퇴직 급여를 보장해야 한다.

▶ 장점: 근로자 입장에서는 운용에 대한 부담 없이 안정적으로 정해진 금액을 받을 수 있다. 특히, 임금상승률이 높고 장기근속이 예상되는 근로자에게 유리하다.

▶ 단점: 근로자가 직접 투자를 통해 추가 수익을 기대하기는 어렵다.

나. 확정 기여형 (Defined Contribution, DC)

회사가 매년 근로자 연간 임금 총액의 1/12 이상을 근로자의 개별 계좌에 납입하면, **근로자가 직접 적립금을 운용**하는 방식이다. 최종 퇴직 급여액은 근로자의 운용 성과에 따라 달라진다. 수익이 나면 더 많은 금액을, 손실이 나면 원금보다 적은 금액을 받을 수도 있다.

▶ 장점: 근로자가 자신의 투자 성향에 맞게 **적극적으로 자산을 운용하여 높은 수익을 추구**할 수 있다. 임금 상승률보다 높은 투자 수익률을 기대하는 근로자나, 임금 피크제 적용을 앞둔 근로자에게 유리할 수 있다.

▶ **단점: 투자 책임이 전직으로 근로자**에게 있으므로, 원금 손실의 위험을 감수해야 한다.

다. DB vs DC

DB(확정 급여형)가 나을까? DC(확정 기여형)가 나을까? 2023년도 통계를 보면 적립금을 기준으로 DB형이 53.7%이고 DC형이 26.5%라고 한다. DB형의 비중이 더 높다.

매년 급여가 잘 오르고 이것저것 신경 쓰기 싫다면 당연히 DB형이 좋지만, 반대로 DB의 수익율이 마음에 들지 않는 사람들에게는 DC가 더 좋을 수 있다. 회사마다 차이가 있지만 DB를 하다가 DC로 바꿀 수 있도록 기회를 주는 곳도 있다. 드물지만 DC에서 DB로 전환할 기회를 주는 곳도 있다.

▶ DB형이 좋은 경우

  - 안정성을 최우선으로 생각하는 사람

  - 투자에 관심이 없거나 잘 모르는 사람

  - 한 회사에서 오래 근무할 계획인 사람

  - 예측 가능한 노후 계획을 원하는 사람

▶ DC형이 좋은 경우

  - 투자에 관심이 많고 어느 정도 아는 사람

  - 이직을 자주 할 가능성이 있는 사람

  - 높은 수익을 위해 위험을 감수할 수 있는 사람

  - 투명하게 퇴직금을 관리하고 싶은 사람

5) 퇴직 연금 가입과 운용

가. 가입 대상 직원

- 1년 이상 근무: 입사 후 1년이 지나야 가입 가능

- 주 15시간 이상 근무: 아르바이트도 조건을 충족하면 가입 가능

- 정규직, 계약직 구분 없음: 고용 형태와 관계없이 조건만 맞으면 가입

나. 투자 상품 선택

DB형을 선택했다면 관계없지만 DC형을 선택했다면 가장 중요한 부분이 이 부분이다.
대략적으로 분류하면 아래와 같다.

▶ 원리금 보장 상품 (안전성 높음)

  - 예금: 가장 안전하지만 수익률 낮음 (연 1~2%)

  - 적금: 매달 일정 금액씩 적립, 안전함 (연 2~3%)

▶ 실적 배당 상품 (수익성 높음)

  - 주식형 펀드: 높은 수익 가능하지만 손실 위험도 큼 (연 -10% ~ +20%)

  - 채권형 펀드: 중간 정도 위험과 수익 (연 -2% ~ +8%)

  - 혼합형 펀드: 주식과 채권을 섞은 것 (연 -5% ~ +12%)

DC형이고 실적 배당 상품에 투자를 하는 경우 퇴직 연금을 적극적으로 관리해야 한다. 일부나 전체 상품을 환매하고 새로 구매하는 등의 행위를 '운용 지시'라고 한다.

최근에는 가입자가 별도의 운용 지시를 하지 않아도 사전에 설정된 운용 방법에 따라 자동으로 자산을 배분하고 '리밸런싱'해 주는 '디폴트 옵션(사전 지정 운용 제도)'이 도입되어 운용 편의성이 높아졌다.

6) 퇴직 연금과 세제 혜택

퇴직 연금은 노후 준비를 장려하기 위해 다양한 세제 혜택을 제공한다. 이는 크게 납입 단계, 운용 단계, 수령 단계로 나누어 볼 수 있다.

가. 적립 단계

적립 단계란 직장을 다니면서 퇴직 연금에 돈이 쌓이는 기간을 말한다.

▶ **기업 부담금의 세제 처리**

회사가 퇴직 연금에 돈(기여금)을 불입해 주는데 이 돈을 회사와 근로자의 입장에서 보면

*회사가 부담하는 기여금은 전액 '손금 처리'가 된다. DC형의 경우 '실제로 불입한 부담금 전액', DB형의 경우 '퇴직 급여추계액' 범위 내에서 손금 산입한다.

*월 급여가 300만 원인 근로자의 입장에서 보면, 회사가 기여금으로 월 25만 원(월급의 8.3%)을 불입할 경우 연산 300만 원이고 세율이 24%라면 연 72만 원의 세금을 내지 않으므로 당장은 세금 절세 효과가 있다. (나중에 퇴직 소득세를 낸다)

▶ **근로자 개인이 추가 납입 시**

DC형의 경우 개인이 추가로 더 납입할 수 있는데 이때에도 세제 혜택이 있다. DC형은 퇴직 연금 이외에 'IRP' 계좌를 개설하여 추가로 납입하는 금액에는 세제 혜택이 적용된다. (앞 장의 IRP 세제 혜택 부분 참고)

나. 운용 단계 - 과세 이연

퇴직 연금 계좌에서 발생한 이자나 배당 등 운용 수익에 대한 세금(이자 소득세 15.4%)

을 당장 부과하지 않고, 인출 시점까지 미루어 주는 것을 '과세 이연'이라고 한다. 세금을 떼지 않은 수익금이 그대로 재투자되므로, 복리 효과를 극대화하여 더 많은 자산을 불릴 수 있다.

▶ 과세 이연 실제 사례

 *조건: 매월 50만 원씩 20년간 투자(원금 1억 2,000만 원), 연 수익률 6% 시

 *일반 투자 시: 매년 세금 납부 후 순수익은 6,500만 원 (매년 세금 납부하는 경우)

 *과세 이연 시: 20년 후 총 평가금액 2억 3,102만 원 - 원금 1억 2,000만 원

   = 1억 1,102만 원

 → 만 70세 미만 수령 기준(5.5% 과세) 계산 시: 1억 1,102만 원 X 5.5% = 약 611만 원

   따라서 세금 절감 효과는 약 572만 원이며, 세후 수익은 약 3,991만 원이 더 많아진다.

다. 수령 단계 - 저율 과세

퇴직 급여를 일시금으로 수령하면 퇴직 소득세가 부과된다. 하지만 IRP 계좌를 통해 연금으로 수령할 경우, '퇴직 소득세의 70%'에 해당하는 **낮은 세율의 연금 소득세(3.3%~5.5%)**가 적용된다. (연금 수령 11년차부터는 60% 적용)

세액 공제를 받은 납입금과 운용 수익을 재원으로 연금을 수령할 때도 3.3%~5.5%의 연금 소득세가 적용되어, 다른 금융 소득(15.4%)에 비해 훨씬 유리하다.

7) 퇴직 연금 투자 전략

성공적인 퇴직 연금 운용을 위해서는 장기적인 관점의 투자 전략이 필수적이다.

가. 생애 주기 맞춤형 포트폴리오

연령과 남은 은퇴 시점에 따라 투자 자산의 위험 비중을 조절하는 전략이다.

- 사회초년기/청년기: 은퇴까지 시간이 많이 남아 있으므로 주식형 펀드 등 위험 자산의 비중을 높여 적극적으로 수익을 추구할 수 있다. 단기적인 시장 변동에 일희일비하지 않고 장기 투자의 복리 효과를 노리는 것이 중요하다.

- 중·장년기: 점차 은퇴 시점이 다가옴에 따라 채권형 펀드나 원리금보장상품 등 안전

자산 비중을 점진적으로 늘려 그동안 축적한 자산을 안정적으로 지키는 데 집중해야 한다.

※ TDF (Target Date Fund): 이러한 생애 주기 전략을 자동으로 실행해 주는 펀드이다.

투자자의 은퇴 목표 시점(Target Date)에 맞춰 자동으로 자산 배분 비중을 조절해 주므로, 직접 포트폴리오를 관리하기 어려운 투자자에게 유용한 대안이 될 수 있다.

나. 분산 투자와 리밸런싱

'계란을 한 바구니에 담지 말라'는 격언처럼, 주식, 채권, 부동산 등 다양한 자산군에 나누어 투자하여 특정 자산의 가격 하락 위험을 분산시키는 것이 중요하다. 또한, 시장 상황 변화에 따라 최초에 설정한 자산 배분 비중이 달라질 수 있다. 정기적으로(예: 1년에 한 번) 포트폴리오를 점검하고 원래의 자산 비중으로 되돌리는 '리밸런싱'을 통해 위험을 관리하고 장기적으로 안정적인 수익을 추구해야 한다.

다. 디폴트 옵션(사전 지정 운용 제도) 활용

DC형, IRP 가입자가 별도의 운용 지시를 하지 않을 경우, 사전에 정해 놓은 방법으로 적립금이 자동 운용되는 제도이다. 투자 경험이 부족하거나 바빠서 직접 운용하기 어려운 가입자에게 유용하다.

디폴트 옵션 상품은 보통 TDF 등 중위험·중수익을 추구하는 상품으로 구성되어 있어, 장기적인 자산 증식에 도움을 줄 수 있다. 자신의 투자 성향에 맞는 디폴트 옵션 상품을 미리 지정해 두는 것이 좋다.

8) 퇴직 연금에 대해 궁금한 내용들

Q1. 퇴직하면 퇴직 연금은 무조건 연금으로만 받아야 하나요?

A1. 아닙니다. 만 55세 이상, 가입 기간 10년 이상 등 연금 수령 요건을 갖추면 연금으로 받을 수 있지만, 가입자가 원할 경우 일시금으로 수령하는 것도 가능합니다. 다만, 연금으로 수령 시 세금 혜택이 더 크다는 점을 고려하여 신중하게 결정해야 합니다. 현재 정부에서는 '일시금 수령을 없애고 연금으로만 수령하도록 하는 방안을 검토 중이다'라는 뉴스가 있었습니다.

Q2. 회사를 옮기게 되면 기존의 퇴직 연금은 어떻게 되나요?

A2. DC형 가입자의 경우, 기존 회사에서 받은 퇴직금을 새로운 회사의 DC 계좌나 본인의 IRP 계좌로 이전하여 계속 운용할 수 있습니다. DB형 가입자는 퇴직 시점에 발생한 퇴직 급여를 IRP 계좌로 이전하여 직접 운용을 시작하게 됩니다. 이렇게 퇴직금을 IRP 계좌로 이전하여 운용하면 퇴직 소득세 과세가 이연되는 혜택을 받을 수 있습니다.

Q3. 퇴직 연금도 중도에 인출할 수 있나요?

A3. 원칙적으로 중도 인출은 금지되어 있지만, 법에서 정한 특정한 사유에 한해서는 예외적으로 허용됩니다. 대표적인 사유는 다음과 같습니다.

- 무주택자인 가입자의 본인 명의 주택 구입
- 가입자 또는 부양가족이 질병·부상으로 6개월 이상 요양하는 경우
- 최근 5년 이내에 파산 선고 또는 개인 회생 절차 개시 결정을 받은 경우
- 천재지변 등으로 피해를 본 경우

Q4. DC형으로 운용하다가 손실이 나면 회사가 책임져 주나요?

A4. 아닙니다. DC형은 근로자가 직접 운용의 주체가 되므로, 운용으로 인해 발생한 이익과 손실 모두 근로자 본인에게 귀속됩니다. 회사는 매년 정해진 부담금(연간 임금 총액의 1/12 이상)을 납입할 의무만 있습니다. 따라서 DC형 가입자는 자신의 투자 성향을 고려하여 신중하게 상품을 선택하고 운용해야 합니다.

Q5. DB형과 DC형 중 어떤 것이 더 좋은가요?

A5. 어떤 제도가 절대적으로 더 좋다고 말하기는 어렵습니다. 개인의 상황과 성향에 따라 유불리가 달라지기 때문입니다.

- DB형: 안정성을 중요시하고, 향후 임금 상승률이 높을 것으로 기대되며, 장기 근속할 예정인 근로자에게 유리합니다.
- DC형: 투자에 대한 이해가 있고, 적극적인 운용을 통해 높은 수익을 추구하고 싶은 근로자, 또는 **임금 피크제**를 앞두고 있는 근로자에게 유리할 수 있습니다. 특히

임금 피크제 적용이 예정되어 있다면 임금이 가장 높은 시점(피크 직전)에 DC형으로 전환하여 퇴직금을 보전하고 이후 납입되는 부담금은 본인이 직접 운용하는 것이 좋습니다.

회사가 두 가지 제도를 모두 운영한다면, 자신의 상황을 충분히 고려하여 더 적합한 제도를 선택하는 것이 중요합니다.

9) 퇴직 연금을 영업에 활용하는 방법들

영업인이 퇴직 연금에 대해서 중요하게 알아야 할 부분은 DC냐 DB냐… 그리고 DC형을 선택했다면 투자 수익을 높이기 위해 어떤 전략을 세우고 실제 투자하는 상품은 어떤 상품을 선택하는 것이 좋으냐… 정도일 것이다. 아직은 DB형을 선택하는 근로자들이 더 많다고 하지만 시간이 흐를수록 점점 더 DC형을 선택하는 사람들이 늘어날 것으로 예상하고 있다.

정리하면, DB형이 유리한 경우는

- 연공서열에 따라 임금 상승률이 높고, 승진 기회가 많은 회사

- 장기 근속이 확실한 경우, 안정적인 퇴직금을 받기 원하는 경우이고,

DC형이 유리한 경우는

- 연봉 인상률이 투자 수익률보다 낮을 것으로 예상되는 회사

- 이직이 잦거나 불안정한 경우, 직접 투자하는 것이 유리한 경우

대략 이렇다. 실제 대부분의 회사들이 일정하게 정해진 방식대로 굴러가기 때문에 이 문제를 크게 고민하는 회사원은 그리 많지 않다.

그래도 가능하다면 고객이자 근로자들에게 '투자란 무엇인가?'라는 원론부터 각종 펀드, ETF까지 안정적이고 수익이 많이 나는 상품들로 포트폴리오를 짜서 제안하는 방법이 가장 좋다고 생각한다. 더 나아가 고객 가정의 수입과 지출, 자산, 현금 흐름까지 파악해서 최적의 컨설팅을 제공하는 것이 가장 바람직한 방향일 것이다.

 지금 당장 이런 컨설팅이 어렵다면 우선 기초적인 내용부터 하나하나 학습해 나가고 복잡한 내용이나 실전 사례들은 전문가 혹은 다른 방법으로 도움을 받아 실력을 키워 나가야 한다.

10) 퇴직 연금 관련 화법

고객님 혹시 퇴직하면 퇴직금은 얼마나 나오는지 알고 계십니까?

네. 알겠습니다. 3억 정도는 나온다는 말씀이시죠?

그럼 제가 다른 질문을 하나 드려도 괜찮으실까요?

여기 고객님 눈 앞에 6억이 있다고 가정해 보겠습니다.

얼마라구요? 네 6억입니다.

진짜 6억이 생겼다고 하면 어디에 쓰시겠습니까?

부동산? 주식? 외제차?

(고객의 답변에 따라 구체적인 질문 계속 → 아파트? 아니면 상가? 등)

또 어디에 쓰고 싶으신가요? 어때요? 상상만 해도 좋으시죠?

여기까지만 말씀드리고 제가 자리에서 일어나면 고객님은 잠시 즐거운 꿈을 꾼 것으로 꿈이 끝나 버릴 것입니다. 하루만 지나도 기억 못하실 수 있습니다.

그런데 만약 제가 이 상상을 10년 후에 퇴직하실 때에 맞춰 현실로 만들어 드릴 수 있다면…

어떻게 마련할지에 대한 구체적인 방법이 있다면… 들어 보시겠습니까?

여기서 좋은 꿈으로 끝낼까요? 아니면 꿈을 현실로 만들어 줄 계획을 들어 보시겠습니까?

시간은 30분이면 됩니다.

10 공공형 일자리

1. 공공형 일자리란

AI가 인류의 삶을 더 풍요롭게 해 주는 시대가 될 줄 알았는데 막상 뚜껑을 열고 보니 대량 해고와 실직의 시대가 눈앞까지 다가와 있다. 스펙이 좋은 청년들도 취업이 어렵다 보니 취약 계층의 취업은 갈수록 어려워지고 있다. 이럴 때 필요한 것이 '공공형 일자리'이다.

공공형 일자리는 정부나 지방 자치 단체 등 공공 부문이 주도하여 취약 계층의 고용을 촉진하고, 사회 서비스를 확충하며, 지역 사회 발전에 기여하기 위해 마련된 일자리 사업을 통칭한다. 여기서 취약 계층이라 함은, 노인, 장애인, 저소득층, 경력 단절 여성 등을 포함한다. 이들은 노동 시장에서 상대적으로 불리한 위치에 놓여 있어 안정적인 소득을 얻기 어려운 경우가 많다. 공공형 일자리는 이들에게 안정적인 소득원을 제공하여 삶의 질을 향상시키고, 사회 참여의 기회를 확대하는 중요한 역할을 한다.

또, 공공형 일자리는 수익성보다는 공익성을 우선으로 한다. 일반적인 영리 기업에서 제공하기 어려운 다양한 사회 서비스 분야에서 일자리를 만들고 있다. 예를 들어, 보육, 돌봄, 환경 정화, 문화 예술 활동 지원 등 우리 사회에 꼭 필요한 서비스들을 제공하는 일들이 여기에 포함된다.

2. 공공형 일자리를 통한 긍정적인 변화

공공형 일자리는 단순한 일자리 제공을 넘어, 우리 사회에 다양한 긍정적인 파급 효과를 가져오는데 대략적으로 정리하면 다음과 같은 변화를 만들고 있다.

1) 취약 계층의 삶의 질 향상

가장 직접적인 효과는 소득 보장이다. 안정적인 소득은 참여자들의 경제적 어려움을 완화하고, 기본적인 생활을 유지할 수 있도록 돕는다. 또한, 사회적 고립을 해소하고 자존감을 회복하는 데에도 큰 도움이 된다. 일자리를 통해 다른 사람들과 교류하고, 자신의 역할과 가치를 발견하며 활기찬 삶을 되찾을 수 있기 때문이다.

2) 사회 서비스 사각지대 해소

공공형 일자리는 돌봄, 복지, 환경 등 수요는 많지만 민간 시장에서 공급하기 어려운 분야의 서비스를 제공한다. 예를 들어, 농촌 지역의 노인들을 위한 식사 배달 서비스나, 공원 환경 미화 활동은 우리 사회를 더욱 살기 좋은 곳으로 만든다. 이는 곧 지역 사회 전체의 삶의 질을 높이는 결과로 이어진다.

3) 지역 사회 활성화

지역 특성에 맞는 공공형 일자리 사업은 지역 경제에 활력을 불어넣는다. 지역의 특산품을 활용한 사업, 문화유산 관리 사업 등은 지역의 정체성을 강화하고, 관광객을 유치하여 지역 경제를 활성화하는 데 기여한다. 또한, 주민들이 직접 참여하여 지역의 문제를 해결하고 공동체를 만들어 가는 과정은 주민자치에도 큰 도움이 된다.

3. 공공형 일자리의 종류와 주요 대상

공공형 일자리는 크게 세 가지 유형으로 나눌 수 있다. 각 유형은 대상과 목적에 따라 세분화되어 운영된다.

1) 직접 일자리 사업

가장 대표적인 형태의 공공형 일자리이다. 정부 부처나 지자체가 직접 사업을 기획하고 참여자를 모집하여 일자리를 제공한다. 주로 단기적 한시적으로 운영되며, 종류를 나누면 사회 서비스형, 자활 근로형, 지역 공동체 일자리형 등이 있다.

- **사회 서비스형**: 노인, 장애인 돌봄, 보육 도우미, 방과 후 교실 지원 등 사회 서비스 분야에서 일자리를 제공한다.
- **자활 근로형**: 저소득층이 자립할 수 있도록 근로 기회를 제공하는 사업이다. 예를 들어, 재활용품 수거, 공공 시설 청소 등이 있다.
- **지역 공동체 일자리형**: 지역 특성에 맞는 사업을 발굴하여 지역 주민들에게 일자리를 제공하고 지역 경제 활성화를 도모한다. 농촌 체험 프로그램 운영, 지역 문화재 관리 등이 있다.

2) 고용 보조금 사업

민간 기업이 취약 계층을 고용하면 정부가 일정 기간 동안 인건비의 일부를 보조해 주는 사업이다. **장애인 의무 고용 지원금, 고령자 고용 지원금** 등이 대표적인 예라고 할 수 있다. 이 사업은 민간 부문의 참여를 유도하여 공공형 일자리의 범위를 확대하고, 취약 계층의 민간 시장 진입을 돕는다는 장점이 있다.

3) 사회적 경제 기업 지원

사회적 기업, 협동조합, 마을 기업 등 사회적 가치를 추구하는 기업을 육성하고 지원하는 사업이다. 이들 기업은 이윤 추구와 동시에 사회적 목적을 달성하는 것을 목표로 하며, 취약 계층을 우선적으로 고용하거나 지역 사회 문제 해결에 기여한다. 정부는 사회적 경제 기업에 **경영 컨설팅, 재정 지원, 판로 개척** 등을 지원하여 이들이 안정적으로 성장할 수 있도록 돕고 있다.

4. 공공형 일자리, 참여방법

공공형 일자리는 주로 정부의 고용 지원 시스템을 통해 신청할 수 있다. 가장 기본적인 방법은 '**고용 노동부 워크넷**'이나 '**지방 자치 단체 홈페이지**'를 주기적으로 확인하는 것이다.

- **워크넷**: 고용 노동부가 운영하는 종합 취업 정보 사이트로, 다양한 공공형 일자리 사업 정보를 한눈에 확인할 수 있다.
- **지방 자치 단체 홈페이지**: 각 지자체별로 특색 있는 공공형 일자리 사업을 진행하고 있으므로, 거주지의 시청, 구청 홈페이지를 확인하는 것이 좋다.
- **주민 센터**: 직접 주민 센터에 방문하여 상담을 받고 신청할 수도 있다. 담당 공무원이 개인의 상황에 맞는 일자리 정보를 안내해 주고 있다.

  참여 자격은 사업별로 다르지만, 일반적으로 연령, 소득, 가구 구성원 수 등을 기준으로 한다. 특히 **만 65세 이상 노인, 기초 생활 수급자, 장애인, 장기 실업자** 등은 우선적으로 참여할 수 있는 기회가 많으니 적극적으로 일자리를 찾아볼 필요가 있다.

Part. 2

금융 상품과 세금

앞 장에서는 우리 일상생활과 밀접하게 관련된 여러 가지 제도를 공부하고 어떻게 활용할지에 대해 알아보았습니다. 이번 과정에서는 이 책의 핵심 테마인 '비과세'를 각종 상품들과 함께 자세하게 알아보도록 하겠습니다.

우리나라 비과세 상품은 매우 제한적으로 판매하고 있어서 일반인이 특별한 자격 조건 없이 가입할 수 있는 상품은 '보험 회사'의 비과세 상품이 대부분입니다. 따라서 보험에 관련된 여러 가지 세금 문제들을 함께 학습해 보도록 하겠습니다. 앞 장에서도 몇 번 언급했듯이 '비과세'는 사실 아주 많이 중요한 부분인데 현장에서 영업하는 보험 영업인들도 제대로 알지 못하고 제대로 설명 못하는 경우가 대부분이어서 아쉬운 점이 많았습니다.

비과세 이외에도 연금 보험이나 종신 보험에서 정확하게 알고 넘어야 갈 부분이 많습니다. 또, 보험 계약과 관련된 여러 가지 문제들, 예를 들면 계약자 변경 시점이나 보험 압류 문제 등도 꼭 알고 있어야 중요한 문제들입니다.

그리고 이 책 뒷부분에 수록한 상속과 증여 부분은 내용이 너무 방대해서 이 책에서는 보험과 직접 관련된 내용만 수록하고 다음에 기회가 되면 좀 더 다양한 상담 사례들을 심도 있게 다뤄 보도록 하겠습니다.

<table>
<tr><td>**1장**</td><td>**비과세**</td></tr>
</table>

1) 비과세란

비과세의 원론적인 뜻은 '이자 소득이 발생해도 세금을 내지 않는다'는 의미이다. 금융 상품으로 국한시켜 얘기하자면 '이자 소득세 15.4%'를 내지 않는다' 정도가 적당한 표현이라고 할 수 있다. 하지만 비과세의 진정한 의미를 아는 사람은 매우 드물다. 이번 장에서는 비과세의 여러 의미에 대해 다양한 각도에서 기술하였다. 용어부터 정리해 보면 다음과 같다.

▶ 비과세: 처음부터 과세 대상에서 제외되는 것을 말한다. 특정 소득에 대해 과세할 권리가 없어서 세금 자체가 발생하지 않는다. 세금이 발생하지 않으니 원칙적으로 신고의 의무 또한 없다.

▶ 감면: 처음에는 세금이 발생하였으나 특정 요건을 충족할 때 세금을 일부 줄여 주거나 없애준다는 개념이다. 연말 정산 시 **세액 공제**나 **소득 공제**가 감면에 해당한다.

▶ 분리 과세: 특정 소득을 다른 소득과 합산하지 않고 별도로 분리해서 과세하는 것을 말한다. 대표적으로 ISA 계좌에서 비과세 한도를 초과한 수익은 다른 소득과 분리해시 9.9%의 세율로 분리 과세한다.

2) 비과세 상품 종류

가. 비과세 상품

① 비과세 종합 저축

▶ **가입 대상:**

- 만 65세 이상의 노인

- 「장애인복지법」에 따른 장애인

- 독립 유공자 및 그 유족 또는 가족

- 국가 유공 상이자, 5·18 민주화 운동 부상자

- 기초 생활 수급자

▶ **주요 혜택**: 전 금융 기관 합산 **납입 원금 5,000만 원**까지 발생하는 이자 및 배당 소득에 대해 전액 비과세

- **특징**: 예금, 적금, 펀드 등 다양한 상품을 이 한도 내에서 자유롭게 담을 수 있다.

② 저축 보험, 연금 보험(세제 비적격)

- **주요 혜택**: 아래 요건 충족 시 보험 차익(납입 보험료 - 환급금)에 대해 전액 비과세

- **비과세 요건**:

***계약 유지 기간**: 10년 이상

***납입 방식별 한도**:

- **월 적립식**: 5년 이상 납입, 선납 6개월내, 매월 납입 보험료 150만 원 이하

- **일시납**: 납입 보험료의 합계액이 합산 1억 원 이하

※ 단기납종신 보험의 경우, 2024. 7월 9일 기획 재정부는 국세청의 질의에 '단기납종신 보험은 비과세 해당한다'고 회신하였다. 다만, 비과세 여부는 개별 보험 상품의 해지 환급률, 보험료 납입 규모, 특약 유형 등을 고려하여 판단할 사항이라고 덧붙였다. 정리해서 말하자면 원칙상 비과세이지만 그 한도는 사실 관계를 따져서 국세청이 판단한다…이다. 2025년 8월 현재 국세청의 추가적인 판단은 별도로 나와 있지 않다.

③ 조합원 출자금

신협, 농협, 수협, 새마을금고 등 상호 금융 기관의 조합원(준조합원)에게 주어지는 혜택이다.

- **출자금**: 1인당 1,000만 원까지 배당 소득 비과세

- **특징**: 지점 방문을 통해 조합원 가입 후 이용 가능

④ 청년 도약 계좌

청년의 자산 형성을 지원하는 대표적인 정책 금융 상품이다.

- **가입 대상**: 만 19~34세 청년 (소득 요건 충족 시)

- 주요 혜택:

*본인 납입금(월 최대 70만 원)에 대한 **이자 소득 전액 비과세**

*소득에 따라 정부 기여금 추가 지원

- **특징**: 5년 만기 유지 시 비과세와 정부 지원금을 모두 받을 수 있어 청년층에게 유리하다.

나. 세금 우대 상품

세금 우대 상품은 세금을 완전히 면제하는 것은 아니지만, **세액 공제, 소득 공제, 저율 과세** 등 다양한 방식으로 세금 부담을 줄여 주는 상품을 의미한다.

① 조합원 예탁금

- 신협, 새마을금고, 단위 농·수협 등의 **예탁금**이 대표적인 저율 과세 상품이다.
- 1인당 3,000만 원 한도 내에서 발생하는 이자 소득에 대해 이자 소득세(14%)는 면제되고, **농어촌 특별세 1.4%만 납부**하면 된다.
- 다만, 2026년부터는 이자 소득에 대해 5% 분리 과세로 바뀌고 2027년부터는 9% 분리 과세로 바뀌어 시행될 예정이다.

② 개인 종합 자산 관리 계좌 (ISA) - 비과세 + 저율 과세

'만능 통장'으로 불리며, 이 책의 앞 장에서 심도 깊게 다룬 바 있다.

▶ **가입 대상**: 만 19세 이상 거주자 (단, 직전 3개년도 금융 소득종합 과세 대상자는 가입 제한)

▶ **주요 혜택**:

- 계좌 내 발생한 이익과 손실을 합산(손익 통산)하여 순이익에 대해서만 과세
- 순이익 중 **200만 원(서민형/농어민형 400만 원)까지 비과세**
- 비과세 한도 초과분은 **9.9%로 분리 과세** (일반 세율 15.4%보다 저렴)

▶ **납입 한도**: 연 2,000만 원 (총 1억 원)

▶ **특징**: 예금, 펀드, ETF, 주식 등 다양한 상품을 한 계좌에서 운용하며 절세할 수 있다. 3년 의무 가입 기간이 있으며, 만기 자금을 연금 계좌(IRP/연금 저축)로 이체 시 추가 세액 공제 혜택도 있다.

③ 연금 저축 & 개인형 퇴직 연금 (IRP) - 세액 공제 + 저율 과세

납입 시 세액 공제를, 연금 수령 시 저율 과세 혜택을 제공한다.

▶ 가입 대상: 소득이 있는 누구나

▶ 주요 혜택:

　- 납입 시: 연금 저축과 IRP를 합산하여 연간 납입액의 최대 900만 원까지 13.2% 또는 16.5%(소득에 따라 차등)의 세액 공제

　　(총급여 5,500만 원 / 종합 소득 4,500만 원 이하 시 16.5% 적용)

　- 운용 시: 운용 기간 동안 발생한 수익에 대한 과세 이연

　- 수령 시: 만 55세 이후 연금으로 수령 시 3.3% ~ 5.5%의 낮은 연금 소득세로 분리 과세

▶ 연간 납입 한도: 전 금융 기관 합산 연 1,800만 원

▶ 특징: 세액 공제 효과로 인해 직장인이 선호하는 절세 상품

④ 주택 청약 종합 저축 - 소득 공제

내 집 마련의 기본이면서 연말 정산 시 소득 공제 혜택도 받을 수 있는 상품이다.

▶ 가입 대상: 누구나

▶ 소득 공제 요건:

　- 총급여 7,000만 원 이하 근로자

　- 과세연도 중 무주택 세대의 세대주

▶ 주요 혜택: 연간 납입액(최대 300만 원)의 40%를 소득 공제 (최대 120만 원 공제)

▶ 특징: 소득 공제뿐만 아니라 '청년 주택 드림 청약 통장' 등 특정 요건 충족 시 이자 소득비과세 혜택도 추가로 받을 수 있다.

3) 금융 소득 종합 과세

가. 금융 소득 종합 과세란

금융 소득 종합 과세란 개인의 연간 금융 소득(이자 소득 + 배당 소득)이 2,000만 원을 초과하는 경우, 해당 초과분을 다른 소득(근로 소득, 사업 소득 등)과 합산하여 누진 세율을 적용하는 제도이다.

쉽게 말해, 이자와 배당으로 벌어들인 돈이 연간 2,000만 원 이하라면 15.4%(지방 소득세 포함)의 세율로 원천 징수되고 세금 납부가 종결된다. 하지만 2,000만 원을 넘어가면 그 초과된 금액에 대해서는 더 높은 세율이 적용될 수 있다는 의미이다.

이렇게 금융 소득에 대해 종합 과세를 하는 이유는 소득 불균형 때문이다. 원래 금융 소득은 분리 과세 방식으로 일률적으로 15.4%의 세율을 적용받았다. 하지만 이는 고소득자일수록 유리한 구조여서 문제가 많았다. 예를 들어, 소득이 많아 45% 세율을 적용받는 사람도 금융 소득만큼은 15.4%만 내면 되니까... 소득 불평등이 심화되는 문제가 생기게 되었다. 이런 형평성 문제를 해결하기 위해 1996년 도입된 것이 금융 소득 종합 과세이다.

2024년 귀속 소득세율표

과세표준	세율	누진공제
14,000,000원 이하	6%	-
14,000,000원 초과 50,000,000원 이하	15%	1,260,000원
50,000,000원 초과 88,000,000원 이하	24%	5,760,000원
88,000,000원 초과 150,000,000원 이하	35%	15,440,000원
150,000,000원 초과 300,000,000원 이하	38%	19,940,000원
300,000,000원 초과 500,000,000원 이하	40%	25,940,000원
500,000,000원 초과 1,000,000,000원 이하	42%	35,940,000원
1,000,000,000원 초과	45%	65,940,000원

나. 종합 과세(종합 소득세)와 금융 소득 종합 과세

원칙적으로 모든 소득은 합산해서 신고하고 합산해서 과세한다. 이것을 '종합 과세'라고 한다. 금융 소득 종합 과세는 합과세라는 큰 틀 안에 있는 **'이자 소득'과 '배당 소득'에 대한 특별 규칙이다.** 모든 금융 소득이 종합 과세 대상이 되는 것은 아니며, 특정 조건을 충족할 때만 발동한다. 즉 이자 소득과 배당 소득이 2,000만 원을 초과할 경우에만 '종합 과세'하고 2,000만 원 이하는 15.4%의 세율로 원천 징수하고 납세를 종결한다.

다시 말해, 금융 소득 종합 과세는 종합 과세의 하위 개념으로 금융 소득만을 국한해서 일정 조건(금융 소득 2,000만 원 이상)을 충족할 때 다른 소득과 합산해서 더 높은 세율을 적용하는 제도이다.

다. 금융 소득

금융 소득은 크게 이자 소득과 배당 소득의 두 가지이다.

- 이자 소득: 예·적금 이자, 채권 이자, 저축성 보험의 보험 차익(요건 미충족 시) 등
- 배당 소득: 주식 배당금, 펀드 분배금, 파생 결합 증권(ELS, DLS) 이익 등

  금융 소득에 제외되는 소득은 아래와 같다.
- 주식 매매 차익: 상장 주식 양도 소득은 별도 과세
- 비과세 금융 상품: 저축성 보험 보험 차익(요건 충족 시), 청약 저축, ISA 등
- 세금 우대 상품: 연금 저축, IRP 등
- 외화 예금 환차익: 환율 변동으로 인한 수

라. 금융 소득 종합 과세 계산

계산 방식은 조금 복잡할 수 있지만, 기본적인 개념은 다음과 같다.

(1) 금융 소득 2,000만 원까지: 14%의 세율(원천 징수 세율, 지방 소득세 별도)을 적용한다.

(2) 금융 소득 2,000만 원 초과분: 다른 종합 소득(근로, 사업 소득 등)과 합산하여 기본 세율(6% ~ 45%)을 적용한다.

이후, ① 종합 과세 시 산출된 세액과 ② 분리 과세(2,000만 원 초과분에 대해 14% 세율 적용) 시 산출된 세액을 비교하여 더 큰 금액으로 세금을 납부하게 된다. 이는 종합 과세로 인해 오히려 세금이 줄어드는 경우를 방지하기 위함이다.

마. 금융 소득 종합 과세와 비과세

금융 소득 종합 과세로 과세를 하는 경우와 비과세일 때의 세금 차이가 얼마나 날까? 이자 소득 3천만 원이 있을 경우 2천만 원까지는 15.4% 원천 징수하고 나머지 1천만 원에 대해 종합 소득세 6%를 적용해서 과세한다고 알고 있는 사람들이 의외로 많다. 그렇지 않다. 다른 소득과 합산해서 과세하기 때문에 2천만 원을 제외한 1천만 원의 세율은 의외로 높다.

예를 들어 보자. 과세하는 이자 소득 3천만 원이 발생한 해에 소득이 1억이 있다고 가정해 보자.

위에서 말한 방식대로 ① 종합 과세 시 산출된 세액과 ② 분리 과세 두 가지 산출 세액을 비교해서 더 큰 금액으로 납부하게 된다.

① 종합 과세 방식으로 계산 시 세액

　*(1억 + 초과 1천만) × 35% - 1,544만 원(누진공제) = 2,306만 원

　*원천 징수 되는 금융 소득 2천만 원 세금

　　- 2,000만 원 × 14% (원천 징수세율) = 280만 원

　*합계: 2,306만 원 + 280만 원 = **2,586만 원**

② 분리 과세 방식으로 계산 시 세액

　*과세 표준 1억 세금

　- 1억 원 × 35% - 1,544만 (누진공제) = 1,956만 원

　*전체 금융 소득 3천만 세금

　- 3천만 × 14% = 420만 원

　*합계: 1,956만 원 + 420만 원 = **2,376만 원**

　두 가지 방식 중 더 큰 액인 **2,586만 원**이 최종 산출 세액이다. 여기에 지방 소득세 10%를 더해서 **2,844만 원**이 최종적으로 내야 할 세금이 된다.

똑같이 소득이 1억 원인데 3천만 원이 비과세 될 때 소득세는

*1억 × 35%% - 1,544만 (누진 공제) = 1,956만 원

이고 지방 소득세 10%까지 합하면 **2,151.6만 원**이 나온다.

최종적으로 2,844만 원에서 2,151만 원을 빼면 더 내야 하는 세금은 **693만 원**이다. 즉 금융 소득종합 과세 때문에 이 액수만큼 세금이 더 증가한 것이다. 만약 기본적인 소득이 3억 이상이라면 이자 때문에 내야 할 세금은 더 증가할 것이다. 이것만이 아니다. 과세 소득이 증가하면 건강 보험료도 덩달아 오른다. 과세되는 3천만 원에 대해 매년 240만 원의 건강 보험료가 더 올라간다.

위 내용이 어려울 수 있는데 요약하면, 금융 소득 종합 과세 시 2천만 원은 원천 징수하고 종결하는데 나머지 1천만 원은 다른 소득(여기서는 1억)과 합산해서 종합 과세 되기 때문에 1천만 원의 세율이 아니라 1억1천만 원의 세율이 적용되어 세금차이가 많이 발생한다는 의미이다.

지금까지의 내용을 표로 정리하면 아래표와 같다.

비과세와 종합 과세 시 세금차이

	비과세일 때	종합과세 (소득1억+이자 3천)	비고
이자소득	3,000만원	3,000만원	
소득세	-	2,844만원	693만원 증가
건강보험료	-	240만원	240만원 증가
실질 이자소득	3,000만원		2,067만원

비과세일 때는 3,000만 원을 그대로 가져갈 수 있는데 과세가 되면 2천 67만 원밖에 못 가져간다. 과세 이후에 3,000만 원을 가져가려면 금융 소득이 4,750만 원은 넘어야 한다. 이것이 비과세의 진짜 모습이다.

4) 연금 소득세와 비과세

연금 소득세는 앞서 공적 연금에서 보았듯이 연금 소득에 부과되는 세금이다. 공적 연금(국민연금, 공무원 연금, 사학 연금, 군인 연금)은 금액에 상관없이 무조건 **종합 과세**한다.

방식은 모든 연금 소득을 합산 후 연금 소득 공제를 하고 여기서 산출한 금액과 다른 소득을 합산하여 전체 종합 소득에 대해 누진 세율로 과세한다.

사적 연금(퇴직 연금 - IRP, DC, DB, 연금 저축 펀드, 연금 저축 보험)은 크게 두 가지이다. 연간 수령액이 **1,500만 원 이하**일 경우, 3.3% ~ 5.5%(지방 소득세 포함)의 낮은 세율로 분리 과세를 선택하여 납세 의무를 종결할 수 있다. 일반적으로는 **분리 과세**가 더 좋겠지만 종합 과세 금액이 2000만을 조금 초과하는 경우 등 종합 과세를 선택하는 것이 세금을 적게 낸다면 종합 과세로 신고하는 것도 가능하다.

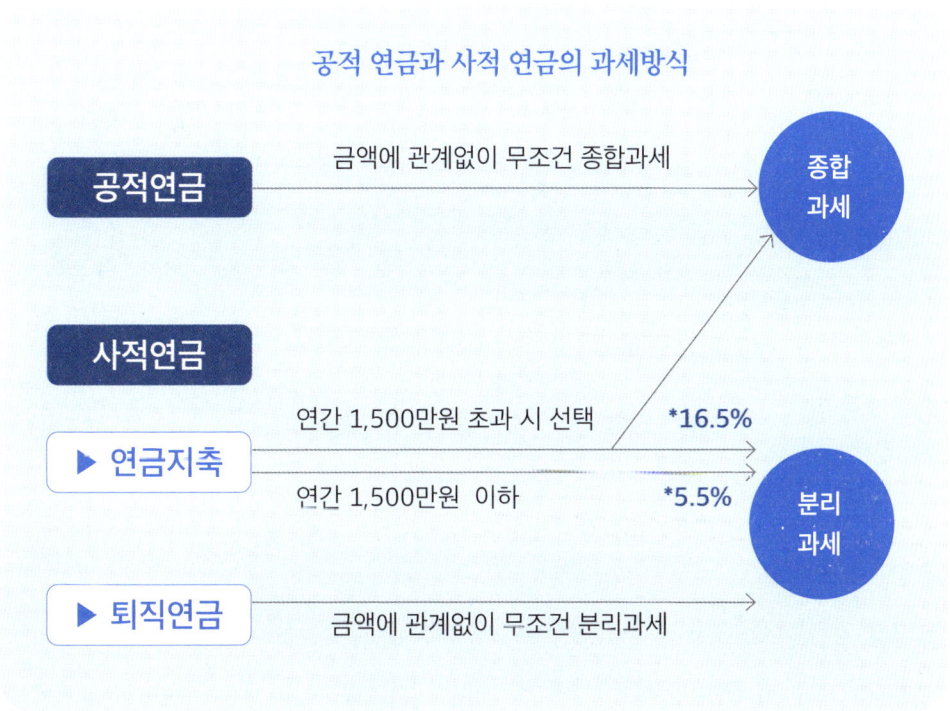

5) 종합 과세, 금융 소득 종합 과세, 연금 소득세

소득세를 공부하기 위해 들여다보면 이해가 쉽지 않은 항목들이 많다. 예를 들어 종합 과세와 금융 소득 종합 과세가 같은 의미인지 다른 의미인지가 어려울 수 있다. 왜냐하면 어차피 이자 소득이나 배당 소득은 종합 과세 한다는데 이자 소득과 배당 소득을 합산해서 따로 금융 소득 종합 과세를 한다는 것이 무슨 의미인가… 라는 의문이 있을 수 있다.

여기에 연금 소득은 다른 소득과 합산해서 종합 과세 한다면서 사적 연금은 종합 과세를 해도 되고 분리 과세를 해도 된다고 하면 어떤 것을 해야 하는지… 등등의 의문도 있을 수 있다. 이런 문제들을 이해하지 않고 비과세를 이해하려면 어려움이 많다.

아래는 종합 과세와 금융 소득종합 과세, 연금 소득세에 대해 정리해 놓은 표이다. 위에 기술한 내용들을 정리해 놓은 것이다.

종합 과세와 금융 소득종합 과세, 연금 소득세 비교표

구분	종합과세	금융 소득 종합 과세	연금 소득세
정의	6가지 소득을 합산하여 과세하는 기본 방식	종합 과세의 일부로, 금융 소득에 대한 특별 규칙	연금 소득에 대한 세금으로, 별도 기준을 가짐
대상소득	사업, 근로, 이자, 배당, 연금, 기타 소득	이자, 배당 소득	공적연금, 사적연금 소득
핵심기준	6가지 소득 중 하나라도 발생 시	연 2,000만 원 초과	(사적연금) 연 1,500만원 초과 여부
다른 소득과 합산	합산(기본 원칙)	2,000만 원 초과분만 합산	(공적) 합산, (사적) 선택 가능

순서대로 얘기하면

① 일단 이자 소득, 배당 소득을 합산해서 2천만 원을 넘는지를 계산한다. 2천만 원 이하라면 원천 징수하고 종결해서 합산하지 않고, 2천만 원을 넘는다면 다른 소득과 합산하여 종합 과세 한다. (이것이 금융 소득 종합 과세)

② 연금은 공적 연금이면 무조건 다른 소득과 합산하고 사적 연금이면 1,500만 원 이상일 경우 분리 과세를 선택해도 되고 종합 과세를 선택해도 된다.

③ 위의 금융 소득 + 공적 연금 소득 + (종합 과세 선택 시) 사적 연금 소득 + 다른 소득

(사업, 근로, 기타 소득)을 다 합산해서 종합 과세 세율로 소득세를 낸다. 다 합산해서 2000만 원이 안 되면 각각 소득별로 원천 징수하고 종결한다.

6) 비과세 활용

결론적으로 비과세가 중요한 이유에 대해 정리를 하자면 다음과 같다.

가. 절세 효과

위에 언급했던 것처럼 다양한 절세 효과가 있다.

첫 번째, **이자 소득세** 15.4%를 내지 않아도 된다.

두 번째, 다른 소득과 합산해서 **세율을 올리지 않는다.**

세 번째, **종합 소득세에서 제외**되므로 누진세 적용에서 제외된다.

나. 국민연금

국민연금을 포함한 4대 공적 연금은 무조건 '**종합 과세**' 대상이다. 공적 연금을 포함 한 달에 167만 원 이상의 소득이 있다면 종합 과세 대상이 된다. 여기에 '소득'이 있으면 국민연금의 노령 연금 수령액을 삭감 당할 수도 있다. 비과세 상품은 국민연금을 삭감하는 '소득'에 들어가지 않는다.

다. 건강 보험

노후에는 역시 '**피부양자**' 자격을 얻는 것이 가장 좋다. 그렇지만 피부양자는 '자격 요건'도 갖춰야 하고 '재산' 요건과 '소득' 요건도 갖춰야 한다. 셋 중에 하나라도 문제가 있으면 바로 피부양자 탈락이다. 많은 경우에 '소득 요건'이 문제가 된다.

피부양자로 인정받기 위해서는 **연간 종합 소득이 2,000만 원** 이하여야 하는데 비과세 소득은 종합 소득에서 제외되기 때문에 피부양자 탈락에 영향을 주지 않는다. 하나 더 말하자면, 지역 가입자로 전환되면 과세되는 소득들이 건강 보험료를 추가로 더 내게 만드는 '소득'으로 잡힌다는 것이다. 비과세 소득은 위의 모든 기준에 포함되지 않는다.

라. 기타 – 10년 비과세의 장점

보험사의 비과세 상품은 기본적으로 **10년 이상**의 유지 기간이 있어야 비과세 혜택을 받을 수 있다. 많은 고객들이 기간이 너무 길다면서 불만을 토로하는 부분이다.

그런데 이 10년이라는 기간에 대해 이 책에서 자세하게 기술하기는 어렵지만 '10년'은 아주 중요한 장점이 될 수 있다. 세무 조사를 나올 때 은행 계좌부터 조사하는데 참고로 국세기본법상 은행의 거래내역 보관기록 의무 기간은 5년이다. (전자 금융 거래법도 동일)

7) 비과세에 대해 궁금한 내용들

Q1. 여러 비과세 상품에 중복 가입해도 비과세 혜택이 있나요?

A1. 네, 가입 조건만 충족한다면 여러 상품에 중복으로 가입할 수 있습니다. 예를 들어, 만 65세 이상이면서 소득이 있는 경우, 비과세 종합 저축(5,000만 원 한도)과 ISA(연 2,000만 원 납입)에 동시에 가입하여 절세 효과를 극대화할 수 있습니다. 각 상품의 납입 한도는 개별적으로 적용됩니다.

Q2. '조합원 예탁금'과 '조합원 출자금'은 어떤 차이가 있나요?

A2. 조합원 출자금은 조합원이 되기 위해 납입하는 돈으로 조합 운용에 필요한 '자본금'입니다. 이익이 발생하면 '배당금'을 받게 되고 1인당 1천만 원까지 완전 비과세 혜택을 받습니다. 그러나 '예금자 보호' 대상이 아니기 때문에 조합이 파산 시 원금 손실의 위험도 있습니다. 보통 조합을 탈퇴해야 환급 받을 수 있기 때문에 돈이 장기가 묶일 수도 있습니다.

조합원 예탁금은 시중 은행의 예·적금과 동일한 성격의 '저축성 예금'입니다. 약정한 기간에 따라 '이자'를 받습니다. 1인당 한도는 전 상호 금융 기관 통틀어 3,000만 원 한도이고, 농어촌 특별세 1.4%만 부과합니다. 예금자 보호법에 따라 보호받으며 일반적으로 입출금이 자유롭습니다.

Q3. 청년 도약 계좌 장점을 구체적으로 설명한다면?

A3. 청년 도약 계좌는 청년들의 중장기적인 자산 형성을 돕기 위해 정부가 지원하는 정책형 금융 상품입니다. 매월 최대 70만 원을 5년간 납입하여 약 5,000만 원의 목돈을 마련할 수 있도록 설계되었습니다. 주요 장점 3가지를 말씀드리면 첫째, 개인 소득 수준에 따라 월 납입 금액의 '최대 6.0%(월 최대 3만 3천원)'를 정부가 추가로 적립해 줍니다.

둘째, 취급 은행별로 3년간 고정금리(기본금리 약 4.5%)에 우대 금리를 더해 최대 연 6.0% 수준의 높은 이자를 제공합니다.

세 번째, 5년 만기 시 이자 소득세 전액에 대해 비과세 혜택을 줍니다.

Q4. 사적 연금 1,500만 원 이상 수령 시 종합 과세 vs 분리 과세 어느 쪽이 유리한가요?

A4. 일반적인 경우라면 당연히 분리 과세가 유리합니다. 그런데 1,500만 원을 약간 초과했고 다른 소득이 없다면 (실제 납부할 세금을 따져보고) 종합 과세가 유리할 경우 종합 과세로 신고를 하면 됩니다.

Q5. ISA 이외에 분리 과세 되는 상품에는 어떤 것들이 있는지?

A5. 특정 요건을 갖추면 분리 과세가 되는 상품은 3가지가 있습니다. 현재 종료된 '고위험 고수익 채권 펀드'나 대부분의 혜택이 종료된 '선박 펀드'는 제외하였습니다.

① 장기채권: 만기 10년 이상인 채권을 3년 이상 보유하고 분리 과세를 신청할 경우, 이자 소득에 대해 33%의 세율로 분리 과세를 받을 수 있습니다.

② 공모 부동산 펀드 및 리츠(REITs): 공모형 부동산펀드나 리츠에 투자하여 3년 이내에 지급받는 배당 소득에 대해, 투자금액 5,000만 원까지 9.9%의 세율로 분리 과세됩니다.

③ 공모 인프라 펀드: 전용 계좌를 통해 공모 인프라펀드에 1년 이상 투자하면, 발생하는 배당 소득에 대해 15.4%의 세율로 분리 과세됩니다. 이 혜택은 2025년 말까지 연장되었습니다.

8) '비과세' 정리하기

이 책을 쓴 가장 중요한 이유 중 하나가 '비과세' 때문이다.

상담을 하다가 혹은 강의를 하다가 보면 비과세가 참 좋은데, 너무 좋은데(!) 그냥 이자 소득세를 내지 않는 정도로만 알고 계시는 분들이 너무 많아서 책으로 한 번 정리를 하고, 강의 요청이 들어오면 직접 만나서 자세하게 설명하려는 취지였다.

본문의 내용이 너무 장황해서 혹시라도 이해하기가 어렵다는 분들을 위해 좀 더 간략하게 '비과세의 장점'을 요약 정리하면 다음과 같다.

첫 번째, 이자 소득세 15.4%를 내지 않는다.

두 번째, 비과세일 때와 이자 소득세가 발생해서 금융 소득 종합 과세 대상이 될 때 납입해야 할 세금은 '다른 소득과 합산'해서 과세하기 때문에 예상보다 훨씬 더 많은 세금을 납부할 수 있는 위험 부담이 있다.

세 번째, 종합 과세 대상자가 되면 '피보험자 자격이 박탈된다' 건강 보험에서 소득을 따질 때 '비과세' 소득은 합산하지 않는다. 과세되는 소득은 피부양자 자격을 심사할 때도 합산되지만 실제 건강 보험료를 부과할 때도 보험료를 상승시킨다.

네 번째, 분리 과세 상품은 수익이 발생하면 종합 소득 합산 시 제외하기는 하지만, 대부분 9.9%로 별도 과세하기 때문에 비과세를 이길 수 없다.

다섯 번째, 과세 이연 상품은 당장 세금을 내지 않지만 노후에 연금을 수령할 때 '연금 소득세'를 별도로 내야 한다. 비과세는 아무리 많은 금액이라도 세금을 과세하지 않는다.

비과세가 진짜 힘을 발휘할 때는 '노후'이다. 우리나라 사람들은 자산의 대부분을 부동산으로 가지고 있고 공적 연금을 제외한 연금 가입률이 매우 낮다. 이럴 때 이자 소득이나 배당 소득 등 현금 수익에 과세가 되면 '수입이 있을 때와 비교해서' 매우 고통스럽다고 한다. 비과세의 진짜 위력은 노후에 발휘된다.

※ '비과세' 관련 화법은 위의 정리하게 얘기한 내용을 그대로 말하면 되기 때문에 별도로 적지 않는다.

　다른 장에도 비과세 관련한 화법들을 많이 수록해 놓았으니 참고 바란다.

11 서민 저리 대출

물가는 계속 오르는데 경제 상황은 여전히 나아지지 않고 있다. 예상치 못한 경제적인 문제에 부딪혀 고금리 사금융을 이용하다 돌이킬 수 없는 나락으로 빠지는 경우도 자주 보게 된다. 이럴 때 서민들이 이용 가능한 다양한 '저리 대출' 상품들이 있다. 서민들을 위한 저리 대출의 종류, 신청 방법, 그리고 반드시 알아야 할 내용들을 정리했다.

1. 다양한 저금리 대출 상품들

1) 햇살론

▶ 개요: 신용 등급이 낮거나 소득이 적어 제도권 금융 이용이 어려운 서민들에게 저금리로 대출을 지원하는 대표적인 서민 금융 상품이다.

▶ 종류
- 근로자 햇살론: 직장인(3개월 이상 재직)을 위한 대출. 생계 자금 및 대환 자금 용도로 활용 가능.
- 사업자 햇살론: 자영업자 및 개인 사업자를 위한 대출. 사업 운영 자금, 창업 자금 등으로 사용 가능.
- 햇살론15: 기존 햇살론 이용이 어려운 최저 신용자를 위한 상품. 금리가 일반 햇살론보다 높지만, 최후의 보루와 같은 역할을 한다.

▶ 대출 한도 및 금리
- 근로자 햇살론: 최대 2,000만 원, 연 11.5% 이내의 저금리 (2025년 9월 기준).
- 사업자 햇살론: 최대 2,000만 원, 연 11.5% 이내.
- 햇살론15: 최대 2,000만 원, 연 15.9% 이내. 성실 상환 시 금리 인하 혜택 제공.

▶ 특징
- 대환 대출: 고금리 채무를 저금리 햇살론으로 대환하여 이자 부담을 크게 줄일 수 있다.
- 정부 보증: 서민 금융 진흥원의 보증으로 대출이 이루어져, 신용도가 낮아도 신청이 가능하다.

2) 새희망홀씨

▶ 개요: 시중 은행이 자체적으로 취급하는 서민 금융 상품으로, 제1금융권에서 저금리로 대출을 받을 수 있는 기회를 제공한다. 햇살론보다 소득 및 신용 조건이 조금 더 까다롭지만, 금리가 상대적으로 낮다는 장점이 있다.

▶ 신청 대상: 연소득 3,500만 원 이하 (신용 평점 무관), 또는 연소득 4,500만 원 이하이면서 신용 평점 하위 20% 이하인 근로자 및 자영업자.

▶ 대출 한도 및 금리
- 한도: 은행별로 상이하나, 최대 3,500만 원까지 가능.
- 금리: 은행 및 개인 신용도에 따라 다르지만, 보통 연 6~10% 수준.

▶ 특징
- 1금융권 이용: 시중 은행(신한, KB국민, 우리, 하나 등)에서 직접 취급하므로 접근성이 좋고, 은행마다 우대 금리 혜택을 제공하기도 한다.

3) 미소금융

▶ 개요: 제도권 금융 회사 이용이 어려운 저소득-저신용 서민을 대상으로 하는 소액 창업-운영 자금 대출로 자활 의지를 가진 서민들의 경제적 자립을 돕는 데 초점을 맞추고 있다.

▶ 종류
- 창업 자금: 사업자 등록을 준비하는 분들을 위한 자금.
- 운영 자금: 기존 사업체의 운영에 필요한 자금.
- 시설 개선 자금: 사업장 시설을 개선하기 위한 자금.

▶ 대출 한도 및 금리
- 한도: 최대 7,000만 원 (창업 자금 기준).
- 금리: 연 4.5% 내외의 초저금리.

▶ 특징:
- 자립 지원: 대출뿐만 아니라, 컨설팅 및 교육 등 비금융적인 지원도 함께 제공하여 사업 성공률을 높인다.

- 무담보, 무보증: 담보나 보증인이 필요 없이 신용만으로 대출이 가능하다.

4) 징검다리론

▶ 개요: 고금리 채무를 장기간 성실하게 상환한 성실 상환자에게 추가적인 금융 지원을 해 주는 상품이다. 징검다리처럼 서민 금융과 제도권 금융을 이어 주는 역할을 한다.

▶ 신청 대상: 서민 금융 진흥원 등에서 지원하는 고금리 대출을 1년 이상 성실하게 상환한 자.

▶ 대출 한도 및 금리

- 한도: 최대 3,000만 원.

- 금리: 기존 대출보다 낮은 금리를 적용.

▶ 특징:

- 상환 의지 격려: 성실한 상환 기록을 바탕으로 더 좋은 조건의 대출을 제공하여, 채무 상환 의지를 북돋아 준다.

5) 바꿔드림론

▶ 개요: 현재 연체 상태에 있거나 부실 채무를 가지고 있는 고금리 대출 이용자의 기존 대출을 저리의 상품으로 바꾸어 주는 상품이다.

▶ 신청 대상: 기존 대출의 연체가 있거나 부실 채무가 있는 개인

▶ 대출 한도 및 금리

- 한도: 최대 2,500만 원.

- 금리: 연 6%대부터

▶ 특징:

- 별도의 담보나 보증 없이도 대환대출이 가능하고, 신용회복 지원을 해 주고 있다.

서민 대출 상품 비교표

구분	개요	신청 대상	대출 한도	금리	특징
햇살론	신용등급 낮거나 소득 적은 서민 대상 저금리 대출	근로자(3개월 이상 재직), 자영업자 등	최대 2,000만원 (근로자 햇살론 기준)	연 11.5% 이내	정부 보증으로 신용도 낮아도 신청 가능, 대환대출 가능
새희망 홀씨	시중은행 자체 취급서민 대상 신용대출	연소득 3500만원 이하(신용 무관) 또는 연소득 4500만원 이하 신용평점 하위 20% 이하	최대 3,500만원 (은행별 상이)	연 6~10% 수준	제1금융권에서 취급, 우대금리 혜택 가능
미소금융	제도권 금융 이용 어려운 저소득·저신용 서민의 소액 창업/운영자금 지원"	개인신용등급 하위 20% 이하 또는 차상위계층 이하 등	최대 7,000만원 (창업자금 기준)	연 4.5% 내외	무담보·무보증·컨설팅 등 비금융 지원 제공
징검 다리론	고금리 채무 성실 상환자를 위한 추가 지원	정책서민금융 상품을 1년 이상 성실 상환한 자	최대 3,000만원	기존 대출보다 낮은 금리 적용	성실 상환 기록으로 더 좋은 조건의 대출 제공
바꿔 드림론	연 20% 이상 고금리 대출을 저금리로 전환	연소득 4,000만원 이하 (자영업자 4,500만원 이하)	최대 3,000만원	연 6.0%~ 연 11.0%	고금리 대출 이자 부담 경감, 대환대출에 특화

2. 신청하는 방법, 주의 사항

1) 신청 절차 및 필요 서류

▶ 기본적인 절차

- 자격 요건 확인: 각 상품별 소득, 신용평점, 재직 기간 등 자격 요건을 먼저 확인한다.

- 서류 준비: 재직 증명서, 소득 증빙 서류(원천 징수 영수증, 급여 통장 사본 등), 신분증 등 필요 서류를 준비한다.

- 상담 및 신청: 서민 금융 통합 지원 센터, 금융 기관(은행, 서민 금융 진흥원 등)을 통해 상담을 받고 신청서를 제출한다.

- 심사 및 실행: 심사 과정을 거쳐 대출 승인 여부가 결정되고, 승인 시 대출금이 입금된다.

▶ 필수 서류
- 공통: 신분증, 주민 등록 등본, 건강 보험 자격 득실 확인서
- 직장인: 재직 증명서, 근로 소득 원천 징수 영수증 또는 급여 명세서
- 사업자: 사업자 등록증, 소득 금액 증명원, 부가세 과세 표준 증명원 등

2) 신청 시 반드시 알아야 할 내용

▶ 서민 금융 통합 지원 센터를 먼저 방문해야 한다. 서민 금융 통합 지원 센터는 전국에 위치해 있으며, 전문가와 1:1 상담을 통해 나에게 가장 적합한 상품을 추천받을 수 있다.

▶ 신용 점수 관리가 중요한다. 저리 대출도 신용 점수가 높을수록 더 좋은 조건(한도, 금리)으로 받을 수 있다. 연체 없이 신용 카드를 사용하고, 금융 기관과의 거래 내역을 꾸준히 관리하는 것이 좋다.

▶ 햇살론 등 일부 상품은 서민 금융진흥원 앱이나 은행 앱을 통해 비대면으로 간편하게 신청할 수 있다.

▶ 대부업체는 피해야 한다. 저리 대출은 시간이 조금 걸릴 수 있지만, 고금리 대부업체는 서민들의 삶을 더 힘들게 만드는 지름길이다. 급하더라도 반드시 제도권 금융 기관의 문을 두드려야 한다.

▶ 정부 지원 대출의 '사기'에 주의: 정부 지원 대출을 미끼로 수수료를 요구하거나 개인 정보를 빼 가는 보이스 피싱, 문자 사기 등이 많다. 정부 대출은 어떠한 경우에도 '수수료'를 요구하지 않는다.

3. 서민 대출 거절 시 대처 방법

위의 대출 중 하나를 신청했는데 거절이 됐다면 먼저 거절 사유를 확인해야 한다. 상담을 통해 왜 거절되었는지 정확한 이유를 파악해 보면 소득 부족이나 연체 기록 등 객관

적인 이유가 있을 수 있다.

또한 다른 상품을 알아볼 필요가 있다. 하나의 상품에만 매달리지 말고, 다른 상품의 자격 요건을 확인해 본다. 예를 들어, 햇살론이 안 된다면 햇살론15나 미소금융을 고려해 볼 수 있다. 그럼에도 불구하고 당장 해결이 안 된다면 소득을 늘리거나, 연체 기록을 모두 상환하는 등 자격 요건을 개선한 뒤 다시 신청하는 것도 현명한 방법이다.

2장

보장성 보험과 세테크

보험 종류를 다양한 방법으로 나눌 수 있지만 크게 두 가지로 나누자면 '보장성 보험'과 '저축성 보험'으로 나눌 수 있다. 가끔 보험 상품에 '보장'이 있으면 보장성, 없으면 저축성이라고 하는 사람들도 있지만…원래 모든 보험 상품에는 필수적으로 '보장기능'이 있다. 아주 작은 보장이라도 부가되어 있지 않으면 보험 상품이 아니다.

1) 보장성 보험의 정의

보장성 보험은 세법상 매우 중요한 개념으로, 단순히 위험 보장이라는 보험 본연의 기능을 넘어 다양한 세금 혜택과 연결되어 있다. 소득세법 52조, 소득세법 시행령 109조에 따르면, 보장성 보험은 **'생존 시 지급되는 보험금의 합계액이 이미 납입한 보험료를 초과하지 않는 보험'**으로 정의할 수 있다.

쉽게 말해, 만기나 해지 시 돌려받는 돈(환급금)이 내가 낸 총 보험료보다 적거나 없는 보험을 의미한다. 순수하게 질병, 상해, 사망 등 예기치 못한 사고에 대한 '보장'에 초점을 맞춘 상품이다. 이와 반대로 **저축성 보험은 만기 시 받는 보험금이 납입 보험료보다 많아** 저축 기능을 겸비한 보험을 말한다.

▶ **핵심 기준: 만기 환급금 ≤ 납입 보험료 총액**

▶ **주요 상품**: 종신 보험, 정기 보험, 실손 의료 보험, 암 보험, 건강 보험 등 대부분의 순수 보장 목적의 보험

    그렇다면 왜 이러한 구분이 필요할까? 이유는 보험 차익 비과세, 연말 정산 세액 공제 등 세제 혜택의 기준이 되기 때문이다.

2) 보장성 보험의 보험 차익 비과세

보험을 통해 얻는 이익, 즉 '보험 차익(이자)'에 대해서는 원칙적으로 이자 소득세

(15.4%)가 부과된다. 보험 차익은 보통 만기나 해지 시 받는 보험금에서 납입한 보험료를 뺀 금액을 말한다.

하지만 보장성 보험은 저축 목적이 아닌 위험 보장을 위한 금융 상품으로 간주하여, **사망, 질병, 부상 등 신체상의 손해로 인해 받는 보험금**에 대해서는 보험 차익을 따지지 않고 전액 비과세 혜택을 적용한다.

예를 들어, 암 진단을 받고 암 보험에서 5,000만 원의 진단금을 받았다면, 그동안 납입한 보험료가 얼마였든 상관없이 5,000만 원 전액에 대해 세금이 부과되지 않는다. 이는 가계의 실질적인 소득 감소를 보전해 주는 보험의 사회 안전망 기능을 세법이 인정하고 지원하는 것이라고 볼 수 있다. (보험 차익 비과세 근거 – 소득세법 제21조 제1항 제4호)

3) 보장성 보험과 세액 공제

이 책의 앞부분에 있는 '연말 정산' 부분을 보면 '소득 공제'와 '세액 공제'에 대해 자세하게 나와 있다. 보장성 보험을 가입하면 '세액 공제' 혜택을 받을 수 있다.

직장인이나 자영업자 등 종합 소득세를 납부하는 근로 소득자라면 연말 정산 시 보장성 보험료에 대해 **세액 공제** 혜택을 받을 수 있다. 사실 자동차 보험과 실손 보험만 가입해도 대부분 연간 100만 원 이상의 보험료를 내기 때문에 그리 중요한 문제가 되지 않는다.

▶ **공제 대상**: 근로 소득자 본인 또는 기본 공제 대상자(배우자, 부양가족)를 피보험자로 하는 보장성 보험

▶ **공제 한도**: 연간 납입 보험료 중 **최대 100만 원**

▶ **공제율**: 납입액의 12% (지방 소득세 포함 시 13.2%)

▶ **최대 공제 금액**: 100만 원 × 12% = **12만 원** (지방 소득세 포함 13만 2천 원)

　　주의할 점은 기본 공제 대상자를 위해 보험료를 납부하더라도, 해당 대상자의 연간 소득 금액이 100만 원(근로 소득만 있는 경우 총급여 500만 원)을 초과하면 공제받을 수 없다. 즉, 배우자를 기본 공제 대상에 올리더라도 배우자의 연간 소득이 100만

원을 초과하면 배우자가 가입한 보장성 보험에 대해 '세액 공제'가 안된다는 얘기다.
또한, 태아는 아직 출생 전이라 인적 공제 대상이 아니므로 태아 보험료는 공제 대상에서 제외되고, 장애인 전용 보장성 보험의 경우, 일반 보장성 보험과 별도로 연간 100만 원 한도 내에서 '15%'의 세액 공제를 추가로 받을 수 있어 절세 효과가 더 크다.

4) 보장성 보험과 압류

보험 계약은 압류가 가능할까? 가능하다. 해지 환급이 있는 보험 계약은 채권자의 압류 대상이 된다. 실제로 〈대법원 2009. 6. 23. 선고 2007다26165 판결〉에서는 다음과 같이 판단했다.

'채권자는 채무자의 동의 없이도, 법원의 판결에 근거해 보험을 해지하고 해지 환급금을 수령할 수 있다'

즉, 채무자의 동의가 없어도 **법원 결정만 있으면 보험을 해지하고 환급금을 채권자가 가져갈 수 있다는 의미이다.**

보장성 보험은 채무자의 최소한의 생계를 보장하고, 예기치 못한 사고 시 치료받을 권리를 보호하기 위해 법적으로 강력한 보호 장치를 두고 있다.

민사집행법 제246조 제1항에 따라, 채무자의 생명, 상해, 질병 등과 관련된 보장성 보험의 보험금 채권 중 일부는 압류가 금지된다.

▶ 사망 보험금: 1,000만 원 이하 금액은 압류 금지
▶ 상해·질병·사고 등 관련 보험금: 치료 및 재활에 실제 소요되는 비용(실손 의료비)은 전액 압류 금지
▶ 보장성 보험의 해지 환급금: 150만 원 이하 금액은 압류 금지

만약 압류 금지 금액을 초과하여 보험금이 압류되었다면, 채무자는 법원에 '압류 금지 채권 범위 변경 신청'을 통해 압류를 취소하고 생계유지에 필요한 최소한의 금액을 확

보할 수 있다. 이는 채무자가 과도한 빚으로 인해 기본적인 치료조차 받지 못하는 상황을 막기 위한 것이다.

반대의 경우 그러니까 채권자로부터의 압류를 피하고자 보험 계약의 **계약자나 수익자를 가족 등 제3자로 변경**하는 경우는 문제가 없을까?

실제로, 계약자 또는 수익자가 본인이 아니라면 해당 보험은 원칙적으로 채권자의 압류 대상이 되지 않는다. 하지만 주의해야 할 것이 이렇게 하면 '사해 행위 취소의 소' 대상이 될 수도 있다. 즉, 채무를 변제하지 않기 위한 '의도적인 변경'이라면, 채권자는 법원에 '사해 행위 취소 소송'을 제기해 보험을 다시 압류할 수 있다. 이는 채권자 보호를 위한 제도로, 자산을 '몰래 빼돌리는 행위'를 인정하지 않겠다는 법적 입장이다.

5) 보장성 보험에 대해 궁금한 내용들

Q1. 변액 보험도 보장성 보험이 될 수 있나요?

A1. 네, 가능합니다. 변액 보험이라도 앞서 언급한 보장성 보험의 판단 기준(보험 기간, 환급금 수준 등)을 충족하면 보장성 보험으로 분류됩니다. 다만, 대부분의 변액 보험은 투자 성격이 강해 저축성 보험으로 분류되는 경우가 많습니다.

Q2. 보장성 보험을 중도 해지하면 세금이 과세되나요?

A2. 보장성 보험의 중도 해지 환급금이 납입 보험료를 초과하는 경우, 그 초과분은 비과세됩니다. 다만, 가입 후 5년 이내 해지시에는 이자 소득으로 과세될 수 있으니 주의가 필요합니다.

Q3. 회사에서 단체 보험에 가입해 주는데, 이것도 세액 공제 대상인가요?

A3. 회사에서 보험료를 부담하는 단체 보험은 세액 공제 대상이 아닙니다. 근로자 본인이 추가로 부담하는 보험료만 세액 공제 적용이 가능합니다.

Q4. 보장성 보험료 세액 공제와 의료비 공제를 동시에 받을 수 있나요?

A4. 동일한 보험에 대해서는 중복 적용이 불가능합니다. 보장성 보험료로 세액 공제를 받은 보험의 보험료는 의료비 공제에서 제외됩니다. 다만, 실제 의료비 지출과 보험료는 별개이므로 각각 공제받을 수 있습니다.

Q5. 외국 보험 회사의 보험도 보장성 보험으로 인정되나요?

A5. 외국 보험 회사의 보험도 실질적으로 보장성 보험의 요건을 충족하면 인정됩니다. 다만, 세액 공제는 국내 보험 회사 또는 국내에 지점을 둔 외국 보험 회사의 보험만 가능합니다.

Q6. 인터넷 전용 보험과 설계사를 통한 보험의 세법상 차이가 있나요?

A6. 판매 채널에 따른 세법상 차이는 없습니다. 보험 상품 자체의 구조와 내용이 보장성 보험의 요건을 충족하는지가 중요합니다.

Q7. 보장성 보험의 대출을 받은 경우 이자에 대한 소득 공제가 가능한가요?

A7. 보장성 보험을 담보로 한 대출의 이자는 소득 공제 대상이 아닙니다. 주택 담보 대출이나 전세 자금 대출 등 법정 공제 대상 대출의 이자만 소득 공제가 가능합니다.

Q8. 보장성 보험 수익자를 변경하면 세금 문제가 발생하나요?

A8. 보험 수익자 변경 자체로는 즉시 과세되지 않습니다. 다만, 수익자 변경이 증여의 성격을 가지는 경우 증여세 문제가 발생할 수 있으니 신중한 검토가 필요합니다.

Q9. 법인이 임직원을 위해 가입한 보장성 보험은 어떻게 처리되나요?

A9. 법인이 임직원을 피보험자로 하여 가입한 보장성 보험료는 복리 후생비로 손금 처리되며, 임직원에게는 근로 소득으로 과세되지 않는 것이 원칙입니다. 단, 과도한 경우 급여로 인정될 수 있습니다.

6) '보장성 보험' 정리하기

보장성 보험 자체로 세테크를 하는 것은 크게 어려운 부분이 없다. 세액 공제 한도도 100만 원인데 대부분 한도까지 받을 수 있어서 중요하게 생각하지 않는다.

오히려 상담할 때 가장 많이 질문하는 부분은 '압류'에 관한 내용이다. 저축이나 연금은 압류가 될 것 같은데 보장성도 되는지… 사고 보험금도 압류가 되는지 등의 질문이 많다. 언뜻해서 곧 입류가 들어올 것 같은데 지금이라도 계약자 변경을 해 놓으면 문제가 없는지 등도 많이 하는 질문이다.

그래서 영업인들은 위의 내용 중 특히 압류에 관한 부분을 잘 알고 있는 것이 좋다. 압류를 피하기 위한 전략으로는

첫째, 압류 방지 전용통장인 '행복지킴이 통장'을 잘 활용할 필요가 있다. (변액 보험과 세테크 마지막 부분에 있음)

둘째, 보장성 보험에서 나오는 치료비, 수술비, 입원비 등 보장성 보험금은 압류가 안 되니 실손 보험이나 보장성 보험은 그대로 유지해도 괜찮다.

셋째, 종신 보험 편에서 다시 언급하겠지만 '수익자를 지정한' 사망 보험금은 압류도 안 되고 '상속 포기'를 해도 받을 수 있으니 종신 보험을 잘 활용할 필요가 있다.

7) '보장성 보험' 관련 화법

저축하시죠? 한 달에 어느 정도 하십니까?

좀 이상한 질문이지만, 저축의 목적이 무어라 생각하십니까?

저축을 하는 이유는 미래에 돈이 필요한 일이 있을 때 사용하기 위해서 준비하는 것 아니겠습니까? 미래에 어떤 경우에 가장 돈이 필요할까요?

보통의 경우에 우리는 흔히 좋은 일을 떠올립니다. (결혼이나, 주택 구입, 유학 등등)

하지만 우리에게 정말 돈이 필요한 순간은 좋은 일이 있을 때보단 우리에게 불행이 닥쳐왔을 때일 것입니다.

그렇다면 우리가 살면서 가장 힘든 상황은 어떤 순간일까요? 맞습니다.

우리가 살면서 원하진 않지만, 내가 무서운 질병에 걸리거나 크게 다치는 상황이 된다

면 그 때가 가장 힘들고 경제력이 절실히 필요한 때가 아니겠습니까?

만약 OOO씨 친구 중에서 가장 절친한 친구가 이런 상황에서 OOO씨에게 도움을 청한다면, OOO씨는 어떻게 하시겠습니까? (침묵) 선택은 간단합니다. 도와주거나, 도와주지 않거나...

만약 도와주신다면, 얼마나 많은 돈을 주실 수 있겠습니까?

이 역시 가정입니다만… 만약… 친구가 아니라 가족이 도움을 달라면

얼마나 도와주실 수 있겠습니까?

결국 우리는 본인의 능력 범위만큼만 도와줄 수밖에 없습니다. 그런데 우리의 능력 범위에서 최대한 마음을 쓴다 할지라도 액수로 따지면 과연 얼마나 될까요? 또 그렇게 한다면 내가 지게 되는 경제적 부담은 어떻게 할까요?

…다시 입장을 바꾸어서 이번에는 OOO님이 도움을 주는 사람이 아니라 도움을 청하는 입장이 된다면 어떻게 하시겠습니까?

(침묵) 물론… 상상하기도 싫은 상황일 것입니다.

그런데… 만약 한 달에 10만 원 정도의 돈을 모아 놓는다면 무서운 질병에 걸리거나 크게 다치는 상황에서 누구에도 손을 벌리지 않을 수 있다고 가정해 보겠습니다. 고객님은 매달 10만 원을 모으시겠습니까? 아니면 혹시 모를 상황이 닥칠 때 가까운 분들에게 도와달라고 하시겠습니까?

12 위기 생계 지원금

갑작스러운 실직, 사업 실패, 질병 등으로 인해 경제적 어려움을 겪고 있어서 당장의 생계를 유지하기조차 막막한 상황에 처해 있다면, '위기 생계 지원금' 다른 말로 '긴급 복지 생계 지원금'을 신청해서 위기를 넘기는 방법이 있다. 주위에 대상자가 있다면 지원 자격부터 신청 방법, 자주 묻는 질문까지, 실질적인 도움을 드릴 수 있도록 정리해 보았다.

1. 위기 생계 지원금이란

위기생계지원금은 주 소득자의 사망, 가출, 행방불명, 구금 시설 입소, 중한 질병 또는 부상, 가정 폭력, 성폭력, 화재 등으로 인해 생계유지가 곤란해진 가구에 단기적으로 생계비를 지원하는 제도이다. 위기 상황을 극복하고 다시 자립할 수 있도록 돕는 '마중물' 역할을 위해 만들어졌다.

기존의 기초 생활 보장 제도가 저소득층의 안정적인 생활을 지원하는 장기적인 제도라면, 위기 생계 지원금은 갑작스러운 위기 상황에 처한 가구를 신속하게 구제하는 단기적인 지원이라는 점에서 차이가 있다.

2. 지원 대상

위기 생계 지원금은 소득과 재산 기준, 그리고 '위기 사유'를 모두 충족하는 가구에 한해 지원된다.

가. 위기 사유 (아래 사유 중 하나에 해당할 것)

- 주 소득자의 사망, 가출, 행방불명, 구금 시설 입소: 가족의 생계를 책임지던 사람이 갑자기 사라지거나 경제 활동을 할 수 없게 된 경우
- 주 소득자의 중한 질병 또는 부상: 치료나 요양으로 인해 소득 활동이 불가능해진 경우
- 주 소득자의 실직 또는 휴폐업: 갑작스러운 실업 또는 사업 실패로 소득이 중단된

경우

- 가정 폭력 또는 성폭력 피해: 폭력으로부터 벗어나기 위해 주거지를 옮기거나 생계가 곤란해진 경우

- 화재, 자연재해 등으로 주거지 또는 주 소득원의 상실: 예상치 못한 재난으로 생활 기반을 잃은 경우

- 기타 보건 복지부령으로 정하는 사유: 위에 명시되지 않았지만 보건 복지부 장관이 정하는 위기 상황에 해당한다고 인정되는 경우

나. 소득 및 재산 기준

위기 생계 지원금은 가구의 소득과 재산이 일정 기준 이하일 경우에만 지원된다.

- 소득 기준: 기준 중위 소득 100% 이하
- 재산 기준: 가구의 거주지 및 규모에 따라 상이함 (대도시, 중소 도시, 농어촌별로 다름)정확한 소득 및 재산 기준은 매년 변동될 수 있으므로, 신청 시점에 보건 복지부 또는 거주지 관할 시·군·구청에 확인하는 것이 가장 정확하다.

3. 지원 금액

지원 금액은 가구의 인원수에 따라 차등 지급된다. 2025년 기준 지원 금액은 다음과 같다. (정확한 금액은 매년 발표되는 정부 고시를 따름)

- 1인 가구: 약 70만 원
- 2인 가구: 약 110만 원
- 3인 가구: 약 140만 원
- 4인 가구: 약 170만 원
- 5인 가구: 약 200만 원
- 6인 가구: 약 230만 원

지원금은 최대 3개월까지 지원되며, 위기 상황이 계속될 경우 3개월을 추가로 연장하여 총 6개월까지 지원받을 수 있다.

4. 신청 방법

위기 생계 지원금은 신속한 지원이 중요한 만큼, 신청 절차도 비교적 간단하다.

가. 신청 장소

- 거주지 관할 시·군·구청
- 읍면동 주민 센터

나. 신청 방법

- 방문 신청: 가장 일반적인 방법으로, 직접 주민 센터를 방문하여 상담 후 신청서를 작성한다.
- 전화 신청: 보건 복지부 상담 센터(129) 또는 관할 주민 센터에 전화로 신청할 수 있다.
- 온라인 신청: '복지로(www.bokjiro.go.kr)' 홈페이지에서 온라인으로 신청할 수 있다.

다. 필요 서류

- 신청서: 현장에서 작성 가능
- 신분증
- 위기 상황을 증명할 수 있는 서류:

*질병/부상: 진단서, 입원 확인서 등

*실직/휴폐업: 실업 급여 수급 자격증, 사업자 등록 폐업 증명서 등

*기타: 화재 증명원, 사망 진단서, 가정 폭력 상담 확인서 등 필요 서류는 위기 사유에 따라 다르므로, 방문 전에 미리 전화로 확인하는 것이 좋다.

5. 자주 묻는 질문

Q1: 다른 복지 혜택을 받고 있는데, 위기 생계 지원금도 받을 수 있나요?

A1: 네, 받을 수 있습니다. 위기 생계 지원금은 다른 복지 혜택과는 별도로 지원되므로, 실업 급여나 기초 생활 보장 제도 등 다른 복지 혜택을 받고 있더라도 중복 수급이 가능합니다. 단, 주거 급여, 교육 급여 등과 지원 목적이 동일한 경우에는 지원 대상에서 제외될 수 있습니다.

Q2: 지원금을 받으면 바로 지원이 중단되나요?

A2: 아닙니다. 지원금은 위기 상황이 종료될 때까지 최대 6개월까지 지원됩니다. 위기 상황이 해소된 것으로 판단되거나, 재산 및 소득 기준을 초과하게 되면 지원이 중단될 수 있습니다.

Q3: 긴급한 상황인데, 바로 지원받을 수 있나요?

A3: 위기 생계 지원금은 신속한 지원을 원칙으로 하므로, 신청 후 1~2일 이내에 현장 확인 및 심사를 거쳐 최대한 빠르게 지급됩니다.

1) 저축성 보험과 비과세

저축성 보험은 위험 보장이라는 보험의 기본 기능에 '저축'과 '투자'의 성격을 결합한 금융 상품이다. 세법에서는 저축성 보험을 '생존 시 지급되는 보험금의 합계액이 이미 납입한 보험료를 초과하는 보험'으로 정의하고 있다. 즉, 보험 만기나 해지 시 돌려받는 금액(환급금)이 내가 낸 총보험료보다 많은 보험을 의미한다.

이는 순수하게 위험 보장에 초점을 맞춘 보장성 보험(만기 환급금≤납입 보험료)과 구분되는 가장 중요한 기준이다.

▶ **핵심 기준**: 만기 환급금 > 납입 보험료 총액

▶ **주요 상품**: 연금 보험, 연금 저축 보험, 변액 보험, 유니버저축 보험 등 목돈 마련이나 노후 대비를 목적으로 하는 상품 이러한 저축 기능 때문에 저축성 보험에서 발생하는 이익, 즉 '보험 차익'에 대해서는 원칙적으로 이자 소득세(15.4%)가 부과된다. 하지만 특정 요건을 충족하면 비과세가 된다.

2) 저축성 보험 보험 차익 비과세 요건

가. 비과세 요건 변경

① ~2003년 12월 31일까지

　- 월납, 일시납 관계없이 7년 이상 유지 시 비과세

② 2004년 1월 1일 ~ 2013년 2월 14일

　- 10년 이상 유지 시 비과세

③ 2013년 2월 15일 ~ 2017년 3월 31일

　- 10년 이상 유지 & 5년 이상 납입 & 월납 150만 원 이하 & 일시납 2억 한도

④ 2017년 4월 1일 ~

　- 10년 이상 유지 & 5년 이상 납입 & 월납 150만 원 이하 & 일시납 1억 한도

시기별 저축성 보험 보험 차익 비과세 요건 변천표

가입 시점	월적립식 (매월 납입)	일시납 (한 번에 납입)	주요 변경 내용
~2003. 12. 31	7년 이상 유지 시 비과세	7년 이상 유지 시 비과세	유지 기간 7년
2004. 0. 01 ~ 2013. 2. 14	10년 이상 유지 시 비과세	10년 이상 유지 시 비과세	유지 기간 10년 으로 연장
2013. 02. 15 ~ 2017. 03. 31	10년 이상 유지 시 비과세 & 5년 이상 납입 & 월납 150만 원 이하	10년 이상 유지 & 2억 이하 시 비과세	일시납 비과세 한도 2억 원 신설
2017. 04. 01 ~ 현재	10년 이상 유지 시 비과세 & 5년 이상 납입 & 월납 151만 원 이하	10년 이상 유지 & 1억 이하 시 비과세	일시납 비과세 한도 1억으로 축소

나. 세부 요건

2013년 2월 15일 이후 가입한 월 적립식 저축성 보험이 비과세 혜택을 받기 위해서는 아래의 네 가지 조건을 모두 충족해야 한다. 하나라도 어긋나면 보험 차익에 대해 15.4%의 이자 소득세가 과세된다.

① 10년 이싱 유지

가장 기본이 되는 조건으로, 단기 투기 목적이 아닌 장기적인 저축을 유도하기 위한 장치이다.

▶ **'10년'의 정확한 기산점:** '10년'은 보험 계약일이 아닌 최초 보험료 납입일로부터 계산을 시작하며, 종료 시점은 만기일 또는 중도 해지일이다. 예를 들어, 2025년 8월 20일에 계약하고 9월 1일에 첫 보험료를 냈다면, 2035년 9월 1일 이후에 만기가 되거나 해지해야 비과세 요건을 충족한다.

▶ **보험 계약 실효 후 부활한 경우:** 보험료 미납으로 계약이 실효(효력 상실)되었다가 나

중에 밀린 보험료를 내고 계약을 '부활'시키더라도, 10년 기간은 최초 계약 당시의 보험료 납입일부터 다시 이어서 계산한다. 기간이 새로 시작(리셋)되는 것은 아니지만, 실효되어 있던 기간은 10년 유지 기간에 포함되지 않는다.

▶ **계약 변경 시:** 보험 기간을 단축하여 10년 미만이 되는 경우 비과세 혜택을 받을 수 없다. 반대로, 10년 미만이었던 계약을 10년 이상으로 연장하더라도, 소급 적용되지 않아 비과세 대상이 되지 않는 것이 원칙이다.

② 5년 이상 납입

보험료를 납입하는 기간이 5년 이상이어야 한다는 조건이다.

▶ **의미:** 10년 유지 기간 동안 최소 5년 이상은 꾸준히 보험료를 내야 한다는 뜻이다. 예를 들어, 납입 기간을 3년으로 설정하고 7년을 거치하여 총 10년을 유지하더라도 이 조건을 충족하지 못하면 과세 대상이 된다.

▶ **설정 시점:** 이 조건은 보험에 **최초 가입할 때 납입 기간을 5년 이상으로 설정**해야 함을 의미한다. 최초 가입 시 납입 기간을 3년으로 했다가 나중에 5년으로 변경하는 경우도 인정되지 않는다.

③ 매월 기본 보험료 균등

매월 납입하는 기본 보험료가 같아야 하며, 보험료를 자유롭게 넣고 빼는 것을 방지하기 위한 조건이다.

▶ **기본 보험료 vs 추가 납입 보험료:** '기본 보험료'는 계약 시 정한 매월 고정적으로 내는 돈을 의미한다. 여유 자금이 생겼을 때 추가로 내는 '추가납입 보험료'는 **기본 보험료의 2배 이내**여야 하고 기본 보험료와 추가납입 보험료의 합계액이 연간 1,800만 원을 초과해서는 안 된다.

▶ **보험료 증액/감액:** 계약 기간 중 기본 보험료를 **증액**하면, 증액 시점부터 새로운 계약으로 간주되어 그날부터 다시 10년의 기간을 계산해야 한다. 반면, 기본 보험료를 **감액**하는 것은 기존 계약을 유지하는 것으로 보아 비과세 요건에 영향을 주지 않는

다. 단, 감액 후 다시 증액하면 새로운 계약으로 취급되니 주의해야 한다.

▶ **선납(미리 내기) 규정**: 보험료를 미리 내는 '선납'은 **6개월 이내**분만 허용된다. 예를 들어 1년 치 보험료를 한 번에 내는 것은 이 요건을 위배하는 것으로 본다.

④ 월 보험료 합계액 150만 원 이하

고액 자산가들이 저축성 보험을 비과세 재산 증식 수단으로 활용하는 것을 막기 위해 신설된 한도 규정이다.

▶ **개인별 합산 한도**: 이 한도는 상품 하나당 150만 원이 아니라, 계약자 1명을 기준으로 가입한 모든 월 적립식 저축성 보험의 기본 보험료를 합산한 금액이다. 예를 들어 A보험사에 월납 100만 원, B보험사에 월납 70만 원짜리 저축성 보험을 가입했다면 앞서 체결한 월납 100만 비과세가 되고 뒤에 체결한 70만 원은 과세한다.

※ 주의 - 뒤에 체결한 70만 원 중 '50만 원은 비과세, 20만 원은 과세한다'가 아니다.

▶ **배우자나 자녀 명의 계약**: 이 한도는 계약자 개인을 기준으로 각각 계산하므로, 배우자나 자녀 명의로 개인별 150만 원 한도 내에서 각자 가입하여 비과세 혜택을 받을 수 있다.

3) 일시납 등 저축성 보험

보험료를 한 번에 내거나, 비정기적으로 납입하는 저축성 보험의 경우 비과세 요건이 다르게 적용된다.

▶ **일시납 저축성 보험**

- **10년 이상 유지**: 계약 기간이 10년 이상이어야 한다.
- **1억 원 이하**: 계약자 1명당 납입할 보험료 합계액이 1억 원을 초과하지 않아야 한다.

※ 전 금융권 합산해서 비과세 일시납 1억 원이 없는 고객의 경우 월납으로 환산해서 10년납 기준 83만 원까지 추가로 월납 계약을 체결해도 비과세 혜택을 받을 수 있다. N생명사에서 '투스텝'이라는 상품은 3년 동안 내는 보험료와 나중에 내는 보험료가 달라 '보험료 균등' 조건을 충족하지 못하므로 원래는 비과세가 안된다. 이때 일시납 비과세를 끌어와 월납 83만 원 이하의 경우 비과세 혜택을 받을 수

있는 것이다.

주의할 점은 150+83=233만 원이니 월납 233만 원으로 계약을 하면 비과세가 안 된다는 것이다. 월납 150만 원과 월납 83만 원을 별도로 체결해야 각각 비과세가 된다.

▶ 종신형 연금 보험

아래 요건은 (세제 비적격)연금 보험을 가입하고 종신형으로 연금을 수령할 때 적용한다는 별도의 비과세 기준이다. 간단하게 참고하고 더 자세한 내용은 '연금 보험'편에 수록했다.

- **만 55세 이후부터 사망 시까지 연금 수령**: 연금 개시 연령이 만 55세 이후여야 한다.
- **연금 외 형태로 수령 불가**: 사망 시 계약 및 연금 재원이 소멸하고, 중도에 해지할 수 없는 등 특정 요건을 충족해야 한다.
- **가입 한도 없음**: 위 요건을 충족하는 종신형 연금 보험은 납입 보험료 액수와 관계없이 연금 수령액 전액에 대해 비과세 혜택을 받는다.

4) 저축성 보험에 대한 궁금증

Q1. 저축성 보험을 10년 채우기 전에 해지하면 어떻게 되나요?

A1. 비과세 요건 중 '10년 이상 유지'를 충족하지 못했기 때문에, 해지 시 발생한 보험 차익(해지환급금 - 총납입 보험료)에 대해 15.4%의 이자 소득세가 부과됩니다. 또한, 대부분의 저축성 보험은 초기에 사업비 등을 많이 차감하므로, 가입 후 10년 이내에 해지하면 원금 손실이 발생할 가능성이 매우 높습니다.

Q2. 월 보험료 150만 원 한도는 개인별 한도인가요, 상품별 한도인가요?

A2. 개인별 한도입니다. 여러 보험사에 다수의 월 적립식 저축성 보험을 가입했더라도, 매월 납입하는 보험료의 총합계가 150만 원을 넘으면 모든 상품이 비과세 혜택을 받을 수 없습니다. 가입 전에 본인의 총납입액을 반드시 확인해야 합니다.

Q3. 변액 보험도 저축성 보험인가요? 비과세 혜택을 받을 수 있나요?

A3. 네, 변액 보험도 변액 종신 보험과 같은 보장성 보험이 아니라면 고객이 납입한 보험료의 일부를 펀드에 투자하여 그 운용 실적에 따라 만기 환급금이 달라지는 저축성 보험(실적 배당형 상품)에 해당합니다. 따라서 위에서 설명한 월 적립식 또는 일시납 저축성 보험의 비과세 요건을 동일하게 충족할 경우 펀드 운용으로 발생한 수익을 포함한 보험 차익 전액에 대해 비과세 혜택을 받을 수 있습니다.

Q4. 월 적립식 저축 보험 유지 중, '중도 인출' 기능을 사용했습니다. 이 경우에도 10년 비과세 혜택은 유효한가요? 만약 그렇다면, 납입 원금 내에서의 인출만 가능한가요?

A4. 네, 중도 인출을 하더라도 비과세 혜택은 유지될 수 있습니다. 다만, 대부분의 보험사 약관에서는 '납입한 원금 범위 내'에서의 인출만 허용합니다. 이자를 포함한 해지 환급금 전액에서 인출하는 것은 '해지'로 간주될 수 있습니다. 중도 인출은 계약을 유지하면서 급전을 활용하는 유용한 기능이지만, 인출 가능 횟수나 한도는 상품마다 다르므로 약관을 반드시 확인해야 합니다. 원금 내 인출은 비과세 요건에 영향을 주지 않습니다.

Q5. 계약자/수익자 변경으로 저축성 보험을 자녀에게 물려줄 때 세금은 어떻게 되나요?

A5. 저축성 보험의 계약자와 수익자를 자녀로 변경하는 것은 보험이라는 재산을 증여하는 것에 해당합니다. 따라서 계약자 변경 시점의 해지 환급금 상당액을 증여재산 가액으로 보아 증여세가 과세될 수 있습니다.

Q6. 이른바 '달러 저축성 보험'으로 비과세 한도인 일시납 1억 원을 가입했다면 가입 시점의 환율로 계산되나요? 아니면 수령 시 환율로 과세하나요?

A6. 비과세 한도는 최초 보험료를 납입하는 시점의 환율을 기준으로 원화로 환산하여 1억 원 여부를 판단합니다. 예를 들어 가입 시점 환율이 1,300원일 때 7만 5천 달러(원화 환산 9,750만 원)를 납입했다면, 이후 환율이 올라 원화 가치가 1억 원을 넘더라도 비과

세 요건을 충족한 것으로 봅니다.

Q7. 10년 만기 5년납 저축성 상품에 가입하고 4년 6개월 동안 보험료를 내다가 선납으로 6개월치를 냈다면 '5년 이상 납입' 요건을 위반해서 비과세 혜택을 못 받나요?

A7. 10년 이상 유지하면 비과세 혜택을 받을 수 있습니다. '5년 이상 납입'은 납입 기간을 설정한 것이기 때문에 실제 돈을 5년 이상 내지 않고 선납으로 일찍 납입을 완료하더라도 비과세 요건을 충족합니다. (기재부 요건 해석)

5) '저축성 보험' 정리하기

이 장에서 중요한 내용은 '저축성 보험 비과세' 요건이다. 요즘은 이 부분에 대한 교육이 많아서 영업하는 사람이라면 대부분 알고 있지만 좀 더 깊이 들어가면 자꾸만 헷갈리는 부분이 많은 것도 사실이다. 일단 위에 기록해 놓은 4가지 요건을 잘 숙지해야 하고, 특히 '기본 보험료 균등' 조건도 잊지 말아야 한다.

그 다음으로 필요한 것이 '비과세 한도'를 잘 체크해야 한다. 딱히 세금 걱정이 없는 고객들이야 비과세 한도까지 고민을 안 할 수도 있지만 의사 등 전문직들은 이 비과세 한도가 엄청나게 중요하다. 비과세는 기간별로 한도가 다르고, 월납 150만 원까지만 되는 것이 아니라 월납 83만 원까지 추가로 가입 가능하기 때문에 고객의 상황에 맞춰 잘 컨설팅 해 주면 쉽게 판매할 수 있다.

고객들하고 상담을 해 보면 보통 사람들은 비과세가 얼마나 중요한지 이해하기가 쉽지 않다. 하지만 종합 소득세를 많이 내는 의사 등 전문직들은 당장 세금을 많이 내는 것도 중요하지만 노후에 소득이 없을 때 세금을 내야 하는 것에 대한 문제의식이 크다.

안타깝게도 소득이 없는 노후에 들어서야 비과세가 얼마나 중요한지 깨닫는 분들이 매우 많다. 우리 영업인들은 이런 분들을 잘 설득해서 노후에 대비한 비과세 '캐시 카우'를 만들어 주어야 한다.

6) '저축성 보험' 관련 화법

부자가 되고 싶다는 생각은 누구나 가지고 있습니다.

(웃으면서) 고객님도 마찬가지시죠?

네. 그렇다면 어떻게 해야 가장 빠르게 부자가 되느냐가 중요한 문제일 것 같습니다.

고객님은 어떤 방법이 가장 좋다고 생각하십니까?

모든 전문가들이 공통적으로 말하는 재테크 공식이 있습니다.

첫째, 수입을 늘린다. 부족하다면 부업을 해서라도 소득을 높여야 한다.

둘째, 늘어나는 소득을 잘 지켜야 한다. 지키지 못하면 불리는 것도 의미가 없습니다.

셋째, 먼저 저축해서 종잣돈을 만들고 1억이 모이면 투자를 시작한다.

자수성가로 부자가 된 대부분의 사람들은 이 세 가지를 잘 지켰다고 합니다.

어때요? 쉽죠?

그렇다면 이 세 가지를 잘하고 계신지 제가 컨설팅을 해 드리고 싶은데

고객님의 현재 상황을 정확하게 말씀해 주셔야 정확한 컨설팅이 가능합니다.

부자가 되는 첫걸음…시작해 볼까요? (웃음)

13 나라미와 문화누리카드

소득이 많지 않아서 문화 혜택을 누리기 힘든 분들을 지원하는 제도가 있는데 대표적인 것이 '나라미'와 '문화누리카드'이다.

1. 나라미: 문화누리카드의 통합 브랜드

'나라미'는 '나라에서 미리 챙겨주는 복지'라는 의미를 담은 통합 복지 플랫폼이다. 복잡하고 다양한 정부의 복지 혜택들을 한곳에 모아, 개인이 놓치고 있는 혜택은 없는지 한눈에 확인하고 바로 신청까지 할 수 있도록 돕는 서비스이다. 수많은 복지 제도 중 나에게 해당하는 것을 몰라서 신청하지 못하는 일이 없도록 도와주는 길잡이 역할을 한다.

2. 문화누리카드란

문화누리카드는 저소득층 가구의 삶의 질 향상과 문화 격차 완화를 위해 정부가 이들 가구에게 바우처 형식으로 연간 1인당 14만 원에 해당하는 문화 시설 이용권을 기프트 카드 형태로 지급하는 제도를 말한다. 기초 생활 수급자와 차상위 계층을 대상으로 공연, 전시, 영화, 도서 등 다양한 문화예술 프로그램, 국내 여행 및 체육 활동을 즐길 수 있도록 문화누리카드를 통해 지원금을 지급하는 제도이다.

▶ 대상자
   - 6세 이상(2019년 12월 31일 이전 출생자)의 기초 생활 수급자
   - 차상위 계층 (자활 근로자, 장애 수당 수급자, 본인 부담 경감 대상자 등

▶ **지원 금액 및 기간 (2025년 기준)**
   - 지원 금액: 14만 원
   - 사용 기간: 2025년도 사용 기한은 2월 3일 ~ 12월 31일
   - 발급 기간: 2월 3일부터 시작

▶ **자동 재충전 시스템**
   2024년 사용 이력이 있고 수급 자격을 유지하는 경우 별도의 신청 절차 없이 자동으

로 2025년 지원금(14만 원)을 개인의 문화누리카드로 지급한다. 이는 기존 이용자들의 편의를 위해 도입된 제도로, 매년 새로 신청할 필요 없이 자동으로 지원금이 충전된다.

문화누리카드를 통해 다음과 같은 다양한 문화 활동을 즐길 수 있다.

▶ **문화예술 분야**
- 영화 관람
- 공연 관람 (연극, 콘서트, 뮤지컬 등)
- 전시회 관람
- 도서 구매
- 음반 구매

▶ **여행 및 체육 활동**
- 국내 여행
- 체육 시설 이용
- 관광지 입장료

▶ **온라인 이용**
- 1,000여 개 이상의 다양한 온라인 가맹점에서 이용 가능

3. 문화누리카드 이용 시 유의 사항

▶ **합산 이용**

주민 등록상 동일한 세대 내에서 여러 장의 문화누리카드 발급 시 하나의 카드로 합산 이용 가능하다. 이는 가족 구성원이 모두 카드를 받은 경우 함께 사용할 수 있어 더 큰 문화 활동을 즐길 수 있다는 뜻이다.

▶ **환불 및 취소**

문화누리카드도 일반 카드처럼 취소나 환불이 가능하지만, 가맹점 정책에 따라 처리 기간이 다를 수 있다. 당일 취소의 경우 대부분 당일 환불이 가능하지만, 교통 분야는

당일 환불이 불가능하니 주의가 필요하다.

▶ 고객 지원 서비스

문화누리카드 이용 중 문의 사항이 있을 때는 다음 연락처로 문의할 수 있다:

- 문화누리카드 고객지원센터: 1544-3412
- NH농협카드 고객센터: 1644-4000

문화누리카드는 단순한 할인 카드를 넘어서 우리 사회의 문화 격차를 줄이는 중요한 정책 도구이다. 특히 경제적 어려움으로 인해 문화 생활을 포기해야 했던 분들에게 문화를 향유할 기회를 제공하고 더 나아가 삶의 질 향상에 기여하고 있다.

4장

연금 보험과 세테크

1) 세제 비적격 연금(비과세 연금 보험)

보험사의 연금 보험은 크게 세제 적격 연금 보험과 세제 비적격 연금 보험으로 나눈다. 세제 적격 연금 보험, 세제 비적격 연금 보험이라는 구분은 보험 회사에서 관습적으로 얘기하는 것으로 법적인 근거가 있거나 별도의 규정에서 가져온 말이 아니다. 개인적으로 이 용어를 좀 바꿔야 한다고 생각한다. '세제 비적격 연금 보험'이라는 이름 때문에 세금 혜택이 없는 상품으로 오해하기 쉽기 때문이다. 세제 비적격 연금 보험 대신 '비과세 연금 보험'으로 바꾸는 것이 낫다고 생각한다.

먼저 세제 비적격 연금부터 알아보자. 일반적인 예·적금은 만기가 되면 이자에 대해 15.4%의 이자 소득세를 떼어 간다. 하지만 세제 비적격 연금 보험은 아래의 조건을 충족하면, 수십 년간 쌓인 이자 수익 전부에 대해 세금을 단 한 푼도 내지 않는다.

비과세 혜택을 얻기 위해 필요한 조건은 다섯 가지다. 앞서 보았던 저축성 보험 비과세 요건과 동일하다.

첫째, 보험을 10년 이상 유지해야 한다.

둘째, 월납의 경우 5년 이상 보험료를 납입해야 한다.

셋째, 월납 보험료가 균능해야 한다.

넷째, 선납은 6개월 이내로 제한해야 한다.

다섯째, 납입 한도는 월 150만 원(연 1,800만 원) 이하이다.

여기에 연금을 종신토록 수령하는 '**종신형 연금**'에는 추가 조건이 붙는다.

▶ 계약자, 피보험자, 수익자 동일: 보험 계약을 체결하고 보험료를 납부하는 계약자, 보험의 대상이 되는 피보험자, 그리고 연금을 수령하는 수익자가 모두 동일인이어야 한다. 예를 들어 계약자는 남편이고 아내가 연금 수익자로 되어 있으면 비과세 혜택을 받을 수 없다.

▶ 55세 이후 연금 수령: 만 55세 이후부터 연금을 개시해야 한다.

▶ 연금 외 형태 수령 불가: 연금 수령 개시 이후에는 중도 해지가 불가능하며, 연금 외의 형태로 보험금을 수령할 수 없다. (예: 일시금으로 연금 수령)

▶ 사망 시 계약 소멸: 피보험자(연금 수령인)가 사망하면 보험 계약과 연금 재원이 소멸해야 한다. 다만, 보증 지급 기간 내에 사망 시 남은 기간 동안 유족에게 연금이 지급되는 것은 예외적으로 허용된다.

▶ 연간 연금 수령액 한도: 연금 개시 시점의 연금 계약 적립금을 기대 여명 연수로 나눈 금액의 3배 이내여야 한다.

예를 들어 K씨가 65세가 되어 종신형 연금 보험을 수령하려고 한다.

- 연금 개시 시점(65세)의 총 적립액: 2억 원
- 65세 남성의 기대 여명 연수: 약 20년(통계청)
- 실제 계산: 2억 원(총적립액) ÷ 20년(기대여명 연수) = 1,000만 원

$$1,000만 원 \times 3 = 3,000만 원$$

따라서 K씨는 연금을 종신형으로 수령하면서 비과세 혜택을 유지하려면 매년 수령하는 연금액이 3,000만 원을 넘지 않아야 한다.

2) 세제 적격 연금 보험(연금 저축)

세제 적격 연금 보험은 이전 장의 '연금 저축' 편에서 자세하게 다루었으므로 여기서는 간단하게 요약 정리만 하겠다.

세제 적격 연금 보험의 핵심은 '세액 공제'에 있다. 국가가 국민의 노후 준비를 장려하기 위해 납입금의 일부를 세금에서 직접 깎아 준다.

세액 공제율은 총급여(종합 소득 금액)를 기준으로 나누는데 세액 공제율은 다음과 같다.

▶ 총급여 5,500만 원 (종합 소득 4,500만 원) 이하: 16.5%

▶ 총급여 5,500만 원 (종합 소득 4,500만 원) 초과: 13.2%

연금 저축과 IRP를 합쳐 연간 최대 900만 원까지 납입한 금액에 대해 세액 공제를 받을 수 있다. 예를 들어, 연봉 5,000만 원인 직장인이 연 900만 원을 납입했다면, 연말 정산 때 900만 원 × 16.5% = 148만 5,000원을 그대로 돌려받게 된다.

다만 중도에 해지할 경우에는 세액 공제 받은 액수에 상관없이 16.5%를 해지 가산세로 반납해야 한다. 반납할 때는 이자 소득도 포함해서 반납해야 한다.

3) (세제 적격 연금)연금 소득과 종합 과세

세제 적격 연금으로 세액 공제를 받은 재원은 나중에 연금으로 수령할 때 연금 소득세 (3.3%~5.5%, 지방 소득세 포함)를 내야 한다. 이는 일반적인 이자 소득세(15.4%)보다 낮은 세율이다. 하지만 여기에는 함정이 있다. 연금 저축과 IRP(퇴직금 재원 제외)에서 받는 사적 연금 수령액이 **연간 1,500만 원**을 초과하면, 연금 소득 전체가 다른 소득(근로, 사업, 이자, 배당 등)과 합산되어 종합 소득세 과세(6.6%~49.5%) 대상이 된다.

따라서 세제 적격 연금 보험의 핵심은 '사적 연금 수령액을 연간 1,500만 원 이하로 관리하는 것'이라고 할 수 있다. 이를 위해서는 연금 개시 시점을 늦추거나, 수령 기간을 최대한 길게 늘려 연간 수령액을 조절하는 전략이 필요하다. 만약 수령액이 1,500만 원을 넘을 것 같다면, '분리 과세' 신청도 가능하지만, 기본 전략은 1,500만 원을 넘지 않도록 관리하는 것이다.

디른 소득이 없거나 기본 공제, 세액 공제를 충분히 받을 수 있는 경우에는 종합 과세가 더 유리할 수도 있기 때문에 실제 과세액을 따져 보고 신댁할 필요가 있다.

4) 연금 보험과 세테크

연금 세테크는 단순히 상품에 가입하는 것이 아니다. 자신의 소득, 나이, 투자 성향에 맞춰 전략을 세우고 꾸준히 관리하는 것이 중요하다.

〈시나리오 1: 40대 가장 B씨 - 세제 적격과 비적격을 함께 운용하기〉

▶ **상황**: 연봉 8,000만 원, 두 자녀를 둔 45세 가장. 매년 연말 정산 환급액을 늘리고, 안

정적인 노후 소득원도 마련하고 싶다.

▶ **전략:**

- **1단계 (세액 공제 극대화):** 연간 세액 공제 한도인 900만 원을 최우선으로 납입한다. (예: 연금 저축 600만 원 + IRP 300만 원) 이를 통해 900만 원 × 13.2% = 118.8만 원의 연말 정산 환급을 확보한다.

- **2단계 (비과세 통장 마련):** 1단계 목표 달성 후 여유 자금이 있다면, 월 50만 원씩 세제 비적격 연금 보험에 추가로 납입한다. 10년 이상 유지 시 비과세 혜택을 받을 수 있다.

- **3단계 (미래 수령 계획):** 65세부터 연금을 수령할 계획을 세운다. 세제 적격 연금 (연금 저축+IRP)에서는 연간 1,500만 원 이하로 수령액을 조절하고, 부족한 생활비 는 세금 없이 수령 가능한 세제 비적격 연금에서 충당한다.

▶ **결과:** B씨는 매년 118만 원의 세금을 돌려받아 재투자하고, 노후에는 종합 과세 걱 정 없이 '과세 연금(세제 적격)'과 '비과세 연금(세제 비적격)'이라는 두 개의 파이프 라인을 통해 안정적인 현금 흐름을 만들 수 있다.

5) 즉시 연금과 세테크

지금은 잘 판매하지 않고 있지만 예전에 판매했던 연금 중에 '즉시 연금'이라고 있었다. 일시납으로 납입을 완료하고 곧바로 연금을 받는 상품이다. 이런 즉시 연금에 대한 과 세는 기본적으로 저축성 보험 과세와 비슷하다.

▶ 2013년 2월 14일까지 가입한 즉시 연금: 최초 납입일로부터 10년이 경과하기 전에 납입한 보험료를 확정된 기간 동안 연금 형태로 분할 지급받으면 과세한다. 이외의 경우에는 확정형이든, 상속형이든, 종신형이든 비과세한다.

▶ 2013년 2월 15일 이후 가입한 즉시 연금
- 확정형, 종신형: 1인당 모든 금융 기관에 납입한 원금이 2억 원 이하는 비과세

- 종신형: 55세 이후에 연금 수령을 하고, 사망 시 소멸해야 하며, 기대 여명 이내로 연금 보증을 하고, '계약자=피보험=수익자'가 동일할 경우 2억 원 이하는 비과세

※ 위 요건 중 하나라도 만족 못하면 과세

▶ 2017년 2월 15일 이후 가입한 즉시 연금: 위 2013년 2월 15일 이후 가입한 즉시 연금과 모든 내용 동일하나 금액만 1억 원 이하로 축소

6) 연금 보험에 대해 궁금한 내용들

Q1. 연간 사적 연금 1,500만 원 한도에 국민연금도 포함되나요?

A1. 아니요, 포함되지 않습니다. 종합 과세 여부를 결정하는 연 1,500만 원 한도는 오직 '세액 공제를 받은 재원'으로 수령하는 사적 연금(연금 저축, IRP)에만 해당합니다. 따라서 아래의 연금들은 연 1,500만 원 한도 계산에서 제외됩니다.

▶ 국민연금, 공무원 연금 등 공적 연금

▶ 퇴직금을 재원으로 받는 연금(IRP 계좌)

▶ 비과세 혜택을 받는 세제 비적격 연금 보험

▶ 주택 연금

예를 들어, 국민연금을 연 1,200만 원 받고, IRP(세액 공제분)에서 연 1,000만 원을 받는다고 가정해 봅시다. 총 연금 수령액은 2,200만 원이지만, 한도 계산에 포함되는 사적 연금은 1,000만 원이므로 종합 과세 대상이 아니며, 1,000만 원에 대해서만 (낮은) 연금 소득세가 부과됩니다.

Q2. 연금 보험도 은행 예금처럼 예금자 보호가 되나요?

A2. 네, 금융 회사별로 1인당 1억 원까지 보호받을 수 있습니다.

▶ 연금 저축 보험, 세제 비적격 연금 보험 등 '보험' 상품: 보험사가 파산하더라도 예금 보험 공사가 원금과 소정의 이자를 합쳐 1인당, 1개 금융사별로 최대 1억 원까지 보호합니다.

▶ 연금 저축 펀드, IRP 내 '펀드 등 실적 배당형 상품': 이 상품들은 예금자 보호 대상이 아닙니다. 고객의 돈이 증권사의 고유 자산과 분리되어 '한국 예탁 결제원'에 별도로 보관되기 때문입니다. 즉, 증권사가 파산하더라도 내가 투자한 주식이나 펀드는 안전하게 보관되며, 투자 성과에 따른 손익만 가입자에게 귀속됩니다. 단, IRP 내에 있는 예·적금 등 원리금 보장 상품은 예금자 보호 대상입니다.

Q3. 이혼 시 연금 자산은 어떻게 분할되나요?

A3. 혼인 중 납입한 부분에 대해서는 재산 분할 대상이 될 수 있습니다.

재산을 분할할 때 연금은 '혼인 기간 중 납입분만' 해당하고 혼인 전 가입분은 고유 재산으로 인정될 수 있으나 최종적으로 법원의 판단에 따라 결정됩니다.

Q4. 연금 수급 중 사망하면 가족이 받을 수 있나요?

A4. 상품별로 유족 급여 지급 방식이 다릅니다.

일반적인 지급 방식은 확정 기간이 있거나 보증 기간이 있을 경우 '남은 기간만큼' 또는 '최소 보장 기간 동안' 유족에게 지급합니다. 종신 연금의 경우 배우자 지급 옵션이 있을 경우 계속 지급 가능합니다.

Q5. 여러 개의 세제 혜택이 있는 연금 상품을 동시에 가입해도 되나요?

A5. 네, 가능하며 오히려 권장됩니다.

예를 들어 동시 가입 가능한 상품은 다음과 같습니다.

▶ 연금 저축 보험 + 연금 저축 펀드 (세액 공제 합산 600만 원 한도)

▶ 개인 연금 저축 + IRP (세액 공제 합산 900만 원 한도)

▶ 세제 적격 + 세제 비적격 (한도 제한 없음)

다만 위의 경우에도 세액 공제 한도는 합산하여 적용합니다.

7) '연금 보험' 정리하기

이 장에서는 연금 보험에 대한 여러 가지 내용들 살펴보았다.

세제 적격 연금 보험(연금 저축)에 대해서는 파트Ⅰ에서 자세하게 다루었으므로 여기서는 간략하게 언급만 했다. 그리고 세제 비적격 연금 보험에 대해서도 이전 장인 '비과세'에서 자세하게 기술했기 때문에 여기에서는 '종신형 연금 보험'의 비과세 요건에 대해서만 추가로 언급하였다.

사실 예전에 비과세에 대해 공부할 때 '종신형 연금 보험'의 비과세 조건이라는 말이 별도로 있어서 처음에는 이 말이 어떤 의미이고 어떻게 적용되지는 이해를 못 해 애를 먹기도 했다. 일단 위의 내용처럼 규정은 되어 있으나 실질적인 의미가 얼마나 있는지는 좀 애매해다. 국세청에서 보험사로 공문을 보내서 각 생명 보험사마다 전산 시스템이 갖춰져 있는지도 알 수가 없으니 일단은 원칙대로 숙지하고 있는 것이 좋다.

이런 이유와 별개로 '종신형 연금'이야 말로 우리 세대가 누릴 수 있는 마지막 '초대박'이라고 생각한다. 지금 연금 보험의 경험 생명표는 과거에 사망한 사람들의 통계치로 만들어졌다. 경험 생명표로 보면 남자가 86세이고 여자가 90세인데 1세부터 사망한 사람들의 수치를 평균 내다보니 평균값이 너무 낮다. 장담하는데 지금 50대들이 실제 사망한 후에 평균을 내보면 저 평균 수명에서 최소 30~40년은 더해야 할 것이다.

의료 기술도 눈부시게 발전하고 있다. 최근 기사에서 보니 KAIST에서 '암세포를 정상 세포로 되돌리는 기술'을 개발했다고 한다. 시간이 더 필요하겠지만 인공 장기도 이제 '바이오 프린터'로 만들어 쓰는 시대에 들어섰다. 여기에 AI로 인해 이런 기술들의 발선 속도가 기하급수적으로 증가 중이다.

그렇다면 앞으로 인간의 수명이 얼마나 더 늘어날까? 상상조차 할 수 없다. 때문에 '종신형 연금 보험'이야말로 그 어떤 상품 보다 초대박 상품이 될 것이라 확신하다. 우리가 할 일은 초대박의 행운을 고객들에게 나눠 주는 일이다.

연금 보험에서 중요한 것은 많은 금액을 납부하는 것이 아니라 하루라도 빨리 가입하는 것이다. 내일은 늦고 오늘은 늦지 않았다.

8) '연금 보험' 관련 화법

고객님 재산이라는 한자 아시죠?

재산은 재물 財(재)자와 낳을 産(산)자로 되어 있습니다. 아파트나 땅은 財라고 하고 월급같이 꾸준히 들어오는 돈은 産이라고 말하죠.

그런데 많은 사람들이 재물을 늘리는 재테크에만 관심을 가지고 행복한 노후를 위해 더욱 더 중요하게 생각해야 할 '産테크'에는 관심이 없는 것 같습니다.

제가 옛날 애기 하나만 들려드릴까요?

건강하게 노후를 보내는 두 할머니가 있습니다.

부자 할머니는 젊어서 재테크를 잘해 20억의 재산이 있는 할머니이고…

연금 할머니는 큰 재산은 없어도 종신 연금으로 매달 7백만 원이 나온다고 합니다.

어떤 할머니가 행복한 노후를 보낼 수 있을까요?

두 분이 팔순의 나이에 동시에 치매에 걸렸습니다.

두 분 다 자식들이 요양원으로 모셨는데 부자 할머니의 자식들은 매달 많은 돈이 요양비와 간병비로 나가자 자신들의 상속 재산이 줄어드는 것이 아까워 '빨리 좀 돌아가셨으면' 했고, 연금 할머니의 자식들은 요양비를 제외하고 매달 나오는 연금으로 자식들 교육 자금을 쓸 수 있었기에

'제발 오래오래 사세요' 라고 했답니다.

공감하시나요?

14 주택 연금

주택 연금 내가 사는 집을 담보로 맡긴 후에 평생 혹은 일정 기간 동안 연금을 받다가 사망 후에는 집을 반납하는 것으로 흔히 '역모기지 론'이라고도 한다. 주택 연금을 원래 파트 Ⅰ에서 자세하게 다룰까 하다가 간략하게 축약해서 여기에 넣었다. 개인적으로 주택 연금에 대해 여러 가지 생각이 많아 추천하지 않는다. **주택 연금은 '대출(빚)'이고, 이자는 '복리'로 내야 한다.**

1. 가입 조건

주택 연금에 가입하기 위해서는 다음과 같은 조건을 충족해야 한다.

▶ 나이: 주택 소유자 또는 배우자가 만 55세 이상이어야 한다. 부부 중 한 명만 55세 이상이면 가입이 가능하다.

▶ 국적: 주택 소유자 또는 배우자가 대한민국 국민이어야 한다.

▶ 주택 보유 수:

- 1주택자: 부부 기준으로 1주택만 소유한 경우.

- 다주택자: 부부 기준 보유 주택의 공시 가격 합산액이 12억 원 이하인 경우. 단, 공시 가격 12억 원 초과 2주택자는 3년 이내에 1주택을 처분하는 조건으로 가입이 가능하다.

▶ 의사 능력: 주택 소유자와 배우자 모두 정상적인 의사 능력을 갖추고 있어야 한다.

2. 대상 주택

모든 주택이 주택 연금 대상이 되는 것은 아니다. 아래의 조건을 확인해야 한다.

▶ 주택 가격: 부부 합산 공시가격 12억 원 이하의 주택 (시가 17억~20억가량)

▶ 주택 종류:

- 아파트, 단독 주택, 다세대 주택, 연립 주택 등 일반 주택

- 주거용 오피스텔

- 노인 복지 주택

- 복합 용도 주택: 주택 면적이 건물 전체 면적의 1/2 이상인 경우 가입 가능하다.

※ 가입이 제한되는 경우: 주택에 저당권, 전세권 등 제한 물권이 설정되어 있거나 임대차 보증금이 있는 임대차 계약 중인 경우 (단, 연금 대출금으로 선순위 대출 상환이 가능한 경우는 예외)

- 재개발·재건축 사업이 진행 중이거나 리모델링이 예정된 경우

3. 거주 요건

가장 중요한 부분은 반드시 살고 있어야 한다는 것이다. 주택 연금에 가입하려는 주택에 가입자 또는 배우자가 실제 거주해야 한다. 해당 주택을 전세 또는 월세로 주고 있는 경우에는 가입이 불가능하다. 단, 부부 중 한 명이 거주하면서 보증금 없이 주택의 일부만을 월세로 주는 경우는 예외적으로 허용된다.

4. 지급 방식

주택 연금은 가입자의 필요에 따라 다양한 지급 방식을 선택할 수 있다.

주택연금 지급 방식 비교표

구분	방식	내용
평생 동안	종신지급방식	인출한도 설정 없이 평생 동안 매월 연금 수령
	종신혼합방식	대출한도의 50% 이내에서 목돈을 인출하고, 나머지를 평생 동안 매월 연금으로 수령
일정 기간 동안	확정기간혼합방식	대출한도의 50% 이내에서 목돈을 인출하고, 나머지를 선택한 기간(10~30년) 동안만 매월 연금으로 수령
특수 목적	대출상환방식	주택담보대출 상환 용도로 대출한도의 50% 초과 90% 이내에서 목돈을 인출하고, 나머지를 평생 동안 매월 연금으로 수령
	우대방식	부부 기준 2억 5천만원 미만 1주택 소유자이면서, 부부 중 한 명이 기초연금 수급자인 경우 일반형보다 월지급금을 최대 20% 더 많이 수령

또한, 월 지급금 지급 유형도 선택할 수 있다.

▶ 정액형: 지급 기간 내내 동일한 금액 수령

▶ 초기 증액형: 초기 일정 기간(3, 5, 7, 10년) 동안 더 많이 받다가 이후에는 감액된 금액 수령

▶ 정기 증가형: 최초 월 지급금은 적지만, 3년마다 4.5%씩 증가

5. 대출 이자 및 보증료

주택 연금은 주택을 담보로 한 대출이므로 이자와 보증료가 발생한다. 하지만 이를 직접 현금으로 납부하는 방식이 아니라, 매월 연금 지급 총액(대출 잔액)에 자동으로 가산된다.

▶ 대출 이자 (변동 금리):

- 기준 금리(3개월 CD 금리 또는 신규 취급액 기준 COFIX) + 가산 금리(0.85%~1.1%)

- 가입 이후에는 기준 금리 변경이 불가능하다.

▶ 보증료

- 초기 보증료: 주택 가격의 1.5%를 최초 연금 지급일에 1회 납부 (대출 상환 방식은 1.0%)

- 연 보증료: 보증 잔액의 연 0.75%를 매월 납부 (대출 상환 방식은 1.0%)

6. 주의 사항

상담을 하다보면 노후 준비가 전혀 안 되어 있는데 자신은 '주택 연금으로 노후 자금을 쓰다가 아무것도 안 남기고 죽으면 된다'고 막연하게 얘기하는 경우를 가끔 본다. 주택 연금이 그렇게 만만하지 않다. 주택 연금을 고려하고 있다면 아래의 주의 사항을 반드시 기억해야 한다.

첫 번째, 소유권 제한이 있다. 주택 연금 가입 시 해당 주택에 근저당권이 설정된다. 따라서 자녀 동의 없이 주택을 임의로 처분하거나 담보로 제공할 수 없다.

두 번째, 주택 연금을 중도에 해지할 경우, 해지일로부터 3년 동안 동일한 주택으로 재

가입이 불가능하다. 또한, 해지 시 초기 보증료 등 그동안 발생한 비용을 모두 상환해야한다.

세 번째, 가입 이후 주택 가격이 오르더라도 월 지급금은 변동되지 않는다. 반대로 주택 가격이 하락해도 월 지급금은 그대로 유지된다.

네 번째, 기초 생활 수급자가 주택 연금을 받게 되면 월 지급금의 일부가 소득으로 인정되어 수급액이 감소하거나 자격이 상실될 수 있으므로 사전에 반드시 확인해야 한다.

다섯 번째, 가입자와 배우자가 모두 사망하면 주택을 처분하여 연금 지급 총액을 정산한다. 이때 상속 재산 산정은 다음과 같이 한다.

*집값 > 연금 수령액: 남는 금액은 자녀(상속인)에게 상속된다.

*집값 < 연금 수령액: 부족한 금액은 국가가 부담하며, 자녀에게 청구하지 않는다.

7. 현명하게 활용하는 방법

당연한 얘기지만 주택 연금 잘 활용하려면 다음에서 말하는 활용팁을 잘 알아 두면 좋다.

첫 번째, 주택 담보 대출이 남아 있는 상태에서 가입하면, 연금 지급액의 일부가 대출 원리금 상환에 우선적으로 사용되어 실제 수령액이 줄어든다. 가급적 대출을 모두 갚고 가입하는 것이 유리하다.

두 번째로, 월 지급금은 가입 시점의 주택 가격을 기준으로 산정되므로, 주택 가격이 높을 때 가입하면 더 많은 연금을 받을 수 있다.

세 번째로 저가 주택(공시 가격 2.5억 원 미만)을 보유한 기초 연금 수급자라면 일반 주택 연금보다 더 많은 월 지급금을 받을 수 있는 '우대형' 가입을 적극 검토해 볼 필요가 있다.

마지막으로 주택 연금 가입을 위해 저당권을 설정할 때 등록 면허세 및 지방 교육세가 감면되며, 연금 수령액에 대한 이자 비용은 연간 200만 원 한도로 소득 공제 혜택을 받을 수 있다는 점도 알아 두면 좋다.

8. Q&A: 자주 묻는 질문들

Q1. 가입자가 중간에 사망하면 어떻게 되는지?

A1. 배우자가 주택 연금을 승계하여 감액 없이 동일한 금액을 평생 받을 수 있습니다. '신탁 방식'으로 가입하면 자녀 동의 없이도 자동으로 승계가 가능합니다.

Q2. 주택 연금을 받다가 이사할 수 있는지?

A2. 가능합니다. 기존 주택을 처분하고 새로운 주택을 담보로 주택 연금을 계속 이어 갈 수 있습니다. 단, 새로운 주택이 가입 요건을 충족해야 합니다.

Q3. 자녀들이 반대하는데, 꼭 동의를 받아야 하나요?

A3. 주택 연금 가입 자체는 주택 소유자와 배우자의 의사만으로 가능하며, 자녀의 동의는 필수가 아닙니다. 다만, 원활한 진행을 위해 사전에 가족과 충분히 상의하는 것이 좋습니다.

Q4. 부부 중 한 명이 먼저 사망하면 연금 지급은 어떻게 되나요?

A4. 부부 중 한 분이 돌아가셔도, 남아 계신 분이 계속해서 동일한 연금액을 받으실 수 있습니다. 연금은 부부 중 한 분이라도 살아 있는 동안 계속 지급됩니다.

Q5. 주택 연금과 국민연금을 동시에 받을 수 있나요? 국민연금 수령액이 삭감되지 않나요?

A5. 네, 별개의 제도이므로 동시 수령이 가능합니다. 주택 연금 수령액은 국민연금의 '소득으로 인한 삭감' 대상 소득이 아닙니다. 주택 연금은 '소득'이 아니라 '부채(대출)'입니다.

Q6. 자녀가 집을 상속받으려면 어떻게 해야 하나요?

A6. 대출 잔액을 상환하거나 주택을 매각하여 정산해야 합니다. 주택 가격이 대출 잔액보다 낮아도 차액을 청구하지 않습니다.

Q7. 주택 연금은 어디서 신청하는가?

A7. 한국 주택 금융 공사(HF) 지사 또는 위탁 금융 기관(주요 시중 은행)을 통해 상담 및 신청이 가능합니다.

주택 연금은 은행에 내가 살고 있는 집을 담보로 노후 자금을 '대출'하는 제도다. 그래서 이자는 은행이 가져가고 보증료를 주택 공사가 가져가는 구조다. 이자와 보증료 모두 월 복리이기 때문에 이율이 낮다고 방심하면 안된다. 특히 가입 기간이 길수록 이 금액은 기하급수적으로 늘어난다. 오래 살 자신이 있고, 상속 재산을 남길 자녀가 없는 경우에는 긍정적으로 검토해 볼 만하다.

5장	변액 보험과 세테크

1) 변액 보험이란

'변액 보험(Variable Insurance)'은 계약자가 납입한 보험료 중 일부를 주식이나 채권 등에 투자하여, 그 운용 실적에 따라 보험금이나 해지 환급금이 변동하는 실적 배당형 보험 상품이다.

기존의 보험 상품(금리 연동형)이 약정된 이율에 따라 보험금이 결정되는 안정성을 추구했다면, 변액 보험은 '보험'이라는 안정적인 울타리 안에서 **'투자'**라는 적극적인 수익 창출 기회를 제공하는 하이브리드 상품이라고도 할 수 있다.

변액 보험의 기본은 '펀드'에 있다. 펀드란 '투자자로부터 모은 자금을 자산 운용 회사가 주식 및 채권 등에 투자 운용한 후 그 결과를 돌려주는 간접 투자 상품'이다. 자본주의의 문제 중에 하나가 이른바 '부익부 빈익빈' 그러니까 부자는 더 부자가 되고 가난한 사람은 더 가난해지는 문제이다. 100만 원을 가지고 아무리 열심히 투자해 봐야 100억을 가진 사람의 수익성을 따라갈 수가 없다. 자본금이 많아질수록 수익성만 올라가는 것이 아니라 안정성도 같이 올라간다. 이렇게 시간이 흐르면 흐를수록 빈부 격차는 더욱 커지게 된다.

이럴 때 적은 자본금을 가진 사람들이 소액의 자본금을 공동으로 모으면 아주 큰 자본금을 만들 수 있다. 이 돈을 전문적인 운용 회사에 수수료를 주고 맡겨서 큰 수익을 낸 후에 투자 지분만큼 수익을 나누면 수익성과 안정성을 동시에 추구할 수 있다. 그래서 개인적으로 펀드야 말로 자본주의가 꽃피운 최고의 금융 상품이라고 생각하는데 이런 펀드에 보장 기능을 더한 것이 바로 '변액 보험'이다.

변액 보험은 증권사 펀드의 '투자 기능'에, 은행의 편리한 입출금 기능인 '유니버셜 기능'을 더하고 보험의 보장 기능까지 합친 그야말로 3대 금융 기관의 장점이 모두 더해진 정말 좋은 상품이다.

그런데 왜 많은 고객들이 변액 보험에 대해 부정적인 생각을 가지고 있을까?

이 문제의 원죄(?)는 변액 보험 판매 초기에 수익률은 등한시하고 판매에만 신경을 쓰던 여러 원수사들의 잘못이다. 특히 국내 대형 생보사 3사의 책임이 크다고 생각한다. 다행히(?) 지금은 몇몇 회사들이 좋은 상품을 잘 판매하고 있고 특정 펀드들은 아주 오랜 시간 동안 매우 인상적인 수익률을 보이고 있다.

2025년 현재 국내 주식 시장 상황도 대폭 개선되고 있어서 장기적으로 **변액 보험의 판매 전망은 매우 긍정적**이라 생각한다. 이러한 시각을 기본으로 해서 변액 보험을 들여다 보아야 한다.

2) 변액 보험의 구조

변액 보험은 일반 보험과 구조가 다르다.

계약자가 보험료를 납입하면 '사업비와 위험 보험료'를 차감한 금액을 '**특별 계정**'에 투입한다. 이 계정에서 주식, 채권 등으로 구성된 펀드에 돈이 투자된다. 펀드의 운용 실적은 매일 계약자 적립금에 반영이 되어 적립금이 늘어나고 손실이 나면 적립금이 줄어든다.

만약 사망, 만기 등 보험금 지급 사유가 발생하면 보장 내용과 투자 수익률에 따라 보험금 지급이 결정되어 지급이 된다. 투자 수익률이 증가할수록 변액 종신 보험은 사망 보험금이 늘어나고 변액 연금 보험은 연금 지급액이 증가하는 구조가 일반적이다. 이때 투자 수익이 항상 플러스이면 좋겠지만 마이너스일 경우 사망 보험금이 대폭 줄어들거나 연금액이 줄어들 수 있다. 때문에 아무리 손실이 크게 발생해도 최소한의 사망 보험금 하한액을 보장하거나 최소 한도의 연금액을 보장하는 '최저 사망 보험 보증'이나 '최저 연금액 보증' 기능이 있는 상품들을 판매하고 있다.

3) 변액 보험의 장단점

가. 변액 보험의 장점

① 높은 기대 수익률과 인플레이션 헷지(Hedge) 기능

변액 보험의 가장 핵심적인 장점은 투자 실적에 따라 금리 연동형 상품보다 높은 수익률을 기대할 수 있다는 점이다. 계약자는 주식형, 채권형, 혼합형 등 다양한 유형의 펀드 중에서 자신의 위험 감수 수준과 시장 전망에 맞춰 투자 포트폴리오를 구성할 수 있다. 특히 장기적인 관점에서 주식 시장이 우상향할 것이라 기대하는 투자자에게 변액 보험은 매력적인 선택지가 될 수 있다. 물가 상승률 이상의 수익을 추구함으로써, 장기적으로 화폐 가치가 하락하는 인플레이션 위험으로부터 자산 가치를 방어하는 효과적인 헷지 수단으로 기능할 수 있다.

② **강력한 세제 혜택**

현행 소득세법상, 관련 요건을 모두 충족하는 경우 변액 보험을 통해 발생한 투자 수익에 대해 이자 소득세(15.4%)가 면제되는 비과세 혜택을 누릴 수 있다. 비과세 혜택뿐만 아니라 투자에 관련한 여러 가지 특별한 혜택들이 존재한다(다음 장에서 별도로 기술) 이러한 혜택들은 다른 상품에서 찾아볼 수 없을 만큼 매우 특별하고 독특한 혜택이다.

③ **투자 포트폴리오 선택 및 변경의 유연성**

변액 보험은 계약자가 시장 상황이나 자신의 투자 전략 변화에 능동적으로 대응할 수 있도록 다양한 기능을 제공한다. 계약자는 최초 가입 시뿐만 아니라 계약 유지 중에도 연간 일정 횟수(통상 12회) 내에서 수수료 없이 자유롭게 펀드를 변경할 수 있다. 예를 들어, 주식 시장의 활황이 예상될 때는 주식형 펀드의 비중을 높여 공격적으로 수익을 추구하고, 시장의 불확실성이 커질 때는 채권형 펀드로 자금을 이동시켜 안정적으로 자산을 방어하는 전략적 자산 배분이 가능하다. 또한, 보험료를 분할하여 여러 펀드에 투자하는 '보험료 분할 투입' 기능도 활용할 수 있다.

④ **보장 기능과 투자의 결합 및 최저 사망 보험금 보증(GMDB)**

변액 보험은 사망이나 질병 등 예기치 못한 위험에 대비하는 보험 본연의 '보장' 기능과 자산 증식을 위한 '투자' 기능을 한 번에 해결할 수 있는 하이브리드 상품이다. 투자 실적이 악화되더라도 사망 시에는 최소한 납입한 보험료 또는 그 이상의 금액을 보증하는 '최저 사망 보험금 보증(GMDB, Guaranteed Minimum Death Benefit)'

기능이 대부분 탑재되어 있다. 이는 투자 실패로 인해 해지 환급금이 원금 이하로 떨어지더라도, 유가족에게 최소한의 경제적 안전장치를 제공한다는 점에서 중요한 의미를 지닌다.

나. 변액 보험의 단점

① 투자 실적에 따른 원금 손실 가능성

변액 보험의 가장 명백하고 중대한 단점은 투자 위험을 전적으로 계약자가 부담한다는 것이다. 펀드 운용 실적이 저조할 경우, 해지 환급금이 납입한 원금보다 적어지는 원금 손실이 발생할 수 있다. 사망 보험금은 최저 보증이 되지만, 중도 해지 시 받게 되는 해지 환급금은 아무런 보장 장치가 없다. 따라서 안정적인 원금 보장을 최우선으로 생각하는 투자자에게는 적합하지 않은 상품이다. 또, 변액 보험은 예금자 보호가 적용되지 않는 금융 상품이다.

② 수수료 및 사업비 부담

변액 보험은 구조가 복잡한 만큼 다양한 종류의 수수료가 부과된다. 계약 체결 및 유지 관리에 필요한 '사업비', 사망 등 위험 보장에 사용되는 '위험 보험료', 펀드 운용 및 관리에 대한 보수인 '특별 계정 운용 보수' 등이 납입 보험료에서 차감된다. 특히 사업비는 계약 초기에 집중적으로 차감되는 경향이 있어, 가입 후 단기간 내에 해지할 경우 높은 수수료 부담으로 인해 상당한 원금 손실을 볼 가능성이 매우 높다. 따라서 일정 기간 이상 장기 유지를 할 자신이 없는 경우, 변액 보험은 불리한 선택이 될 수 있다.

③ 상품 구조의 복잡성과 관리의 어려움

변액 보험은 보험, 투자, 세금 등 다양한 요소가 결합된 복잡한 금융 상품이다. 수많은 펀드의 종류와 특징, 수수료 구조, 보증 옵션 등을 일반 소비자가 완벽하게 이해하기란 쉽지 않다. 또한, 최적의 수익률을 얻기 위해서는 시장 상황을 지속적으로 주시하며 능동적으로 펀드를 변경하는 등의 관리가 필요하다. 이는 금융 시장에 대한 일정 수준의 지식과 지속적인 관심이 필요함을 의미한다. 아무런 관리 없이 방치할 경우, 시장 변화에 제대로 대응하지 못해 저조한 수익률을 기록하거나 손실을 볼 위험이 크다.

결론적으로 변액 보험은 장기적인 관점에서 인플레이션을 방어하고 비과세 혜택을 통해 자산을 효과적으로 증식시킬 잠재력을 지닌 매력적인 상품임이 분명하다. 그러나 그 이면에는 투자 원금 손실의 위험과 높은 수수료, 그리고 복잡한 구조라는 명확한 단점이 존재한다.

따라서 변액 보험은 ▲10년 이상 장기 투자가 가능하고, ▲주식 시장 변동성에 따른 원금 손실 위험을 감내할 수 있으며, ▲비과세 혜택을 적극적으로 활용하고자 하는 공격적 성향의 투자자에게 적합하다. 반면, ▲원금 보장을 최우선으로 하거나, ▲단기간 내에 자금 활용 계획이 있거나, ▲복잡한 상품을 이해하고 관리하는 데 어려움을 느끼는 보수적 투자자에게는 신중한 접근이 요구되는 상품이라 할 수 있다.

4) 변액 보험과 세금

현재 판매 중인 변액 보험을 크게 두 가지로만 나누면 '변액 종신 보험'과 '변액 연금 보험'으로 나눌 수 있다. 변액 보험에도 당연히 세제 혜택이 있는데 '변액 종신 보험'의 세제 혜택은 '종신 보험'의 세제 혜택과 동일하고 '변액 연금 보험'의 세제 혜택은 '연금 보험'의 세제 혜택과 원칙적으로 동일하다. (소득세법상으로도 변액 종신은 종신 보험, 변액 연금은 저축성 보험으로 구분한다) 이 두 가지에 대해서는 앞서 자세하게 다루었으므로 여기서는 간단하게 요약 정리하는 것으로 대신한다.

가. 변액 종신 보험

종신 보험은 보장성 보험에 포함되어 원칙적으로 비과세이다. 다만 '단기납 종신 보험'의 경우 기재부의 유권 해석 내용이 '원칙적으로 비과세이지만 그 한도는 사실 관계를 따져서 국세청이 판단한다'라는 다소 애매한(?) 단서가 달려 있는 상태이다. 2025년 8월 현재 국세청의 별다른 해석이 나와 있지 않은 관계로 현재는 비과세 금액에 제한이 없는 것으로 해석하는 것이 타당할 것으로 생각한다.

나. 변액 연금 보험

변액 연금의 '비과세 요건'은 '저축성 보험'의 요건과 동일하다.

▶ 월 적립식 계약

- 납입 기간: 5년 이상

- 유지 기간: 10년 이상

- 납입 한도: 매월 150만 원 이하

- 보험료: 매월 납입하는 기본 보험료가 균등할 것

▶ 일시납 계약

- 유지 기간: 10년 이상

- 납입 한도: 전 금융권 합산 1인당 1억 원 이하

위의 두 가지 이외에 '변액 유니버설 보험'처럼 보장성인지 저축성인지 명확하지 않은 상품이 있다면 '보험 만기 시나 해지 시에 돌려받는 환급금이 그동안 낸 보험료 보다 많다'면 저축성이고 적다면 보장성 상품이다.

5) 변액 보험에 대해 궁금한 점 (Q&A)

Q1. 변액 보험은 원금 손실 가능성이 있나요?

A1. 네, 있습니다. 변액 보험은 투자 상품이므로 펀드 운용 실적에 따라 원금 손실이 발생할 수 있습니다. 다만, 변액 연금 보험의 경우 연금 개시 시점에 원금을 보장해 주는 옵션이 있는 상품이 많으며, 사망 시에는 납입한 보험료나 일정 금액을 최저 보증해 주는 '최저 사망 보험금 보증(GMDB)' 기능이 대부분 있습니다.

Q2. 펀드를 잘 모르는 사람도 가입할 수 있나요?

A2. 네, 가능합니다. 대부분의 보험사는 주식형, 채권형, 혼합형 등 다양한 펀드 라인업을 갖추고 있으며, 전문가의 추천을 받거나 안정적인 혼합형 펀드를 선택하여 시작할 수 있습니다. 중요한 것은 가입 후에도 꾸준히 관심을 가지고 시장 상황에 맞게 펀드를 변경해 주는 것입니다.

Q3. 변액 보험 내에서 A펀드의 수익률이 좋아 B펀드로 '펀드 변경'을 했습니다. 일반 펀드는 환매 후 재가입 시 수익에 대해 과세하는데, 변액 보험 내 펀드 변경도 동일하게 과세 대상인가요?

A3. 아니요, 과세 대상이 아닙니다. 변액 보험이라는 큰 틀(계좌) 안에서 이루어지는 펀드 변경은 자산의 '매도 후 매수'가 아닌 '계정 간 이동'으로 간주합니다. 따라서 펀드를 변경하여 수익을 확정 짓더라도, 그 시점에서는 세금이 부과되지 않고 '세금 납부가 이연(Tax Deferral)'됩니다. 최종적으로 보험을 해지하거나 만기금을 수령할 때, 비과세 요건을 충족했다면 이 모든 과정의 수익에 대해 세금을 내지 않습니다.

Q4. 변액 유니버설 보험(VUL)에서 '중도 인출'을 할 때, 인출되는 금액은 세법상 원금부터인가요, 투자 수익부터인가요?

A4. 세법상 별도의 규정은 없으나, 보험 약관상으로는 대부분 '원금(납입한 보험료)'부터 인출되는 것으로 처리합니다. 이 부분이 중요한 이유는 만약 10년 비과세 요건을 채우기 전에 중도 해지를 하게 될 경우, 과세 대상인 '보험 차익'을 계산해야 하기 때문입니다. 이때 기납입 보험료에서 이미 중도 인출로 찾아간 원금을 제외하고 남은 원금을 기준으로 차익을 계산합니다. 원금부터 인출하는 방식이 가입자에게 일반적으로 유리하며, 이 덕분에 비과세 기간 중에도 원금 범위 내에서 비교적 자유롭게 유동성을 확보할 수 있습니다.

Q5. 변액 보험의 회사와 펀드는 어떻게 선택해야 하나요?

A5. 펀드 선택 시 다음 사항들을 고려해야 합니다:

1) 변액 보험을 오랫동안 전문적으로 운용해 온 회사
2) 펀드 설정일이 오래되고 펀드 라인업이 많은 회사
3) 사업비가 적은 상품
4) 추가 납입 및 중도 인출 조건이 좋은 상품
5) 회전율은 낮고 수익률이 좋은 펀드

Q6. 변액 보험을 통해 해외 주식형 펀드에 투자 중입니다. 10년 비과세 요건을 충족하면, 해외 투자에서 발생한 '환차익'에 대해서도 비과세 혜택이 동일하게 적용되나요?

A6. 네, 동일하게 적용됩니다. 변액 보험이라는 비과세 계좌를 통해 발생한 수익이라면, 그것이 주식의 평가 차익이든, 채권의 이자 수익이든, 해외 자산의 환차익이든 구분 없이 모두 비과세 혜택을 받습니다. 이는 개인이 직접 해외 펀드에 투자할 경우 매매 차익과 환차익에 내해 배낭 소득세(15.4%)가 부과되는 것과 비교하면 매우 큰 장점입니다.

6) 변액 보험을 영업에 이용하는 방법

변액 보험은 의외로 숨겨진 장점들이 많다. 특히 다른 금융 상품에 없는 매우 특별한 혜택들이 있는 매우 매력적인 상품이다.

먼저, 세금 측면에서의 장점이다.

첫 번째, 변액 펀드 중 해외 주식에 투자하는 펀드의 경우 시세 차익, 배당 차익, 환차익이 생길 수 있는데 이 세 가지 이익에 대해 과세하지 않는다. 일반 펀드는 세 가지 이익을 합산하여 '배당 소득'으로 한꺼번에 과세한다.

두 번째, 국내 비상장 주식에 투자할 경우 비상장 주식의 시세 차익이나 배당수익에 대해서도 과세하지 않는다. 일반 펀드는 대주주 여부와 관계없이 양도 소득세를 과세한다. (ETF도 양도세 과세)

세 번째, 국내 및 해외 채권에 대해 시세 차익이나 이자에도 과세를 하지 않는다. 일반 펀드의 경우 배당 소득세로 과세한다. (국내 주식형 펀드에서는 매매 차익만 비과세)

네 번째, 국내 상장 주식의 배당 시에는 과세가 원칙이지만 변액 보험은 과세하지 않는다. 일반 펀드의 경우 상장 주식의 배당금에 대해 배당 소득세가 부과된다.

다섯 번째, SOC펀드(사회 간접 자본 펀드, Social Overhead Capital)의 경우 민자 터널이나, 민자 고속 도로 등 국내외 인프라에 투자하여 이익이 발생해도 과세하지 않는다. 일반 펀드의 경우에는 증권사에서 가입한 펀드만 분리 과세하고 나머지는 모두 과세한다.

여섯 번째, 리츠(REITs)처럼 부동산에 투자하는 펀드의 경우 대형빌딩이나 호텔 등에 투자하여 발생한 시세 차익이나 임대 소득에 대해서도 과세하지 않는다. 일반 펀드의 경우 부동산 매각 차익, 임대료 등 모든 수익에 대해 '배당 소득'으로 간주하여 과세한다.

일곱 번째, 변액 보험에서 발생한 모든 수익은 요건 충족 시 원칙적으로 비과세이며 종합 소득세 대상에서도 제외한다.

정리하면 증권사나 은행에서 판매하는 일반 펀드는 투자 대상에서 발생한 이자나 매매 차익, 임대료 등에 대해 먼저 과세를 하고 나머지 금액을 적립한다. 이에 비해 변액 보험의 펀드에서 투자를 해서 발생한 수익은 완전 비과세이니 같은 수익을 올려도 적립금의 차이가 날 수밖에 없다. 대부분 이 점을 잘 모르고 있다.

다음으로 일반 펀드 대비 장점이다.

첫 번째, 일반 펀드를 가입하고 펀드 변경을 하려면 생각보다 복잡하고 변경 기간도 오래 걸린다. 이에 비해 변액 보험 펀드는 앱이나 전화로 간단하게 변경 가능하고 변경도 매우 빠르다.

두 번째, 대부분의 일반 펀드는 펀드 변경 시 수수료를 요구한다. 변경 수수료가 없다는 일반 펀드는 잔고에서 청구하는 경우가 많다. 반면에 변액 보험 펀드 변경 시에는 보통 변경 수수료가 없거나 있어도 소액이다. (대부분의 변액 보험은 연 12회까지 무료로 하는 경우가 많다)

세 번째, 일반 펀드에 없는 '오토 리밸런싱(Auto Reblancing)'을 통해 위험을 분산하고 수익을 향상시킬 수 있다. 또, 하나의 펀드만 아니라 다수 펀드에서 '오도 리밸런싱'도 가능하다.

네 번째, 일반 펀드에는 없는 '수익 자동 이전' 제도가 있어서 주가 하락 시에도 매우 강력한 수익 보전이 가능하다.

다섯 번째, 일반 펀드 대비 매우 빠르고 편리한 입출금이 가능하다. 일반 펀드의 경우 해외 펀드라면 현금 입금까지 보통 2주 정도에서 최대 한 달까지 걸린다.

세금 측면에서도 그렇고 기능적인 측면에서도 그렇고 변액 보험은 일반 펀드 대비 엄청난 장점이 있는 상품이다. 심지어 최근 특정 변액 보험의 특정 펀드들은 최근 몇 년 동안의 연간 수익률이 30%를 넘어서고 있다.

그런데 왜 많이 안 팔리는 것일까?

여러 가지 이유가 있지만 이 책에서 언급하기는 부적절하니 생략하겠다. 다만 변액 보험을 판매할 때는 반드시 주계약과 추가 납입을 50:50으로 설정해서 납입하는 것이 바람직하다. 안정성과 수익성이 좋은 펀드를 고른 후에 최소 5년간은 이렇게 납입하면 많은 수익을 올릴 수 있다. 우리 보험 상품 중에 이렇게 좋은 투자 상품이 있는데 많이 활성화되고 있지 않아서 매우 안타깝다.

[참고 – 오토 리밸런싱(Auto Reblancing)]

변액 보험의 '오토 리밸런싱(Auto-Rebalancing)'은 처음에 설정한 펀드별 투자 비율을 보험사가 주기적으로 자동 조정해 주는 기능이다. 가입자가 신경 쓰지 않아도 자동으로 포트폴리오를 관리해 주는 매우 편리한 기능이다.

오토 리밸런싱이 필요한 이유를 설명하면 다음과 같다.

변액 보험에 가입할 때 보통 주식형 펀드와 채권형 펀드의 비율을 정한. 예를 들어, '주식형 60%: 채권형 40%'로 설정했다고 가정해 보겠다. 시간이 지나 주식 시장이 활황이 되면 주식형 펀드의 평가액이 올라가면서 전체 적립금에서 차지하는 비율이 '75%'까지 높아질 수 있다. 반대로 채권형 펀드의 비율은 '25%'로 줄어들 것이다. 이렇게 되면 처음 의도했던 것보다 훨씬 더 공격적인 투자가 되어 버려 시장이 하락할 때 더 큰 손실을 볼 위험이 생길 수 있다.

이때 오토 리밸런싱 기능이 작동한다.

오토 리밸런싱은 정해진 주기(보통 3개월, 6개월, 1년)마다 현재의 펀드 비중을 확인하고, 처음 설정했던 비율로 되돌린다.

- 비중이 높아진 펀드(수익 난 펀드)는 일부 매도하고,

- 비중이 낮아진 펀드(손실이 났거나 덜 오른 펀드)는 추가 매수한다.

위의 예시처럼 주식형 펀드 비중이 75%가 되었다면, 늘어난 15%만큼의 주식형 펀드를 자동으로 팔고 그 돈으로 채권형 펀드를 사들여 다시 주식형 60%: 채권형 40% 비율을

맞추는 방식이다.

변액 보험의 펀드에서는 미국 주식형, 인도 주식형처럼 아예 대상이 다른 여러 펀드를 대상으로도 오토 리밸런싱이 가능하다.

[참고 – 수익 자동 이전 제도]

가입자가 미리 '목표 수익률(예: 120%)'을 설정해 놓으면, 펀드의 누적 수익률이 이 목표치에 도달했을 때 초과된 수익금 전부 또는 일부를 자동으로 안전한 채권형 펀드로 옮겨 주는 방식이다. 예를 들면 다음과 같다.

▶ 초기 설정: 주식형 펀드 100%에 투자하고, 목표 수익률을 120%로 설정.

▶ 시장 상승: 주식 시장이 좋아져 내 펀드의 누적 수익률이 125%가 됨.

▶ 자동 이전 실행: 보험사는 목표(120%)를 초과한 '수익금 5%'에 해당하는 금액을 주식형 펀드에서 매도하여 안정적인 채권형 펀드나 단기 채권형 펀드로 자동 이전시킨다.

▶ 결과: 원금과 20%의 수익금은 계속 주식형 펀드에 남아 추가 수익을 추구하고, 확정된 5%의 수익은 채권형 펀드에서 안전하게 보관된다. 이후 시장이 하락하더라도 채권형 펀드로 옮겨진 수익금은 그 영향을 거의 받지 않게 되어 안정적으로 수익을 지킬 수 있다.

수익 자동 이전 제도의 목적은 '발생한 수익을 확정해서 지키는 것, 즉 수익성 확보'에 주된 목적이 있고 오토 리밸런싱은 '처음 설정한 펀드를 일정 비율로 유지하는 것', 즉 위험 관리에 주된 목적이 있다.

7) 변액 보험 화법

고객님 혹시 주식 투자하고 계십니까?

(한다)

네. 정말 잘하셨습니다. 그렇다면 그동안 얼마나 이익을 보셨습니까?

올해는 수익을 얼마나 올렸는지 여쭤봐도 될까요?

네. 그렇습니다. 사실 개인이 우리나라 주식 시장에서 수익을 올리는 것은

매우 어려운 일입니다. 그렇다면 혹시 얼마나 되는 돈을 투자금으로 쓰고 계신가요?

네. 만약 고객님이 10억 원으로 투자를 했다면 수익이 더 났을까요? 적게 났을까요?

더 나가서 만약 1000억을 가지고 투자한다면 어떨까요?

네. 그렇습니다. 투자원금이 많으면 많을수록 수익은 물론 안정성도 높아집니다.

기관 투자가들이 안정적으로 고수익을 올리는 비결이 바로 그것입니다. 동의하세요?

그런데 개인들이 가진 적은 돈을 모아 대규모 자본금을 만든 후에 가장 고수익을 올리는 기관 투자가에게 수수료를 일부 주면서 운용을 대신 하라고 하면 어떤 결과가 나올까요?

네. 맞습니다. 우리는 그것을 펀드라고 합니다.

여기에 은행의 입출금 기능 보험의 보장기능까지 세 가지 장점을 모두 결합해서 만든 상품이 있습니다. 바로 변액 보험이라는 상품입니다.

행복지킴이 통장

경제적으로 어려운 상황에 부채까지 있다면, 매달 입금되는 소중한 복지 급여마저 압류될까 봐 마음 졸이는 분들도 매우 많다. 국가에서 지원하는 최소한의 생계비마저 채권자가 가져가 버린다면 살아갈 길이 막막해지기 때문이다. 이런 상황에서 필요한 금융 안전망이 바로 '행복지킴이 통장'이다.

1. 행복지킴이 통장이란

행복지킴이 통장은 기초 생활 수급비, 기초 연금, 장애인 연금 등 국가에서 지급하는 각종 복지 급여가 입금될 경우, 법원의 압류 결정에도 불구하고 해당 자금을 보호해 주는 특수 계좌이다.

민사집행법에 따라 수급자의 생계유지에 필요한 최소한의 비용은 압류할 수 없도록 규정되어 있다. 행복지킴이 통장은 이 법률에 근거하여, 복지 급여 수급자의 통장 자체에 '압류 방지' 기능을 설정한 것이다. 즉, 이 통장으로 입금된 복지 급여는 채권자가 강제로 빼앗아 갈 수 없다.

2. 주요 장점

행복지킴이 통장의 가장 큰 장점은 단연 **'압류 방지 기능'**이다.

1) 압류로부터 완벽 보호

통장 자체가 압류 방지 계좌이므로, 채권자가 법원을 통해 압류를 시도하더라도 이 통장에 입금된 복지 급여만큼은 안전하게 지킬 수 있다.

2) 각종 금융 수수료 면제

대부분의 은행에서 행복지킴이 통장 가입자에게 인터넷/모바일 뱅킹 이체 수수료, ATM 출금 수수료 등 각종 금융 수수료를 면제해 주는 혜택을 제공한다.

3) 우대 금리 제공

일반 입출금 통장보다 조금 더 높은 금리를 적용해 주는 은행도 있어 소소한 이자 혜택도 누릴 수 있다. (은행별 상이)

3. 가입 대상

행복지킴이 통장은 누구나 만들 수 있는 것은 아니다. 아래와 같이 법령에 의해 압류가 금지된 복지 급여를 수령하는 개인만이 가입할 수 있다.

- 기초 생활 수급자 (생계 급여, 주거 급여, 교육 급여 등)
- 기초 연금 수급자
- 장애인 연금 및 장애 수당 수급자
- 한 부모 가족 복지 급여 수급자
- 요양비 등 보험 급여 수급자
- 아동 수당 수급자
- 기타 법률에 의해 압류가 금지된 각종 수당 및 지원금 수급자

4. 개설 방법 및 필요 서류

아래 서류를 준비하여 가까운 은행을 방문하면 개설이 가능하다.

▶ **필요 서류:**

- **신분증** (주민 등록증, 운전 면허증 등)
- **복지 급여 수급자임을 증명하는 서류** (예: 기초 생활 수급자 증명서, 장애인 연금 수급자 확인서, 기초 연금 수급자 확인서 등)

※ 해당 증명서는 가까운 주민 센터(행정 복지 센터)에서 발급받을 수 있다.

▶ **개설 절차:**

- 필요 서류를 가지고 은행 영업점에 방문한다.
- 창구 직원에게 '행복지킴이 통장'을 개설하고 싶다고 요청한다.
- 신청서를 작성하고 서류를 제출하면 개설이 완료된다.

대부분의 제1금융권 은행(국민, 신한, 우리, 하나 등)과 우체국, 농협 등에서 취급하고 있으니 방문 전 확인해 보시는 것이 좋다.

5. 주의 사항

행복지킴이 통장을 안전하게 사용하기 위해 반드시 주의할 점이 있다.

행복지킴이 통장에는 **지정된 복지 급여만 입금**해야 한다. 만약 행복지킴이 통장에 개인적인 용돈, 아르바이트 급여 등 복지 급여가 아닌 다른 돈을 함께 입금하면, 그 금액에 대해서는 압류 방지 효력이 적용되지 않을 수 있다. 최악의 경우, 통장 전체가 압류의 대상이 될 수도 있으므로 반드시 복지 급여 수령 전용 계좌로만 사용해야 한다.

또한, 행복지킴이 통장은 담보 제공이나 대출 계좌(마이너스 통장)로 사용할 수 없다.

1) 증여란

'증여(贈與)'의 사전적 의미는 '당사자 일방이 자기의 재산을 무상으로 상대방에게 수여하는 의사를 표시하고 상대방이 이를 승낙함으로써 성립하는 계약'을 말한다. 법률 용어는 다소 딱딱하게 들리지만, 본질은 간단하다. 아무런 대가 없이(무상으로) 나의 재산을 누군가에게 이전하는 모든 행위가 증여라고 할 수 있다.

우리가 흔히 자녀의 결혼식에 집을 사 주거나, 손주의 대학 입학 축하금으로 목돈을 주는 것 모두 법적으로는 증여에 해당한다. 증여는 재산을 주는 사람인 '증여자(贈與者)'와 재산을 받는 사람인 '수증자(受贈者)' 사이의 약속으로 이루어진다.

우리가 증여세를 알아야 할 이유는 증여라는 법적인 행위를 할 때, 증여세가 발생하기 때문이다. 보험 영업과 증여세와는 직접적인 관계가 없을 수도 있지만 따지고 보면 매우 중요한 문제들이 있다. 가장 많은 사례가 '저축 보험의 계약자가 자녀이고, 피보험자, 수익자도 자녀인데 어머니의 계좌에서 10년 동안 보험료를 납입하고 20년 후 만기가 되었을 때 어느 시점을 증여 시점으로 볼 것인가? 증여세 대상 가액은 얼마이며, 증여세는 얼마나 납부해야 하는가? 만약 납부하지 않는다면 어떤 문제가 생기는가?' 등등의 문제들이 발생한다. 이번 장에서는 이런 부분들을 중심으로 '보험과 증여'에 대해 알아보려고 한다.

2) 증여와 양도

가. 양도란

증여가 '무상 이전'이라면, '유상 이전'도 있다, 즉 대가를 받고 재산을 넘기는 행위인데 세법에서는 이를 '양도(讓渡)'라고 부른다. 우리가 흔히 쓰는 '매매(賣買)' 유사한 법률 용어이다.

▶ 증여(Gifting): 대가 없이 재산을 이전. 증여세가 발생.

▶ 양도(Transfer/Sale): 대가를 받고 재산을 이전. 양도 소득세가 발생.

이 두 가지 개념을 명확히 구분하는 것은 매우 중요하다. 어떤 방식으로 재산을 이전하느냐에 따라 적용되는 세금이 완전히 달라지기 때문이다.

예를 들어, 아버지가 아들에게 시가 5억 원의 아파트를 그냥 주었다면 이는 '증여'이며, 아들은 증여세를 납부해야 한다. 반면, 아들이 아버지에게 시세대로 5억 원을 모두 지불하고 아파트의 소유권을 가져왔다면 이는 '양도(매매)'이며, 아버지는 양도 차익에 대한 양도 소득세를 납부해야 한다.

나. 증여 추정

세법에서는 특수 관계인(배우자, 직계 존비속 등) 간의 재산 거래에 대해 매우 엄격한 잣대를 적용한다. 만약 부모와 자식 간에 부동산 매매 계약을 체결했더라도, 자녀가 대금을 지불했다는 사실을 객관적인 금융 거래 내역 등으로 명확하게 입증하지 못하면, 세무 당국은 이를 '형식만 매매일 뿐, 실질은 증여'라고 판단하여 증여세를 과세할 수 있다. 이를 '증여 추정' 규정이라고 한다. 따라서 가족 간에 실제로 매매를 진행할 경우에는 반드시 시세에 맞는 적정한 가격으로 거래해야 하며, 대금이 오고 간 모든 과정을 투명하게 증명할 수 있어야 한다.

다. 부담부 증여

그렇다면 증여와 양도가 결합된 형태도 있을까? 이런 방식을 '부담부 증여(負擔附贈與)'라고 한다. 부담부 증여는 재산을 증여하면서 그 재산에 담보된 채무(대출금, 전세 보증금 등)까지 함께 떠넘기는 방식이다. 이 경우, 전체 자산 가치에서 채무액을 뺀 부분은 '증여'로, 채무액 부분은 '양도'로 보아 증여세와 양도 소득세가 함께 발생한다. (더 자세한 내용은 7장에서)

3) 증여 공제

정부는 증여가 사회 통념상 용인되는 범위 내에서 이루어질 수 있도록, 일정 금액까지는 증여세를 면제해 주는 제도를 두고 있는데, 이를 '증여 재산 공제'라고 부른다. 공제 한도는 재산을 받는 수증자가 증여자와 어떤 관계인지에 따라 달라진다.

증여 관계자에 따른 증여 재산 공제 금액

증여자와의 관계	공제금액	비고
배우자	6억	• 사실혼은 적용되지 않음
직계존속	5000만	• 부모, 조부모, 외조부모 등
직계비속	5000만	• 만 19세 이상 성년 자녀, 손자녀 등 • 미성년자가 증여받은 경우 2000만원 적용
	혼인출산 공제 1억	• 혼인 신고일 전후 2년 이내 증여 • 공제 적용 후 혼인하지 않으면 증여세 추가 납부, 가산세 부가 • 약혼자 사망, 약혼 해제 사유 발생 시 증여 취소 가능(재산 반납 필수) • 출생 신고일(입양신고일)로 부터 2년 내 증여
기타친족	1000만	• 6촌이내 혈족, 4촌이내 인척 가능

여기서 가장 중요한 것은 공제 한도가 '10년간 누적'해서 적용된다는 점이다. 예를 들어보자. 성인 자녀에게 적용되는 공제 한도 5,000만 원은 한 번만 쓰고 끝나는 것이 아니다. 2025년에 아버지에게 5,000만 원을 증여받아 세금을 내지 않았다면, 그로부터 10년이 지난 2035년이 되면 다시 새로운 5,000만 원의 공제 한도가 생겨난다는 것이다. 반대로, 2025년에 3,000만 원, 2028년에 3,000만 원을 증여받았다면, 10년 이내에 총 6,000만 원을 증여받았으므로 공제 한도 5,000만 원을 초과하는 1,000만 원에 대해서는 증여세를 납부해야 한다.

또한, 증여자를 기준으로 아버지가 증여한 것과 할아버지가 증여한 것은 각각 별도로 계산하지만, 아버지가 증여한 것과 어머니가 증여한 것은 동일인(직계 존속)의 증여로 보아 합산하여 10년간 5,000만 원의 공제를 적용한다.

반대로 자녀가 부모에게 증여를 할 때도 같은 규칙이 적용된다. 10년간 5000만 원의 증여 공제 한도액도 동일하다.

2024년부터는 혼인과 출산 시 1억을 추가로 공제해 주는 '혼인 출산 공제'가 신설되었다. 그래서 이전에 한 번도 증여를 안 했던 사람이 자녀가 결혼할 때 세금 없이 증여를 할 수 있는 금액의 한도는 1억 5천만 원(혼인 공제 1억 + 성년 자녀 공제 5천만)이 된다.

4) 증여 시 수증자 분산

증여세율과 상속세율은 동일하고 누진 세율의 구조를 가지고 있다. 즉, 증여받은 재산의 금액이 클수록 세율이 더 높아진다는 뜻이다. 다만 상속세와 다른 점은 상속세는 '유산세' 방식이어서 피상속인의 재산을 기준으로 과세되고 증여세는 '유산 취득세' 방식이어서 수증자(받는 사람)가 개별 취득한 증여 재산에 대해서만 세금을 낸다는 차이점이 있다.

그래서 상속세는 상속받을 자녀의 수와 상관없이 일정한데, 같은 재산을 증여로 받게되면 상속받을 자녀의 숫자가 늘어날수록 증여세는 줄어든다.

예를 들어 보자. 4억 원을 아들 1명에서 전액 증여하면 증여세는 6,000만 원이 부과된다. 그런데 아들에게 2억, 며느리에게 1억, 손자에게 1억… 이렇게 나누어서 증여하면 전체 증여세의 합계액은 3,940만 원이 나온다. 대략 2천만 원을 절세할 수 있다. (참고로 손자에게 증여하면 '세대 생략 증여'가 되기 때문에 30% 할증된다)

5) 비과세되는 증여 재산

모든 증여에 세금이 과세되는 것은 아니다. '사회 통념상 인정'되거나 '공익적 목적'을 가진 증여에 대해서는 증여세를 부과하지 않는다. 이를 '비과세 증여 재산'이라 한다.

가. 사회 통념상 인정되는 금품

일상생활에서 흔히 주고받는 돈 중 상식적인 수준의 금액은 증여로 보지 않는다.

- 피부양자의 생활비 및 교육비

- 학자금 또는 장학금

- 기념품, 축하금, 부의금, 혼수용품

다만 주의할 점이 있다. 자녀에게 생활비를 준다고 무조건 비과세가 되는 것이 아니다. 핵심은 '필요하다고 인정되는' 그리고 '해당 용도에 직접 지출한' 경우에만 비과세로 본다는 것이다. 예를 들어, 자녀에게 생활비 명목으로 매달 500만 원씩 주었으나 자녀가 그 돈을 쓰지 않고 예금하거나 주식에 투자했다면, 이는 생활비가 아닌 재산 형성 목적의 증여로 보아 과세될 수 있다. 모든 자금의 용도는 명확해야 한다.

결혼식 축의금이나 부의금도 '사회 통념상 인정되는 범위' 이내여야 한다.

나. 공익 목적의 재산

- 공익 법인(사회 복지, 장학, 종교, 자선 등)에 출연하는 재산

- 장애인을 수익자로 하는 신탁 재산 (연간 4,000만 원 한도 내에서 인출되는 신탁 이익)

다. 재해 구호를 위한 금품

천재지변이나 그 밖의 재해로 피해를 입은 사람을 돕기 위해 자원봉사나 언론사를 통해 전달하는 금품 역시 비과세 대상이다.

6) 증여 시기

증여 시기는 증여세 과세와 향후 자산 형성에 매우 큰 영향을 미치므로 적절한 시기를 선택하는 것이 중요하다. 일반적인 증여의 완성 시점은 '증여 계약이 성립하고 실제로 재산이 이전된 때'이다. 부동산의 경우 '소유권 이전 등기일'이고 주식은 '명의 개서일', 현금은 '실제 교부일 또는 계좌 이체일'이다. 다만 보험의 경우에만 증여 시점이 다르다. 예를 들어 보자. 부모님이 증여세를 다 내고 증여를 한 돈으로 자녀가 저축 보험을 가입한 경우 계약자, 피보험자, 수익자가 동일하고 10년 이후 만기가 되어 이자가 1000만 원이 발생했다면 이 경우 추가로 증여세를 과세해야 할까?

정답은 '그렇다'이다. 추가로 과세한다. 상속세 및 증여세법 34조 제 1항에는 '증여받은 재산으로 납부한 보험료 납부액에 대한 보험금 상당액에서 증여받은 재산으로 납부한 보험료를 뺀 가액을 보험금 수령인의 증여 재산 가액으로 한다'라고 되어 있다. 즉, 증여받은 재산으로 보험 계약을 한 후에 사고나 만기에 불입한 보험료를 초과해서 수령한 보험금에 대해서는 다시 증여세를 과세한다는 것이 대법원 판례와 국세청 예규의 입장이다.

개인적으로는 문제가 있는 조항이라고 생각하고, 현실적으로도 이런 경우 실제 과세가 되는지 의심스럽지만 일단 법적인 관점에서는 '과세를 한다'고 되어 있다.

증여는 하루라도 빨리 하는 좋다. 10년 단위로 최대 공제액인 5000만 원을 증여하면 이 금액을 가지고 자녀의 '합법적인 소득'을 늘려 줄 수 있기 때문이다.

또한 증여자가 사망할 경우 사망일로부터 10년 이내에 상속인에게 증여한 재산은 모두 상속 재산에 다시 합산되어 상속세를 계산한다. 10년 이전에 증여한 재산은 합산하지 않으니 하루라도 빨리 증여하는 것이 좋다.

7) 부담부 증여

'부담부 증여(負擔附贈與)'는 단어 그대로 '부담(채무)을 붙여서 하는 증여'를 의미한다. 증여자가 가진 재산을 수증자에게 주면서, 그 재산에 담보된 채무(예: 주택 담보 대출, 전세 보증금)까지 함께 떠넘기는 방식이다.

부담부 증여는 하나의 행위 안에 '증여'와 '양도'기 함께 들어있는 복합적인 거래이기 때문에 세법은 이를 다음과 같이 구분하여 과세한다.

- 순수 증여 부분: 전체 재산 가액에서 채무액을 뺀 금액. 이 부분은 수증자가 증여세를 납부해야 한다.

- 채무 인수 부분: 수증자가 떠안는 채무액. 이 부분은 증여자가 채무를 면하는 대가로 자산을 유상으로 이전한 것으로 보아, 증여자가 양도 소득세를 납부한다.

  부담부 증여는 증여자가 내야 할 양도 소득세가, 그 금액만큼을 일반 증여했을 때 수증자가 내야 할 증여세보다 적을 경우에 절세 효과가 있다.

예를 들어 보자. 10억짜리 아파트를 아버지가 아들에게 그냥 증여하면 아들은 2억 2,500만 원의 증여세를 납부해야 한다. 그런데, 대출 4억을 일부러 발생시켜 증여를 하면 아들이 내야 할 증여세는 1억 500만 원으로 줄고 아버지가 내야 할 양도 소득세 2,000만 원을 합쳐도 1억 2,500만 원이니 대략 1억 원의 세금을 절약할 수 있다. 세금 면에서는 이익이지만 대출 4억은 아들이 갚아 나가야 한다.

8) 증여세 절세 전략

앞의 내용을 바탕으로 실전에서 바로 적용할 수 있는 증여세 절세 핵심 전략을 정리해 보자. 증여세는 '피할 수 없는 세금'이 아니라, '설계하고 관리할 수 있는 세금'임을 기억 해야 한다.

전략1 10년 주기를 플래너처럼 활용하라

자녀, 손자녀 등 증여 대상별로 10년 주기가 언제 다시 시작되는지 파악하고, 그에 맞춰 꾸준히 비과세 한도 내에서 증여를 실행하는 것이 모든 절세의 출발점이다.

'시간에 투자하는 것'만큼 확실한 절세 전략은 없다.

전략2 증여 대상을 최대한 넓혀라

자녀에게만 집중하면 안된다. 배우자(6억 원), 며느리·사위(1,000만 원), 손자녀(5,000 만 원) 등 인적 공제를 받을 수 있는 대상을 최대한 넓혀 '세금 바구니'를 여러 개 만드는 것이 좋은 전략이다. 같은 금액이라도 여러 사람에게 나누어 주면 낮은 세율이 적용되 어 전체 세금 규모가 극적으로 줄어든다.

전략3 오를 만한 자산을 먼저 증여하라

증여는 '미래 가치에 대한 선점'이다. 지금은 저평가되어 있지만 앞으로 가파른 성장이 기대되는 주식이나 부동산을 미리 증여하라. 현재의 낮은 가치로 증여세를 내면, 미래의 막대한 가치 상승분에 대해서는 세금 없이 자녀의 몫으로 온전히 돌아간다.

전략4 부담부 증여를 전략적으로 활용하라

대출이나 전세 보증금이 있는 부동산을 증여할 때는 반드시 부담부 증여를 검토해야 한 다.

증여세 일부를 양도 소득세로 전환하여 전체 세금 부담을 최적화할 수 있다. 특히 1세대 1주택 비과세 등 양도세 감면 혜택을 적용받을 수 있는 증여자라면 그 효과는 배가된다.

전략5 최고의 전략은 '계획하고 실행하는 것'

10년마다 비과세 한도만큼의 현금을 어떻게 마련할 것인가? 자녀가 내야 할 증여세 납부 재원은 어떻게 마련해 줄 것인가? 라는 물음에 대안을 마련해 두어야 한다. 핵심은 증여를 통해 자녀에게 '소득 능력'을 만들어 주는 것이다. 매우 다양한 방법들이 있지만 추후에 다른 책에서 자세히 기술하도록 하겠다.

9) '보험과 증여'에 대해 궁금한 점 (Q&A)

Q1. 손주에게 재산을 물려주기 위해 '세대 생략' 증여 목적으로 종신 보험 가입을 고려 중입니다. 제가(조부) 계약자로 보험료를 내고, 아들을 피보험자로, 미성년 손주를 수익자로 지정했습니다. 이 경우 증여는 언제 발생하며, 세금은 어떻게 계산되나요?

A1. 이 계약 구조에서 증여는 아들(피보험자)이 사망하여 손주(수익자)가 사망 보험금을 수령하는 시점에 발생합니다. 이때 손주가 받는 사망 보험금 전액이 조부로부터 받은 '증여 재산'으로 간주됩니다. 이 경우 두 가지 중요한 세금 문제가 발생합니다.

첫 번째로 사망 보험금 전액에 대해 증여세가 부과됩니다.

두 번째로 자녀 세대를 건너뛰어 손주에게 증여했기 때문에, 산출된 증여세액의 '30%를 가산세'로 더 내야 합니다. 이것을 '세대 생략 증여'라고 합니다. 세대 생략 증여는 상속세를 한번 절감하는 효과가 있을 수 있지만, 높은 증여세와 할증 과세 부담이 있어서 실제 증여세를 비교해 보고 하는 것이 좋습니다.

Q2. 15년 전 아내가 계약하고 납입해 온 변액 보험이 있습니다. 펀드 수익률이 좋아 현재 해지 환급금이 납입 원금의 2배가 넘습니다. 절세 목적으로 지금 시점에 계약자를 아들 명의로 변경하면, 증여 재산 가액은 '과거에 납입한 원금'인가요, 아니면 '현재의 해지 환급금'인가요?

A2. 증여 재산 가액은 '현재의 해지 환급금'을 기준으로 합니다. 상속세 및 증여세법에서는 보험 계약의 권리를 증여할 때, 그 가치를 '증여일 현재의 해지 환급금'으로 평가하도록 명시하고 있습니다. 납입 원금이 얼마였는지는 중요하지 않습니다.

따라서 납입 원금이 1억 원이고 현재 해지 환급금이 2억 5천만 원이라면, 아들은 2억 5천만 원을 증여받은 것으로 신고해야 합니다. 증여 재산 공제 5천만 원을 제외한 2억 원에 대해 높은 세율의 증여세가 부과됩니다. 많은 분들이 이 부분을 오해하여 '원금' 기준으로 생각했다가 증여세를 추징당하는 경우가 많습니다.

Q3. 12년 전, 아버지가 가입했던 보험의 계약자를 제 명의로 변경하면서 증여를 받았지만, 당시 신고를 하지 않았습니다. 증여세 부과 제척 기간이 10년이라고 들었는데, 이제는 안전한 건가요?

A3. 아니요. 증여세의 부과 제척 기간은 복잡합니다. 일반적인 증여세 부과 제척 기간은 15년입니다. (신고를 하지 않은 경우) 하지만 '부담부 증여'이거나 '제3자 명의로 재산을 취득하는 등 조세 회피 목적이 명백한 경우'에는, 납세자가 그 사실을 안 날로부터 1년 이내에 과세할 수 있다는 특례 규정이 있습니다. 또한, 상속이 개시되면 과거 10년 이내의 증여는 상속 재산에 합산되므로 제척 기간이 지났다고 안심할 수 없습니다. 따라서 과세 당국이 '조세 회피 목적'으로 판단할 경우 제척 기간이 지났음에도 과세할 가능성을 배제할 수 없으니 안심할 수 없습니다.

Q4. 이혼 과정에서 재산 분할의 일부로 남편이 계약하고 납입해 온 연금 보험의 계약자 명의를 제 앞으로 이전받기로 했습니다. 이것도 '증여'에 해당하여 증여세를 내야 하나요?

A4. 아니요, 증여세를 내지 않습니다. 이혼 시 협의나 판결에 따른 '재산 분할'은 부부 공동의 노력을 통해 형성한 재산을 각자의 몫으로 나누어 갖는 행위이지, 한쪽이 다른 쪽에 무상으로 재산을 주는 '증여'로 보지 않습니다. 따라서 재산 분할로 보험 계약의 권리를 이전받는 것은 증여세 과세 대상이 아닙니다. 단, 재산 분할을 위장한 탈세 목적의 증여가 아니라는 점이 명확해야 합니다.

Q5. 제가 계약자, 피보험자이고 아내가 수익자인 종신 보험이 있습니다. 아내가 먼저 사망하여 수익자를 아들로 변경했습니다. 그리고 그 후 제가 사망하여 아들이 보험금을 받는다면 이 경우 보험료는 제가 냈는데, 증여세가 발생하나요, 상속세가 발생하나요?

A5. 이 경우는 '상속세' 과세 대상입니다. 세금의 종류를 결정하는 가장 중요한 기준은 '보험료를 실질적으로 누가 냈는가'입니다. 이 사례에서 보험료 납부 주체는 시종일관 '아버지'입니다. 수익자가 중간에 아내에서 아들로 변경되었다고 하더라도, 보험료 납부자가 피상속인(아버지)이므로 아들이 수령한 사망 보험금은 '간주 상속 재산'에 해당하여 아버지의 다른 재산과 합산되어 상속세가 과세됩니다.

10) '보험과 증여'를 영업에 활용하는 방법

지금까지 우리는 증여의 개념부터 다양한 절세 전략까지, 부의 이전을 위한 여러 가지 방법을 살펴보았다. 하지만 많은 사람이 계획을 세우는 단계에서 현실적인 어려움에 부딪힌다.

"10년마다 5,000만 원씩 자녀에게 주려면 그 목돈을 어떻게 꾸준히 마련하지?"

"주식이나 부동산을 증여하고 싶은데, 자녀가 당장 내야 할 증여세는 어떻게 해결해야 할까?" "미리 증여한 돈을 자녀가 계획 없이 전부 써 버리면 어떡하지?"

이러한 현실적인 고민들을 해결하고, 장기적인 증여 플랜을 흔들림 없이 완성해 주는 가장 강력한 금융 도구가 바로 보험이다.

아래의 내용을 참고로 고객들에게 증여를 통한 설세 플랜을 제안해 보자.

전략1 장기적인 증여 재원을 만드는 '강제 저축 시스템'

증여세 절세의 핵심인 '10년 주기 플랜'을 꾸준히 실행하기란 생각보다 어렵다. 종신 보험이나 연금 보험과 같은 장기 저축성 보험은 이러한 불확실성을 제거하는 강력한 '강제 저축 시스템' 역할을 한다.

매월 또는 매년 일정 금액의 보험료를 납입하는 행위 자체가 10년 주기의 증여 계획을 실천하는 과정이 된다. 예를 들어, 자녀가 10살일 때부터 10년 만기 저축(연금)성 보험에 가입해 꾸준히 납입하면, 자녀가 20살이 되는 해에 정확히 계획된 목돈을 증여세 없이(공제 한도 내) 마련해 줄 수 있다. 보험은 장기 유지 시 복리 효과와 비과세 혜택(관련 세법 요건 충족 시)을 통해 자산을 안정적으로 불려 나가는 동시에, 증여 계획을 중단하지 않고 꾸준히 실행하게 만드는 최고의 장치이다.

전략2 보험 계약 자체를 증여하는 방법 (계약자 변경)

현금이나 부동산뿐만 아니라, 보험 계약상의 권리, 즉 '보험 계약' 그 자체도 증여가 가능한 재산이다. 부모(증여자)가 보유하고 있던 보험 계약의 '계약자'를 자녀(수증자) 명의로 변경하는 방식이다.

이때 증여 재산 가액은 증여일 현재의 '해지 환급금'을 기준으로 평가한다. 가입 초기 해지 환급금이 납입 원금보다 적을 때 증여하면, 미래에 훨씬 커질 사망 보험금이나 만기 보험금이라는 권리를 현재의 낮은 가치로 이전하는 효과를 누릴 수 있다. 다만, 계약자 변경 이후의 보험료는 반드시 새로운 계약자인 자녀의 소득으로 납부해야 추가적인 증여세 문제를 피할 수 있다.

전략3 증여세 및 상속세 '납부 재원' 마련의 최강자

재산이 많을수록 세금은 늘어난다. 평생 피땀 흘려 재산을 많이 모아도 결국 사망을 하게 되고 그때 재산이 많다면 세금도 많이 내야 한다. 그런데 우리나라 사람들은 아직도 세금에 대한 저항이 강하다. '돈 벌 때도 세금, 가지고 있어도 세금, 죽어서도 세금'이라면서 강한 분노를 표출하기도 하고 '나중에 어떻게 되겠지'라며 냉소적인 자세를 보이기도 한다.

하지만 소용이 없는 일이다. 결국 세금은 다 내야 한다. 결론적으로 상속세를 적게 내려면 증여를 사전에 많이 하면 된다.

증여든 상속이든 가장 현명한 절세 방법으로는 보험을 빼 놓을 수 없다. 10년 단위로 자녀에게 증여를 하고 자녀는 합법적인 소득을 확보한 후 이를 통해 종신 보험을 들어 두어 나중에 상속세 재원으로 사용하면 된다. 이 방법보다 더 좋은 방법은 없다.

11) '보험과 증여'에 관한 화법

고객님 혹시 이런 얘기 들어 보셨습니까?

세상에는 두 종류의 부모가 있다고 합니다.

첫 번째는 좋은 부모인데…아이를 사랑한다고 안아 주고 맛있는 간식도 만들어 주고…

이렇게 아이에게 사랑을 주는 부모가 좋은 부모라고 합니다.

고객님도 좋은 부모 맞으시죠?

사실 세상 모든 부모들은 대부분 좋은 부모가 맞습니다.

두 번째 부모는 '훌륭한 부모' 라고 합니다.

아이가 능력이 되어서 무엇인가가 되고 싶을 때 아이가 꿈을 실현시킬 수 있도록 경제

적인 뒷바라지를 해 줄 수 있는 부모가 훌륭한 부모라고 합니다. 동의하십니까?

누구나 좋은 부모는 될 수 있어도 아무나 훌륭한 부모는 될 수 없다고 합니다.

고객님께서는 좋은 부모로 만족하시겠습니까?

아니면 훌륭한 부모까지 되시고 싶습니까?

(고객의 답변)

네. 맞습니다. 이왕이면 훌륭한 부모까지 되시면 더 좋겠죠?

그래서 제가 증여를 통한 소득 재원 마련 방법 등 몇 가지 제안을 드리려고 합니다.

시간은 30분이면 충분합니다.

16 | # 특수 관계 인간 저가 양수

가족 간에 부동산을 매매한다고 하면 제 값을 다 받아도 될까? 아니면 좀 깎아 줘도 괜찮을까?

특수 관계 인간 지기 양수는 가족이나 특수 관계에 있는 사람들 사이에서 시가보다 낮은 가격으로 재산을 매매하는 것을 말한다.

1. 특수 관계인의 범위

세법상 특수 관계인은 다음과 같다

- **직계 존비속 및 그 배우자**: 부모, 조부모, 자녀, 손자녀와 그들의 배우자
- **형제 자매**: 친형제, 친자매, 이복형제 자매
- **생계를 같이하는 가족**: 실질적으로 생계를 함께 하는 가족 구성원
- **그 밖의 친족**: 6촌 이내의 혈족, 4촌 이내의 인척
- **경제적 연관 관계**: 회사의 임원과 직원, 주주와 그 친족 등 지분이나 경영상 영향력을 행사할 수 있는 관계

2. 저가 양수의 핵심 메커니즘

▶ 저가 양수에서 가장 중요한 것은 **정확한 시가 산정**이다. 시가는 다음 순서로 평가된다
- **매매 사례 가액**: 거래일 전후 6개월 내 유사한 부동산의 실제 거래 가격
- **감정 평가액**: 공인된 감정 평가 기관의 평가액
- **공시 가격**: 개별 공시 지가, 표준지 공시 지가 등을 기준으로 산정

▶ 거래 가격이 시가의 일정 비율 미만일 때 차액이 증여로 간주된다.
- **부동산**: 시가의 30% 미만으로 거래 시
- **주식**: 시가의 30% 미만으로 거래 시
- **기타 재산**: 시가의 30% 미만으로 거래 시

10억 이하 부동산이라면 시가의 30%를, 10억이 넘는 경우는 3억까지 저가로 매매 계약을 체결 가능하다는 것이다. 예를 들어 자신 소유의 시가 10억짜리 아파트를 자녀에게 '매매'할 때는 7억 원에 팔아도 증여로 보지 않지만, 6억에 팔면 '1억'은 증여로 본다.

3. 저가 양수의 장점

① 증여세 부담 경감

가장 큰 장점은 **증여세 부담을 단계적으로 분산**할 수 있다는 점이다. 전액 증여 시 높은 누진 세율이 적용되지만, 저가 양수를 통해 일부만 증여로 처리해도 상대적으로 낮은 세율을 적용받아 절세가 가능하다.

② 현금 흐름 개선

매도자는 일정 금액의 현금을 확보할 수 있어 생활 자금이나 다른 투자에 활용할 수 있다. 완전 무상 증여와 달리 즉시 현금화가 가능한 장점이 있다.

③ 유류분 소송 방지

매래로 거래가 되면 향후 상속 과정에서 유류분 소송의 대상이 되지 않는 장점이 있다. 또, 무상 증여보다는 유상 거래의 성격을 갖추고 있어 증여받는 사람의 심리적 부담이 적다.

4. 주의해야 할 점

① 자금 출처 조사

저가 양수는 '매매' 형식이므로 자녀(양수자)는 매수 대금을 부모에게 실제로 지급해야 하며, 이 자금의 출처를 명확히 소명해야 한다. 만약 자녀가 소득 활동 등을 통해 모아 둔 자금이 있다면, 이 자금을 활용해 저가로 부동산을 매수함으로써 순수 증여나 부담부 증여에 비해 증여세를 절세할 수 있다.

② 양도세 중과 대상 확인

부모가 다주택자로서 양도세 중과 대상이라면 저가 양수로 인한 양도세 부담이 매우 커질 수 있다. 이 경우에는 오히려 부담부 증여가 유리할 수 있다.

③ 시가 조작 위험

인위적으로 시가를 낮게 평가하거나 거래 가격을 조작하면 탈세 혐의로 처벌받을 수 있다. 객관적이고 합리적인 가격 산정을 해야 한다.

특수 관계인 간 저가 양수를 정리하면

첫째, 다소 부담이 있더라도 향후 '유류분' 분쟁 등이 예상된다면 '증여'나 '부담부 증여' 보다 '매매' 방식이 더 적합한 방법이다.

둘째, 대상은 소득세가 많이 나오지 않은 부동산 등이 좋다. 특히 양도세 중과 대상이 되는 부동산 등은 그냥 증여세를 내고 증여하는 것이 나을 수 있으니 주의해야 한다.

셋째, 부동산 등을 매매하려는 자녀가 자금 출처 소명이 가능해야 한다. 소득이 없거나 자금 출처 소명이 어려운 경우 오히려 문제가 더 커질 수 있다.

<table>
<tr><td>**7장**</td><td>**보험과 상속**</td></tr>
</table>

1) 상속이란

'상속(相續)'이란 한 사람이 사망한 후, 그 사람이 남긴 재산상의 모든 권리와 의무가 법률에 따라 특정인(상속인)에게 포괄적으로 승계되는 것을 의미한다(민법 제1005조). '피상속인'이란 사망 또는 실종 선고로 인하여 상속 재산을 물려주는 사람을 말하며, '상속인'이란 피상속인의 사망 또는 실종 선고로 상속 재산을 물려받는 사람을 말한다.

'상속 재산'에 대해 우리는 흔히 상속을 예금, 부동산, 주식과 같은 '플러스(+) 자산'을 물려받는 것이라고 생각하지만, 실제로는 대출금, 보증 채무와 같은 '마이너스(-) 자산(부채)'까지 모두 함께 물려받게 된다. 따라서 상속 절차를 시작하기 전에는 돌아가신 분(피상속인)의 전체 재산 상태를 꼼꼼히 파악하는 것이 중요하다. 자칫하면 빚만 물려 받을 수도 있다.

2) 상속 순위

가. 상속 순위

우리 민법은 상속받을 사람의 순위를 다음과 같이 명확하게 정해 두고 있다. 이를 '법정 상속 순위'라고 한다.

- 1순위: 피상속인의 **직계 비속(자녀, 손자녀 등) + 배우자**
- 2순위: 피상속인의 **직계 존속(부모, 조부모 등) + 배우자**
- 3순위: 피상속인의 **형제 자매**
- 4순위: 피상속인의 **4촌 이내의 방계 혈족**

여기서 배우자는 1순위와 2순위 상속인이 있을 경우, 그들과 함께 '공동 상속인'이 된다. 만약 1순위와 2순위가 모두 없다면 배우자가 단독으로 상속받게 된다.

나. 상속 지분

상속 지분은 배우자가 다른 공동 상속인(자녀 또는 부모)보다 50%를 더 받는다.

법정 상속 지분표

구분	상속인	법정상속분		
		상속 지분	공동 등기 비율	
사망인의 자녀와 처가 공동 상속 하는 경우	아들, 처만 있는 경우	아들 1 처 1.5	2/5 3/5	40% 60%
	아들, 딸, 처가 있는 경우	아들 1 딸 1 처 1.5	2/7 2/7 3/7	28.5% 28.5% 42.8%
	아들2, 딸1, 처가 있는 경우	아들 1 아들 1 딸 1 처 1.5	2/9 2/9 2/9 2/9	22.2% 22.2% 22.2% 33.3%
사망인의 처와 시부모가 공동 상속하는 경우		부 1 모 1 처 1.5	2/7 2/7 3/7	28.5% 28.5% 42.8%

3) 유언과 유류분

피상속인은 유언을 통해 법정 상속 순위와 다르게 상속 재산을 분배할 수 있다. 이를 '유언 상속'이라고 하며, 유언이 법적 효력을 가지면 유언의 내용이 법정 상속에 우선한다. 하지만 유언이 있더라도 법정 상속인들이 최소한의 상속분을 보장받을 수 있는 권리가 있는데, 이를 '유류분(遺留分)'이라고 한다. 예를 들어, 아버지가 전 재산을 장남에게만 물려준다는 유언을 남겼더라도, 다른 자녀들은 법정 상속분의 절반(직계 비속의 경우)을 '유류분'으로 청구할 수 있다. 이는 특정 상속인이 부당하게 소외되는 것을 막기 위한 최소한의 안전장치이다.

4) 상속 승인과 포기

상속이 개시되더라도 상속인이 무조건 상속을 해야 하는 것은 아니다. 상속 개시가 있음을 안 날로부터 3개월 이내에 아래의 방법 중 하나를 선택하여 법원에 신고해야 한다.

가. 단순 승인

단순 승인은 고인의 재산(적극 재산)과 빚(소극 재산)을 모두 제한 없이 물려받는 방법이다. 고인이 남긴 재산이 빚보다 월등히 많을 때 선택하는 가장 일반적인 방법이다.

다만, 별도의 절차 없이 3개월의 신고 기간이 지나면 자동으로 단순 승인(법정 단순 승인)이 된다. 또한, 상속 재산을 처분(예: 부동산 매각, 예금 인출 후 사용)하는 행위를 하면 단순 승인을 한 것으로 간주되어 다른 선택을 할 수 없게 된다. 이런 경우 확인하지 못한 거액의 빚이 나중에 발견되더라도 상속인이 모두 책임져야 하는 위험이 있다.

나. 상속 포기

상속 포기는 재산과 빚을 모두 포함한 상속인의 지위 자체를 포기하는 것이다. 적극 재산과 소극 재산 모두 상속을 하지 않게 된다. 상속 포기는 고인의 빚이 재산보다 명백하게 많을 때 선택한다. 절차가 비교적 간단하고, 빚을 완전히 피할 수 있다는 장점이 있다.

다만, 주의할 점이 있다. 상속을 포기하면 다음 순위의 상속인에게 상속권이 계속 승계된다. 예를 들어, 1순위 상속인인 배우자와 자녀가 모두 상속을 포기하면, 그다음 순위인 손자녀나 고인의 부모, 형제 자매 순으로 상속권이 넘어가는 것이다. 만약 상속 재산이 모두 빚만 있다면 문제가 심각할 수 있기 때문에 모든 잠재적 상속인들이 함께 포기 절차를 밟아야 하는 번거로운 문제가 생길 수 있다.

다. 한정 승인

한정 승인은 고인의 재산과 빚을 모두 물려받되, 물려받은 재산의 한도 내에서만 빚을 갚겠다고 조건을 다는 상속 방식이다. 빚이 재산보다 많거나, 재산 상태가 불명확하여 숨겨진 빚이 있을 가능성이 있을 때 가장 합리적인 선택이라 할 수 있다. 예상치 못한 빚으로부터 상속인의 고유재산을 안전하게 보호할 수 있고 또한, 상속 포기와 달리 다음 순위 상속인에게 빚이 넘어가지 않고, 상속인 선에서 채무 관계를 정리할 수 있다는 장점이 있다.

이렇게 보면 한정 승인이 가장 좋은 방식 같지만 한정 승인도 주의할 점이 있다.

한정 승인 후 채무는 승계되지 않지만 세금 문제가 발생할 수도 있다. 예를 들어 상속 대상 재산 중 부동산이 있는데 상속 과정에서 이 부동산이 임의 경매가 되어 제3자가 낙찰받을 경우 상속인은 '양도 소득세'를 부담해야 한다. 상속 개시 후 부과된 부동산 관련 세금도 모두 상속인이 부담해야 한다.

한정 승인을 하려는 경우 전체 재산 중 부동산이 얼마나 있고, 취득세/등록세, 양도 소득세, 재산세 등의 문제는 없는지 확인 후에 하는 것이 좋다.

라. 상속 재산 파산 제도

한정 승인을 받으면 상속인은 법적으로 보호를 받지만, 직접 상속 채권자들에게 연락하고 재산을 처분하여 빚을 갚는 '청산 절차'를 이행해야 하는 부담이 남는다. 이 과정이 복잡하고 자칫 잘못하면 채권자들과의 분쟁에 휘말릴 수 있으니 이러한 부담을 덜어 주기 위한 제도가 바로 '상속 재산 파산'이다.

상속 재산 파산은 한정 승인을 한 상속인 등이 법원에 신청하면, 법원이 선임한 파산 관재인이 상속인을 대신하여 고인의 재산을 현금화하고 채권자들에게 공평하게 나누어 주는 절차이다.

▶ 장점

- 복잡한 청산 절차 대행: 상속인이 직접 재산을 처분하고 채권자들과 협상할 필요가 없다.
- 공정성 및 투명성 확보: 법원의 감독하에 전문가가 진행하므로 공정하게 채무를 정리할 수 있다.
- 상속인의 책임 면제: 파산 관재인의 실수로 문제가 발생해도 상속인에게 책임이 없다.

▶ 신청 시기 및 자격

- 한정 승인 심판문을 받은 후, 상속 재산으로 모든 빚을 갚을 수 없는 것이 명백할 때 신청할 수 있다. 상속인뿐만 아니라 상속 채권자도 신청이 가능하다.

- 이 제도는 고인의 재산을 청산하는 것이므로, 상속인 개인의 신용도에는 전혀 영향을 미치지 않는다.

5) 우리나라 상속세의 문제

유독 우리나라에서 상속세가 '세금 폭탄'으로 불리는 이유는 무엇일까? 이는 다른 나라와 비교되는 몇 가지 독특한 세금 구조 때문이다.

한국의 **상속세 최고 세율은 50%**로, OECD 국가 중 일본(55%)에 이어 가장 높은 수준이다. 여기에 기업의 최대 주주가 주식을 상속할 경우에는 평가액에 20%를 할증(최대 주주 할증)하여 세금을 계산하므로, 실제 부담하는 세율은 최대 60%까지 올라갈 수 있다.

이보다 더 큰 문제가 있다. 수십 년간 물가가 오르고 자산 가치가 폭등하는 동안, 상속세의 기초적인 공제 한도가 거의 변하지 않았다는 점이다. 배우자와 자녀가 있을 경우 기본적으로 적용되는 '일괄 공제 5억 원'과 '배우자 최소 공제 5억 원'을 합한 10억 원의 **공제 기준**은 1997년에 정해진 이후 지금까지 그대로이다. 과거에는 부유층의 상징이었던 '상속세'가 이제는 서울 시내에 아파트 한 채만 보유한 평범한 중산층 가정까지도 걱정해야 하는 '보편적인 세금'이 되어 버린 것이다.

그 다음으로 지적할 부분은 '**유산 취득세**'다. 대부분의 선진국은 상속인 각자가 물려받은 재산의 크기에 따라 세금을 내는 '유산 취득세' 방식을 채택하고 있다. 예를 들어 30억 원의 재산을 세 자녀가 10억 원씩 나누어 받았다면, 각자 10억 원에 대한 세금을 내는 방식을 말한다. 하지만 우리나라는 상속인들이 재산을 나누기 전, 피상속인이 남긴 재산 총액(30억 원)을 기준으로 세금을 먼저 계산하는 '유산세' 방식을 따르고 있다. 재산 총액이 클수록 높은 누진 세율이 적용되므로, '유산세' 방식은 '유산 취득세' 방식에 비해 훨씬 더 많은 세금을 부담하게 된다.

마지막으로, 상속세는 피상속인 사망일로부터 6개월 이내에 신고하고 납부해야 하며, '**현금 납부**'를 원칙으로 한다. 물론 상속세를 부동산이나 주식으로 내는 '물납 제도'가 별도로 있기는 하지만 최근 국세청은 물납을 잘 받아 주고 있지 않다. 상속받은 재산이 대부분 부동산인데 당장 수억 원의 현금을 마련하기란 거의 불가능에 가깝다. 결국 세금을 내기 위해 물려받은 집이나 땅을 시세보다 훨씬 싼 가격에 급하게 처분해야 하는 상황에 내몰리게 된다.

6) 상속세 절세 방법

위에서 본 바와 같이 우리나라 상속세는 여러 가지 문제들이 중첩해서 존재한다. 다행스러운 점은 미리미리 준비하면 합법적인 방법을 통해 '절세'를 할 수 있다는 점이다.

가. 각종 공제 활용

▶ **배우자 상속공제**: 배우자는 최소 5억 원에서 최대 30억 원까지 공제를 받을 수 있다. 여기서 핵심은 '실제로 상속받은 재산 가액'을 한도로 공제가 이루어진다는 점이다. 따라서 상속 재산을 분할할 때 배우자의 공제 한도를 최대한 활용할 수 있도록 전략적으로 배분하는 것이 중요하다.

▶ **금융 재산 상속 공제**: 예·적금, 보험, 주식 등 금융 재산을 상속받는 경우, 순금융 재산 가액의 20%(최대 2억 원 한도)를 추가로 공제받을 수 있다. 상속 재산 중 일정 부분을 금융 자산으로 보유하는 것이 절세에 유리할 수 있다.

▶ **동거 주택 상속 공제**: 피상속인과 10년 이상 계속 동거한 무주택 자녀가 주택을 상속받는 경우, 주택 가격의 100%(최대 6억 원 한도)까지 공제받을 수 있다.

나. 사전 증여 활용

상속세를 줄이는 가장 효과적인 방법 중 하나는 재산을 미리 증여하여 상속 재산의 총 규모를 줄여 놓는 것이다. 이때, 앞서 언급한 '상속 재산 합산 규정(사망 전 10년 이내 증여 재산 합산)'을 피하기 위해 가능한 한 이른 시점부터 10년 단위의 장기적인 증여 계획을 세워 실행하는 것이 핵심이다. 배우자 증여(10년간 6억 원 공제), 자녀 증여(10년간 5천만 원 공제) 등을 꾸준히 활용하면 미래의 상속세를 현재의 낮은 증여세 또는 비과세로 대체하는 효과를 볼 수 있다.

다. 상속 재산 포트폴리오

상속세는 재산의 종류별 평가액을 기준으로 계산된다. 일반적으로 아파트보다는 단독 주택이나 토지가, 상장 주식보다는 비상장 주식이 시가보다 낮게 평가될 가능성이 있다. 상속이 임박했다고 판단될 경우, 세금 부담이 큰 자산을 처분하고 상대적으로 평가액이 낮은 자산으로 포트폴리오를 조정하는 것도 고려해 볼 수 있는 전략이다. 다만 세무 전문가와 상의해야 한다.

7) '보험과 상속'에 대해 궁금한 점 (Q&A)

Q1. 아버지를 피보험자로 하는 종신 보험의 계약자와 수익자를 모두 아들로 지정하고, 아들 소득으로 20년간 보험료를 직접 납부했습니다. 이 경우에도 아버지가 돌아가시면 아들이 받는 사망 보험금이 상속 재산에 포함되나요?

A1. 이 경우에는 상속 재산에 포함되지 않습니다. 상속세 과세의 핵심 기준은 '보험료를 실질적으로 누가 납부했는가'입니다. 이 사례처럼 상속인(아들)이 계약자로서 본인의 소득으로 보험료를 납부했다는 사실이 명확히 입증된다면, 해당 보험 계약은 상속인의 고유 재산으로 인정됩니다.

다만, 세무 조사 시 국세청은 아들에게 보험료를 납부할 충분한 소득과 자력이 있었는지를 면밀히 검토합니다. 만약 아버지가 아들에게 현금을 주어 보험료를 내게 한 정황(자금 출처 부족)이 드러나면, 실질 납부자를 아버지로 보아 상속세를 과세할 수 있습니다.

Q2. 아버지가 남긴 채무가 재산보다 많아 '상속 포기'를 하려고 합니다. 그런데 아버지가 생전에 저를 수익자로 지정해 둔 사망 보험금이 있습니다. 만약 제가 이 보험금을 수령하면, 상속을 승인한 것이 되어 아버지의 빚까지 모두 떠안게 되나요?

A2. 아니요, 빚을 떠안지 않습니다. 사망 보험금 수령과 상속 포기는 별개로 볼 수 있습니다. 대법원 판례에 따르면, 수익자로 지정되어 받는 사망 보험금은 상속 재산이 아닌 '수익자의 고유 재산'으로 봅니다. 따라서 상속 포기를 하더라도 수익자로서 보

험금을 수령할 수 있으며, 이 행위가 법적으로 상속을 단순 승인한 것으로 간주되지 않습니다. 채권자들도 이 보험금에 대해 압류를 할 수 없는 것이 원칙입니다. 상속 포기 절차는 법원에 별도로 진행하고, 보험금은 보험사에 청구하여 수령하면 됩니다.

Q3. 아버지께서 저를 유일한 수익자로 지정한 종신 보험에 가입하셨습니다. 아버지가 돌아가시면 보험금이 보험사에서 제 통장으로 바로 입금되는데, 이는 아버지의 다른 재산(부동산, 예금)과는 별개의 '수익자의 고유 재산'이므로 상속세에 포함되지 않는다는데 맞는 얘기인가요?

A3. 아니요. 상속세에 포함됩니다. 피상속인(아버지)이 본인을 계약자로 하여 보험료를 납부한 보험금은, 비록 수익자인 상속인의 고유 계좌로 지급되더라도 세법상으로는 '상속 재산으로 간주'됩니다. 이는 상속을 통해 재산을 물려주는 것과 경제적 실질이 동일하다고 보기 때문입니다. 따라서 이 사망 보험금은 아버지의 다른 모든 재산과 합산하여 상속 재산을 구성하며, 이를 기준으로 상속세가 부과됩니다.

Q4. 어머니가 가입한 연금 보험에서 매월 연금을 수령하시던 중 돌아가셨습니다. 계약에 따라 앞으로 10년간 남은 연금을 제가 이어서 받게 되었습니다. 이 경우 상속 재산으로 평가되는 금액은 앞으로 제가 받을 연금 총액인가요?

A4. 앞으로 받을 연금 총액이 아니라, '할인 평가'한 현재 가치입니다.

상속세법에서는 정기금을 받을 권리(연금 수급권)의 가치를, 미래에 받을 금액을 현재 가치로 할인하여 평가하도록 규정하고 있습니다. 이는 '오늘의 1억 원'과 '10년 후의 1억 원'의 가치가 다르다는 개념에 기반합니다.

따라서 국세청이 고시하는 이자율(기획 재정부령으로 정하는 이자율)을 적용하여, 10년간 받을 총 연금액을 현재 시점의 가치로 환산한 금액이 '상속 재산 가액'이 됩니다. 이는 실제 수령할 총액보다 적은 금액이므로, 상속세 부담이 다소 줄어드는 효과가 있습니다.

Q5. 부모님께서 같은 비행기 사고로 돌아가셨습니다. 아버지는 어머니를, 어머니는 아버지를 각자 종신 보험의 1순위 수익자로 지정해 두셨고, 2순위 수익자는 저(자녀)입니다. 이 경우 보험금은 어떻게 처리되며, 상속 순위는 어떻게 되나요?

A5. 이는 '동시 사망 추정' 원칙이 적용되는 복잡한 사례입니다.

민법상 동시 사망 시에는 서로 상속이 일어나지 않습니다. 따라서 아버지가 어머니의 보험금을, 어머니가 아버지의 보험금을 받는 절차는 생략됩니다. 계약에 따라 2순위 수익자인 자녀가 양쪽 부모님의 보험금을 모두 직접 수령하게 됩니다.

따라서 아버지의 재산은 어머니를 거치지 않고 바로 자녀에게 상속되며, 어머니의 재산도 아버지를 거치지 않고 바로 자녀에게 상속됩니다. 즉, 두 번의 개별적인 상속이 동시에 일어난 것으로 보고 각각 상속세를 계산합니다. 이 경우, 배우자 상속 공제를 활용하지 못해 세 부담이 커질 수 있습니다.

Q6. 생전에 아버지께서 납입하시던 저축 보험의 계약자를 제 명의로 변경해 주셨고, 5년 뒤 아버지가 돌아가셨습니다. 당시 증여세 신고도 마쳤는데, 이 보험도 아버지의 상속 재산에 합산하여 상속세를 다시 계산해야 하나요?

A6. 네, 합산하여 다시 계산해야 합니다.

상속세법에서는 상속 개시일(사망일)로부터 10년 이내에 상속인에게 증여한 재산은 모두 상속 재산에 합산하여 상속세를 재계산하도록 규정하고 있습니다.

따라서 5년 전에 증여받은 보험의 권리(증여 당시 해지 환급금)는 아버지의 최종 상속 재산에 포함됩니다. 그 후, 전체 상속세 산출 세액에서 이미 납부했던 증여세액을 기납부 세액으로 공제해 줍니다. 이는 상속세를 회피하기 위해 재산을 미리 쪼개서 증여하는 것을 방지하기 위한 제도입니다.

8) 보험과 상속을 영업에 활용하는 방법

앞서 살펴본 여러 절세 전략들은 분명 효과적이지만, 상속세의 가장 근본적인 문제인 '유동성(현금) 부족'을 직접적으로 해결해 주지는 못한다. 부동산을 미리 증여하더라도 자녀는 취득세와 증여세를 내야 하고, 상속 재산의 총액을 줄이는 데도 한계가 있다. 이 때 보험을 활용하면 가장 효과적으로 상속세 문제를 해결할 수 있다.

이를 좀더 구체적으로 설명하면 다음과 같다.

첫째, 수익자를 지정하면 자녀를 특정하여 보험금을 줄 수 있다. 유언을 해서 주는 방법도 있지만 유류분이 문제가 되기 때문에 특정 자녀에게 특정 금액을 정해서 줄 수 있는 유일한 방법이 '종신 보험'을 통해 '수익자를 지정'하는 방법이다.

둘째, 수익자를 지정하면 유류분도 피하고 유가족 간의 분쟁도 방지할 수 있다. 갈수록 유가족 간의 상속 재산 분쟁이 심해지고 있어서 이를 막기 위한 가장 좋은 방법은 '종신 보험'을 통해 '수익자를 지정'하는 방법이다.

셋째, 사업하는 사람들은 과로사 등으로 갑자기 사망하는 경우가 자주 있는데 만약 부채까지 많다면 남은 유가족이 생활비나 교육 비용이 문제가 된다. 피상속인 빚을 많이 남겨 상속인들이 '상속 포기'를 신청해도 '사망 보험금'은 '수익자'에게 그대로 지급된다. 사망 보험금은 상속인의 고유 재산이기 때문이다.

넷째, 위의 세 번째 경우에 피상속인(아버지)가 계약자, 피보험자이고, 상속인(자녀)이 수익자일 때는 상속세가 발생하지만 '소득 능력이 있는' 자녀가 계약자일 경우 사망 보험금이 아무리 많더라도 상속세는 납부하지 않는다.

다섯째, 우리나라 사람들은 자산 중에 부동산 비중이 너무 높기 때문에 막대한 상속세를 납부할 금융 자산이 없다. 현금 납부가 원칙이라고 해서 상속세를 모두 은행 예금으로 넣어 둘 수도 없다. 이 모든 문제를 해결할 유일한 방법은 '종신 보험'의 '사망 보험금'이다.

9) 상속과 관련한 화법

고객님 지금 정치권에서는 상속세 개편에 대해 여러 가지 논쟁이 있는데 혹시 들어 보셨습니까?

왜 이런 논쟁이 있느냐면 우리나라가 세계에서 두 번째로 상속세 과세율이 높고, 현재의 상속세도 2000년도 그러니까 25년 전에 만들어진 후에 손을 보지 않았기 때문입니다.

일단 현재 기준으로 상속세에 대해 말씀드리면 배우자 있으면 10억, 배우자가 없으면 5억부터 상속세가 나올 수 있습니다.

(일괄 공제 5억, 배우자 공제 5억, 다른 공제 없을 때)

문제는 자산 증가 속도입니다.

현재 5억 원의 자산을 가지고 있는 사람도 17.6년 후에는 10억이 됩니다.

그러니까 현재 60세인 사람이 5억짜리 아파트를 가지고 있다면 대략 18년 후에는 상속세 부과 대상이 될 수 있다는 얘기입니다.

현재 세율대로 계산해 보면

10억의 자산을 가지고 있을 경우 (배우자가 있을 때) 현재는 상속세를 내지 않지만 10년 후에는 1억, 20년 후에는 3억, 30년 후에는 무려 8억 원을 내야 합니다.

평균 수명이 길어지고 있습니다.

지금은 나이가 젊어서(?) 보험료가 싸지만 자산 가격은 갈수록 올라가고 보험료도 점점 비싸집니다.

지금이 상속세 준비를 하시기 가장 좋은 기회이니 놓치지 마세요.

17 **일반 입양, 친양자 입양**

세금 상담을 하다보면 가정사에 대한 이야기도 많이 듣게 된다. 요즘에는 이혼이 늘면서 그만큼 재혼 가정도 늘고 있는데 재혼 전에 꼭 알아야 내용이 있다.

예를 들어 갑돌이의 아버지(친부)와 갑순이의 어머니(친모)가 재혼을 했을 때, 아버지가 사망하면 배우자인 어머니와 갑돌이는 상속을 받을 수 있지만 갑순이에게는 상속권이 없다. (2000년 1월 1일 이후 재혼 가정) 반대의 경우 즉 어머니가 사망할 때, 갑돌이에게도 상속권이 없다. 이유는 재혼을 할 때 배우자와 공동으로 혹은 단독으로 상대방의 자녀를 '입양'해야 하는데 이를 몰랐기 때문이다.

1. 일반 입양

입양에는 두 가지 있다. 보통은 '일반 입양'을 한다. 일반 입양은 입양 후에도 친생부모와의 법적인 관계가 완전히 단절되지 않는 입양 방식다. 즉, 아이는 양부모의 자녀가 됨과 동시에 친생부모의 자녀로서의 지위도 유지하게 된다.

가장 큰 특징은 다음과 같다.

▶ 성(姓)과 본(本)의 유지: 아이는 입양 후에도 친생부모의 성과 본을 그대로 사용한다. 가족 관계 등록부에는 양부모가 '양부', '양모'로 기재된다.

▶ 친생부모와의 관계: 법적으로 친생부모와의 관계가 유지되므로 상속 등 권리와 의무가 존속된다. 아이는 양부모와 친생부모 양측 모두로부터 상속을 받을 수 있다.

▶ 절차: 당사자 간의 입양 합의와 법원의 허가(미성년자 입양 시)를 거쳐 시(구)·읍·면 사무소에 입양 신고를 함으로써 효력이 발생한다.

일반 입양은 주로 성인을 입양하거나, 가문의 대를 잇기 위한 목적, 또는 재혼 가정에서 배우자의 자녀와 법적인 관계를 맺고자 할 때 활용되는 경우가 많다. 나이가 많아도 입양이 가능하다.

2. 친양자 입양

친양자 입양은 친생부모와의 관계를 완전히 종료시키고, 양부모와 법적으로 완전한 친생자 관계를 맺는 제도이다. 2008년부터 시행된 이 제도는 자녀의 복리를 최우선으로 고려하여, 아이가 안정적인 환경에서 차별 없이 성장할 수 있도록 돕는 데 그 목적이 있다.

주요 특징은 다음과 같다.

▶ 성과 본의 변경: 아이는 양부(養父)의 성과 본으로 변경할 수 있으며, 가족 관계 등록부에는 '친생자'로 기재된다. 즉, 서류상으로는 친자식과 동일하게 나타나 입양 사실이 외부에 드러나지 않는다. (별도의 친양자 입양 관계 증명서를 통해서만 확인 가능)

▶ 친생부모와의 관계 단절: 입양이 확정되면 친생부모와의 모든 법적 관계(상속, 부양 의무 등)가 종료된다. 아이에게는 오직 양부모만이 법적인 부모가 된다.

▶ 엄격한 요건 및 절차: 자녀의 복리를 위해 법원이 입양 여부를 결정하므로 일반 입양보다 요건이 까다롭다.

▶ 양부모 자격: 원칙적으로 3년 이상 혼인 중인 부부가 공동으로 입양해야 한다.
(단, 부부의 일방이 그 배우자의 친생자를 친양자로 하는 경우에는 혼인 기간 1년 이상)

▶ 양자 자격: 입양될 아이는 미성년자여야 한다.

▶ 친생부모의 동의: 반드시 친생부모의 동의가 필요하다.

▶ 가정 법원의 허가: 위 요건을 갖추어 가정 법원에 친양자 입양을 청구하고, 법원의 허가를 받아야만 효력이 발생한다. 친양자 입양은 주로 미성년 아동을 입양하여 사회적·법적으로 안정된 가정 환경을 제공하고자 할 때 선택된다.

두 가지의 차이점을 표로 정리하면 다음과 같다.

일반 입양과 친양자 입양 비교

구분	일반 입양	친양자 입양
친생부모와의 관계	유지 (상속, 부양 등 권리·의무 존속)	단절 (모든 법적 관계 종료)
성과 본	친생부모의 성과 본 유지	양부의 성과 본으로 변경 가능
가족관계 등록부 기재	'양자', '양부/양모'로 기재 기재	'친생자'로 기재
입양 대상	제한 없음 (성인도 가능)	미성년자에 한함
양부모 자격	상대적으로 유연	3년 이상 혼인 중인 부부 (예외 있음)
주요 목적	가계 계승, 재혼 가정의 법적 관계 형성 등	자녀의 복리, 안정적인 양육 환경 제공

일반 입양과 친양자 입양 중 어떤 제도를 선택할 것인지는 각 가정이 처한 상황과 입양의 목적, 그리고 무엇보다 '자녀의 행복과 복리'를 최우선 기준으로 삼아 신중하게 결정해야 할 문제다.

만약 재혼 가정에서 배우자의 성인 자녀와 법적 관계를 맺고 싶거나, 가문의 전통을 잇는 것이 중요한 상황이라면 일반 입양이 적합할 수 있다. 반면, 어린 자녀를 입양하여 외부의 편견 없이 안정적인 환경에서 완전한 우리 아이로 키우고 싶다면 친양자 입양이 더 나은 선택이 될 수 있다.

8장

법인 영업 - CEO 플랜

최근에 영업 현장에서 CEO 플랜에 의한 '경영인 정기 보험' 판매가 잘 이루어지지 않고 있다. 여러 가지 이유가 있을 수 있겠지만 이럴 때일수록 잘못된 부분은 바로잡고 초심으로 돌아가야 할 필요가 있다.

원래(?) CEO 플랜의 취지는 중소기업의 대표들의 경우 갑자기 사망할 경우 회사도 같이 어려워질 수 있어서 혹은 일만 하다가 노후 준비를 소홀히 해서 문제가 될 때를 대비하려고 만든 것으로 알고 있다. 그런데 법인 CEO들과 이런저런 상담을 하다보면 공통적으로 하는 얘기가 있다. 대부분의 경우 당장 자신을 위한 종신 보험 10억짜리를 들 보험료가 있다면 그 돈으로 공장에 필요한 설비를 추가하거나 마케팅 비용으로 쓰겠다는 것이다.

이럴 때, 대표 개인이 당장 가용할 현금이 부족하다 보니 우선 법인 돈으로 보험료를 내고 일정 시점이 지나면 그동안 쌓인 해지 환급금을 '퇴직금' 지급용으로 전환해서 사용하면 급여나 배당에 비해 퇴직 소득세가 적으니 대표에게 매우 유리하다…는 것이 CEO 플랜의 핵심이다.

1) CEO 플랜의 구조

CEO 플랜의 기본 구조는 간단하다.

▶ **계약자**: 법인 (회사)

▶ **피보험자**: 대표 이사 (CEO) 또는 핵심 임원

▶ **수익자**: 법인 (회사)

즉, **회사가 계약자로서 대표 이사를 피보험자로 하여 정기보험에 가입하고 보험료를 납입**하는 형태이다. 대표 이사가 보험 기간 내에 사망할 경우 사망 보험금은 법인에 지급되어 예기치 못한 경영 공백 리스크를 대비하게 된다.

하지만 CEO 플랜이 주목받는 이유는 단순히 사망 보장에만 있지 않다. 보험료 납입 기간 중 쌓이는 '해지 환급금'을 활용하여 다양한 재무적 목적을 달성하는 데 그 핵심이 있다.

2) CEO 플랜의 장점

CEO 플랜은 주로 다음과 같은 목적으로 활용된다.

가. CEO 유고 시 경영 리스크 헷지(Hedge)

대표 이사의 갑작스러운 부재는 회사의 존립을 위협하는 가장 큰 리스크로 이때 법인으로 지급되는 사망 보험금은 다음과 같이 활용될 수 있다.

▶ **긴급 경영 안정 자금**: 부채 상환, 직원 급여 지급 등 급한 자금 문제를 해결한다.

▶ **유가족 보상금 및 주식 매입(상속세) 재원**: 유가족에게 합당한 보상금을 지급하거나, 상속인이 상속받은 회사 주식을 법인이 매입해 줌으로써 상속인의 상속세 부담을 덜어 주고 경영권 방어를 원활하게 한다.

▶ **대체 경영인 영입 자금**: 유능한 후임자를 영입하는 데 필요한 비용으로 사용할 수 있다.

나. 법인세 절감 효과

법인이 납입하는 보험료는 일정 요건 충족 시 비용(손금)으로 인정받을 수 있다. 예를 들어, 법인세율 21%를 적용 받는 기업이 연간 5,000만 원의 보험료를 납입하고 전액 비용으로 인정받는다면, 대략 1,050만 원의 법인세를 절감할 수 있다.

그러나 이렇게 매년 '**손금**' 처리를 하다가 최종적으로 보험 계약을 해지하고 해지 환급금이 법인 계좌로 들어오면 이때는 '**익금**' 처리를 해야 하기 때문에 실질적인 법인세 절감 효과는 미미하다고 보는 것이 더 타당하다.

다. 대표 이사 퇴직금 재원 마련

CEO 플랜의 가장 중요한 활용 방안 중 하나이다. 대표 이사 퇴직 시점에 맞춰 보험을 해지하고, 발생한 해지 환급금을 대표 이사의 **퇴직금**으로 지급하는 방식이다.

개인 사업에 비해 법인은 여러 가지 장점이 많지만 가장 큰 문제가 법인에 있는 돈을 대표가 함부로 가져올 수 없다는 점이다. 그냥 가져가면 '가지급금'으로 잡혀 나중에 문제가 될 것이고 금액이 크면 '횡령'이나 '배임' 같은 형법상의 문제로까지 이어질 수 있다. 그래서 보통은 급여로 받거나 배당금으로 가져와야 하는데 이때는 또 세율이 너무 높다. 10억을 가져온다고 하면 세율이 대충 40%가 넘는다. 지방세에 의료 보험료 올라가는 것까지 감안하면 거의 절반 가까이를 세금으로 내야 하니 보통 일이 아니다. 이럴 때 그동안 가입해 두었던 '경영인 정기 보험'을 해지하고 해지 환급금을 퇴직금으로 지급하면 세율이 14~18% 정도이니 대략 15%만 잡아도 매우 큰 절세 효과를 기대할 수가 있다.

또, 매년 이익 잉여금을 쌓아두는 것보다 보험을 통해 강제적으로 저축하는 효과가 있으며, 퇴직 시점에 목돈을 안정적으로 마련할 수 있다.

꼭 종신 보험만 가능한 것이 아니라 연금 보험으로도 가능하니 잘 활용하면 CEO와 기업에게 매우 큰 도움이 될 수 있다.

라. 가지급금 및 미처분 이익 잉여금 정리

중소기업의 고질적인 문제인 가지급금이나 과도하게 쌓인 미처분 이익 잉여금을 정리하는 재원으로 활용될 수 있다. 해지 환급금을 통해 확보된 유동성으로 가지급금을 상환하거나, 배당 또는 퇴직금 지급을 통해 이익 잉여금을 합법적으로 줄여 나갈 수 있다.

3) CEO 플랜 절차

그동안 직간접적으로 경험한 바로는 법인 영업이 겉으로 보기에는 장점이 많아 보이지만 영업 과정에서 생기는 어려움은 개인 영업보다 더 많다. 내가 개인적으로 어떤 CEO를 잘 알고 있다고 해서 CEO 플랜을 쉽게 할 수 있는 것은 아니다. 여기에서 많은 내용들을 담을 수는 없지만 개략적인 흐름을 담으면 다음과 같다.

가. 준비 단계

CEO에게 'CEO 부재 시 생길 수 있는 문제'에 대해 인식하도록 하는 단계이다. 대부분의 경우 인식은 하는데 당장 '비용'이 부담되어서 가입을 망설인다. 이럴 때 우선 법인 비용으로 보험료를 납입하고 나중에 보장이 필요하거나 연금이 필요할 때 더 낮은 세율인 '퇴직 소득세율'로 목돈이나 연금을 지급받을 수 있음을 설명하면 된다. 경험상 아주 많은 CEO들이 'CEO 플랜'에 대해 잘 알고 있거나 여러 차례 제안을 받아 본 경험이 있기 때문에 그렇게 어렵지 않다.

나. 실무 절차

실무의 시작은 법인 내부 상황을 정확하게 파악하고 대책을 마련하는 것이다. 법인의 부채나 가지급, 차명 주식 등은 없는지 회계상의 문제점은 없는지 등등을 따져 봐야 한다. 영업인이 직접 확인하기는 어렵기 때문에 원수의 FA, 혹은 세무사와 동행하는 것이 좋다. 이때 컨설팅한 내용들은 모두 법인과 계약한 세무사나 회계사들에게 전달되기 때문에 이들을 어떻게 설득할 것인지에 대해서도 사전에 정리해 두어야 한다.

특히, 이전에 CEO 플랜을 경험하지 못한 법인에서는 반드시 '정관'을 확인한 후에 퇴직금 관련 규정 등을 변경해야 한다. 보통 원수사 FA들이 해 주는 경우가 많고 별도의 수수료를 받고 정관 변경만 전문적으로 해 주는 법무사를 통해 변경해도 된다.

다. 보험 가입

법인 내부의 자금 상황이나 CEO의 의사 등을 반영하여 보험 상품을 선택하고 보험료를 결정해서 체결하는 단계이다.

CEO의 보장이 중요하면 '경영인 정기 보험'이나 '종신 보험'을 권유하고, 노후 연금이 필요한 경우에는 '연금 보험' 상품을 권유하면 된다. 가끔 경영인 정기 보험만 CEO 플랜이 된다고 알고 있는 영업인들도 있는데 종신이나 연금도 가능하다.

납기는 5년~10년 정도가 적당하다. 너무 길면 CEO가 싫어하기도 하고 향후 상황이 불확실 하기 때문에 10년 이내가 좋다.

이후에는 계약만 체결하고 끝내면 안 되고 향후 어느 시점에 계약자, 수익자 변경을 할지, 법인 담당 세무사와 협의는 어떻게 할지 등등 실무적인 문제들을 확약해 두어야 한다. 그리고 매년 납입한 보험료의 세무 처리와 회계 처리가 잘되고 있는지도 확인해야 한다.

4) CEO 플랜 유의 사항

CEO 플랜에 대한 정확한 이해를 통해 사전에 전문가들의 도움을 받아 진행하면 대부분의 경우 문제가 없는데 위에 언급한 장점만 보고 섣불리 가입했다가 오히려 재무적 곤경에 처할 수 있으니 다음의 사항들을 유념해야 한다.

가. 해지 시 '해지 환급금'은 법인의 '수익'으로 과세

가장 많이 간과하는 부분이다. 보험료를 내는 동안에는 비용 처리로 법인세를 절감했지만, 보험을 해지하고 환급금을 받는 시점에는 해당 금액 전체가 법인의 수익(익금)으로 잡혀 법인세가 부과된다. 즉, 세금 납부를 '미루는' 효과(과세 이연)이지, 세금이 '사라지는' 것이 아니다.

만약 퇴직금 지급 등 특별한 비용 처리 계획 없이 해지한다면, 한꺼번에 큰 금액이 수익으로 잡혀 예상치 못한 '세금 폭탄'을 맞을 수 있다.

나. 중도 해지 시 '원금 손실' 위험

경영인 정기 보험은 초기에 해지할 경우 해지 환급금이 납입 원금보다 훨씬 적다. 보통 납입 기간의 70~80%가 지나야 원금에 도달하는 경우가 많다. 만약 회사의 재무 상황이 악화되어 보험료를 더 이상 납입하지 못하고 숭｀ㅗ에 해지하게 되면, 상당한 원금 손실을 감수해야 한다.

다. 과도한 보험료로 인한 '현금 유동성 악화'

법인세 절감 효과에만 집중하여 회사의 현금 흐름을 고려하지 않고 무리하게 높은 금액의 보험에 가입하는 경우가 많다. 이는 장기간 회사의 현금을 묶어 두어 정작 필요한 투자나 운영 자금이 부족해지는 유동성 위기를 초래할 수 있다.

라. 국세청의 정밀 검증 가능성

과세 당국은 CEO 플랜이 본래의 위험 보장 목적을 벗어나 단순 조세 회피나 대표 이사의 개인적인 자금 마련을 위한 수단으로 악용되는 사례를 예의 주시하고 있다. 정관에 임원 퇴직금 지급 규정이 없거나, 특정 임원에게만 혜택을 주는 등 합리적인 근거 없이 운영될 경우, 비용으로 처리했던 보험료를 부인하고 세금을 추징할 수 있다.

5) CEO 플랜에 대해 궁금한 내용들

Q1. CEO 플랜을 활용하여 퇴직 시, 보험금 수령과 퇴직 소득세 적용 방식은 어떻게 되는지?

A1. CEO 플랜에서 보험금을 퇴직금으로 활용하는 경우, 퇴직 시점에 보험 계약자와 수익자를 법인에서 CEO 개인으로 변경하는 절차를 거칩니다. 이때 수령하는 보험금은 원칙적으로 퇴직 소득으로 인정받아 퇴직 소득세를 납부하게 됩니다. 퇴직 소득은 일반 근로 소득에 비해 낮은 세율이 적용되고, 근속 연수에 따른 공제 등 다양한 혜택이 있어 절세 효과가 큽니다.

하지만 퇴직금으로 인정받기 위해서는 몇 가지 요건이 중요합니다.

첫째, 법인 정관에 임원의 퇴직금 지급 규정이 명확히 명시되어 있어야 하며, 둘째, 해당 규정에 따라 산정된 금액 범위 내에서 지급되어야 합니다. 만약 정관에 명시된 금액을 초과하여 지급하거나, 현실적인 퇴직 사유 없이 지급하는 경우, 초과분 또는 전액이 근로 소득으로 과세될 수 있습니다. 또한, 2011년 이후 세법 개정으로 임원 퇴직금 지급 배수가 제한되었으므로, 과거의 5~6배수 규정을 그대로 적용할 경우 문제가 발생할 수 있습니다.

Q2. 대표 이사의 배우자나 자녀 등 특수 관계인을 임원으로 등재하고 CEO 플랜에 가입시키는 경우, '부당 행위 계산 부인' 규정이 적용될 가능성은 없나요?

A2. 특수 관계인인 임원에게 CEO 플랜을 가입시키는 것 자체는 문제가 되지 않습니다. 하지만 과세 관청은 그 실질을 중요하게 봅니다. 만약 해당 임원이 실제 근무하지 않거나, 경영에 기여하는 바가 없음에도 불구하고 다른 임원들에 비해 비정상적으로 높

은 보험료의 CEO 플랜에 가입시킨다면 문제가 될 수 있습니다.

이 경우, 과세 관청은 해당 보험료 납입액을 '경제적 합리성이 결여된 행위'로 보아 **'부당 행위 계산 부인'** 규정을 적용할 수 있습니다. 즉, 해당 보험료를 법인의 손금으로 인정하지 않고, 실질적으로는 대표 이사가 특수 관계인에게 법인 자금을 증여한 것으로 보아 증여세 등을 과세할 수 있습니다. 따라서 특수 관계인 임원의 CEO 플랜 가입 시에는 해당 임원의 실제 역할, 기여도, 급여 수준 등을 고려하여 사회 통념상 합리적인 수준에서 보험료를 책정하는 것이 중요합니다.

Q3. 대표 이사의 가지급금을 CEO 플랜의 해지 환급금으로 상환하는 방법의 구체적인 회계 처리 과정과 법적 리스크는 무엇인가요?

A3. CEO 플랜의 해지 환급금으로 가지급금을 상환하는 것은 회계적으로 가능합니다. 법인이 보험을 해지하면 해지 환급금이 법인에 입금되고(자산 증가), 이 자금으로 대표 이사의 가지급금(자산)과 상계 처리하는 방식입니다. 하지만 이 과정에는 몇 가지 리스크가 따릅니다.

1) 해지 시점의 법인세 부담: 해지 환급금은 전액 법인의 익금으로 산입되므로, 해지하는 사업 연도에 법인의 이익이 크게 발생하여 높은 세율의 법인세를 납부해야 할 수 있습니다.

2) 업무 관련성 훼손: 만약 CEO 플랜 가입 목적 자체가 퇴직금 재원 마련이 아닌, 오로지 가지급금 상환을 위한 것이었다면 보험료 납입액 전체가 업무와 무관한 자금의 유출로 보아 손금으로 인정받지 못하고, 대표 이사의 상여로 처분될 리스크가 있습니다. 결론적으로, 가지급금 상환은 CEO 플랜의 부수적인 활용이 될 수는 있으나, 주된 목적이 되어서는 안 됩니다.

Q4. 법인에 자금이 부족하여 대표 이사가 개인 자금을 투입한 '가수금'이 많이 쌓여 있습니다. 이를 CEO 플랜과 연계하여 처리할 수 있는 효과적인 방안이 있을까요?

A4. 대표 이사의 가수금은 법인 입장에서는 부채이므로 언젠가는 상환해야 할 돈입니다. 이를

CEO 플랜과 연계하는 방안을 고려해 볼 수 있습니다.

법인이 이익이 발생하여 CEO 플랜 보험료를 납입하고, 시간이 지나 해지 환급금이 쌓였을 때, 법인이 이 해지 환급금을 수령하여 대표 이사의 가수금을 상환하는 재원으로 활용할 수 있습니다. 이는 법인의 부채를 정리하고 재무 구조를 개선하는 효과적인 방법이 될 수 있습니다.

특히 이 방법은 가지급금 상환과 달리, 법인의 부채를 갚는 정상적인 경영 활동이므로 세무상의 리스크가 상대적으로 적습니다. 다만, 이 경우에도 해지 환급금 수령 시 법인세가 과세된다는 점은 동일하게 고려해야 합니다.

Q5. CEO 유고 시 유족에게 지급되는 유족 보상금에 대해 전액 비과세가 가능하다는 말을 들었습니다. 어떤 요건을 갖춰야 하며, 세무 당국이 가장 중요하게 보는 기준은 무엇인가요?

A5. CEO의 업무상 사망으로 인해 지급되는 유족 보상금은 사회 통념상 타당하다고 인정되는 범위 내에서 비과세 근로 소득으로 인정받을 수 있으며, 상속 재산에도 포함되지 않습니다.

가장 중요한 요건은 **정관에 유족 보상금 지급 규정이 명확하게 명시**되어 있어야 한다는 점입니다. 또한, '업무상 사망'이라는 인과 관계가 명확해야 하며, 보상 금액이 사회 통념을 벗어나지 않아야 합니다. 세무 당국은 특히 **'업무 관련성'** 과 **'지급 규정의 적법성'**을 엄격하게 심사합니다. 만약 사적인 사망에 대해 규정을 무리하게 적용하여 거액의 보상금을 지급할 경우, 이는 업무 무관 비용으로 '손금 불산입'되거나 유족에 대한 증여로 보아 과세될 수 있습니다.

Q6. '절세 상품'으로 소개받고 가입했는데, 나중에 보니 과세 이연 효과에 불과하다는 것을 알게 되었습니다. 이러한 불완전 판매가 의심될 경우, 금융 감독원 분쟁 조정을 통해 해결될 가능성은 있을까요?

A6. CEO 플랜은 세금을 완전히 없애 주는 '절세' 상품이 아니라, 특정 시점까지 납부를 미뤄주는 '과세 이연' 상품의 성격이 강합니다. 즉, 보험료를 납입하는 동안 비용 처리하여 법인세를 줄이지만, 해지하거나 보험금을 수령하는 시점에는 결국 법인세나 소득세

등 관련 세금이 과세됩니다.

만약 판매 과정에서 이러한 과세 이연 효과를 '완벽한 절세'나 '비과세'로 오인하게 설명했거나, 해지 환급금 발생 시의 세금 문제, 계약자 변경 시의 위험 등을 충분히 설명하지 않았다면 이는 **'불완전 판매'**에 해당할 수 있습니다.

금융 감독원은 이러한 불완전 판매에 대해 분쟁 조정 절차를 운영하고 있으며, 판매 과정의 녹취록, 상품 설명서, 가입 제안서 등을 근거로 불완전 판매가 명확히 입증된다면, 계약 취소나 손해배상 등의 결정을 통해 구제받을 가능성이 있습니다. 하지만 입증 책임이 계약자에게 있는 경우가 많아 철저한 증빙 자료 확보가 중요합니다.

6) 'CEO 플랜'을 영업에 활용하는 방법

2024년 5월에 모 방송국에서 CEO 플랜의 문제점에 대해 대대적으로 방송한 적이 있다. 일부 GA에서 대표 자녀를 보험 설계사로 등록시키고 자녀 명의로 보험 계약을 체결하게 하여 고액의 리베이트를 발생시키고 일정 기간이 지난 후에는 중도 해지해서 그동안 납입한 보험료 이상을 받아 가는 일이 유행처럼 번지고 있다는 내용이었다.

이런 경우, 적발되면 형법상 횡령과 배임, 부정 수익 취득에 해당하여 GA 대표는 물론 공모한 CEO도 민·형사상의 책임을 피할 수 없다.

그럼에도 불구하고 2025년 9월 현재 CEO 플랜이 유용한가? 계속해야 하는가? 라고 묻는다면 필자의 대답은 '그렇다'이다. 칼을 다른 용도로 쓴 사람이 문제지 칼 자체가 나쁜 것은 아니다. 다행히 지금은 예전처럼 몇 년만 지나도 해지 환급금을 100% 지급하는 상품들이 모두 사라졌다. 따라서 이제라도 정상적(?)인 방법으로 잘 판매하면 아무 문제가 없다.

이 장을 시작할 때 말했던 것처럼 '잘못된 부분은 바로잡고 초심으로 돌아가면' 된다. 우리 영업인들 입장에서 CEO 플랜은 매우 중요한 마케팅 방법 중에 하나이며, 중소기업 대표들의 입장에서도 필요한 기법이다. 법인에는 보유 자금이 충분히 있는데 대표 개인은 세금 문제 등으로 여유가 없는 경우가 많다. 이럴 때 모두에게 도움이 될 수 있는 것이 CEO 플랜이다.

굳이 경영인 정기 보험이 아니라도 상관이 없다. 상속형 종신 보험이나 단기납 종신 보험으로 체결해도 전혀 문제가 없다.

개인적으로 아직 활발하게 판매가 되고 있지는 않지만 '연금 보험'으로 CEO 플랜을 설계하는 것도 매우 좋은 방법이라고 생각한다. 왜냐하면 영업 이익이 많이 나는 법인의 CEO들도 정작 노후 준비는 잘 안 되어 있는 경우가 많다. 대부분 지금 사업이 잘되기만 하면 노후 걱정은 안 해도 된다고 생각하는 부분도 있지만 실제로는 그렇지 않다.

다른 면에서 보면 건강상의 문제로 정기 보험이나 경영인 정기 보험을 가입하지 못하는 CEO들도 연금 보험은 가입할 수 있으니 이 부분도 매우 긍정적이다. 특히 지금(2025년 9월) 판매 중인 확정 이율 상품은 이전 공시 이율 상품들에 비해 경쟁력이 뛰어나니 이 점도 좋다.

CEO가 연금 보험을 가입한다고 하면 대부분의 절차나 과정이 경영인 정기 보험과 동일하니 특별히 걱정할 필요는 없다. 다만 계약자를 법인으로 한 연금 계약을 나중에 대표 이름으로 **계약자 변경을 하게 되면 변경 시점에서 다시 10년**이 지나야 **'비과세'** 혜택을 받을 수 있다는 점만 주의하면 된다.

7) CEO 플랜에 관한 화법

대표님 CEO 정기 보험이라고 들어 보셨죠?

(들어 보았다)

그럼 현재 CEO 플랜을 통해 가입하고 계신 상품이 있으신가요?

(들어 보았지만 가입은 안 했다)

네. 그런데 이전에 들어 보신 내용이 어떤 것이였는지 혹시 기억하고 계십니까?

(대략적인 설명)

네. 잘 알고 계시네요.

오늘 저는 대표님에게 다른 내용을 말씀드리고 싶습니다.

기존에는 '경영인 정기 보험'이라는 상품을 통해 주로 사망 보장 위주의 보장을 제안드리는 경우가 많았습니다. 그런데 제 생각에는 대표님의 노후 연금 준비를 CEO 플랜을 통해 준비하시면 더 좋을 것 같습니다. 지금 건강상의 문제도 조금 있으시고 무엇보다 따로 노후 연금을 준비하지 못하고 계신다고 해서 말씀드리는 것입니다. 이렇게 하시면 좋은 점이 첫째, 기존 CEO 플랜과 동일하게 법인 자금으로 보험료를 납입하시고 나중에 원하시는 시점에 '퇴직금'을 연금 보험으로 받아 가시면 됩니다. 계약자를 법인에서 대표님으로 변경하시면 되는데 비과세 혜택을 받으시려면 계약자 변경 후 10년을 기다리셔야 합니다.

둘째, 법인에 있는 자금을 급여나 배당으로 받으면 세율이 매우 높지만 퇴직금으로 받으시면 보통 15% 전후의 세율로 받을 수 있어서 절세 효과가 매우 큽니다.

셋째, 일반적인 저축성 보험(연금 보험)의 비과세 한도는 월납 기준으로 150만 원이지만 현재 비과세 일시납이 없으시니 별도로 83만 원의 추가계약도 가능합니다. 먼저 대표님 법인의 현재 재무 구조를 보고 비과세 한도를 별도로 체크한 후에 비과세 한도를 알려 드리겠습니다.

법인 전환

개인 사업체를 운용하는 '사장님'들은 대부분 '법인 전환'에 대해 고민을 해 본 경험이 있을 것이다. 매출이 꾸준히 늘어나고 사업 규모가 커지면서, 혼자 모든 것을 책임져야 하니 어깨는 점점 무거워진다. 여기에 세금 부담은 눈덩이처럼 불어나고, 점차 자금 조달의 어려움에 부딪히며, 사업의 미래를 생각하면 막막해지기도 한다. 바로 이 시점에서 '법인 전환'이라는 고민을 시작한다.

1. 법인 전환 시 장점들

개인 사업자가 법인으로 전환하는 가장 큰 이유는 '절세'와 '성장' 때문이다.

1) 압도적인 세율 차이

개인 사업자의 종합 소득세율은 최대 45%에 달한다. 반면, 법인세율은 과세 표준 2억 원까지는 9%, 200억 원까지는 19%로 상대적으로 낮다. 매출과 이익이 커질수록 법인 전환을 통한 세금 절감 효과는 극대화된다. 특히, 성실 신고 확인 제도로 인해 세무 부담이 가중되는 고매출 개인 사업자에게 법인 전환은 선택이 아닌 필수라고 할 수 있다.

2) 무한 책임에서 유한 책임으로

개인 사업자는 사업상 발생한 모든 채무에 대해 개인의 모든 재산으로 갚아야 하는 '무한 책임'을 진다. 하지만 법인은 주주가 출자한 지분 한도 내에서만 책임을 지는 '유한 책임'을 진다. 즉, 사업이 어려워지더라도 모든 책임을 다 지지는 않는다.

3) 대외 신용도 상승과 자금 조달의 용이성

'개인'과 '법인'이 주는 신뢰도의 차이가 크다. 법인은 체계적인 회계 시스템을 갖추고 있어 대외 신용도가 높다. 이는 금융 기관의 대출, 정부 정책 자금 신청, 투자 유치 등 자금 조달 측면에서도 개인 사업자보다 훨씬 유리하다.

4) 자유로운 자금 운용과 리스크 관리

대표 이사는 법인으로부터 급여, 상여, 퇴직금 등을 지급받을 수 있다. 이는 소득을 분산하여 소득세를 절감하는 효과를 가져온다. 또한, 가지급금 문제만 잘 관리한다면 법인 자금을 활용한 다양한 재무 전략 구사가 가능해져 개인 사업자일 때보다 유연한 자금 운용이 가능해진다.

5) 소득 분산

사실 법인을 해야 할 가장 큰 이유는 소득을 분산시킬 수 있기 때문이다. 법인을 설립할 때 대부분 주식회사로 설립하는데 이때 가족들을 주주로 참여시켜서 소득을 분산시키면 소득세를 낮출 수 있다.

2. 법인 전환 시 단점들

1) 복잡해진 설립 절차와 자금의 경직성

개인 사업자에 비해 법인 설립은 등기, 정관 작성 등 절차가 복잡하고 초기 비용이 발생한다. 또한, 법인의 자금은 대표 이사 개인의 돈이 아니므로 마음대로 인출할 수 없다. 모든 자금 이동은 반드시 급여, 배당 등 적법한 절차와 증빙을 거쳐야 하며, 이를 어길 시 '가지급금'이라는 세무상 불이익을 받게 되니 개인 사업을 할 때 와는 많은 면에서 다르다.

2) 증가하는 유지 비용

법인은 의무적으로 복식 부기로 장부를 작성해야 하며, 외부 세무 조정 비용이 발생한다. 또한, 법인 등기 변경 등 사소한 변화에도 비용과 절차가 수반되어 전반적인 유지 비용이 증가한다.

3) 절세가 아니라 증세

잘 생각해 보면, 개인 사업자로서 수입을 가져올 때나 법인의 대표로 일하면서 급여를 가져올 때나 같은 돈이면 같은 세율로 세금을 낸다. 그런데 법인은 법인세를 별도로 내야 하니 전체 세금을 더해 보면 개인 사업을 할 때 보다 더 낼 수도 있다. 법인의 특성을 활용하지 못하면 이런 문제가 생길 수 있다.

3. 법인 전환 절차

법인 전환 방법은 크게 세 가지로 나눌 수 있으며, 사업장의 자산, 부채, 세금 혜택 등을 고려하여 가장 유리한 방법을 선택해야 한다.

▶ **일반 사업 양수도**: 법인을 신규 설립한 후, 개인 사업자의 자산과 부채를 포괄적으로 넘기는 가장 일반적인 방법이다. 절차가 비교적 간단하지만, 세금 감면 혜택은 없다.

▶ **포괄 사업 양수도**: 부가 가치세를 면제받으며 사업에 관한 모든 권리와 의무를 포괄적으로 승계하는 방법이다. 절차가 명확하고 부가 가치세 부담이 없어 널리 사용된다.

▶ **세감면 포괄 양수도 및 현물 출자**: 조세특례제한법상 요건을 충족할 경우, 양도 소득세 이월 과세, 취득세 감면 등 가장 큰 세금 혜택을 받을 수 있는 방법이다. 하지만 자산 평가, 법원 인가 등 절차가 가장 복잡하고 까다로워 전문가의 도움이 반드시 필요하다.

간략하게 법인 전환 절차를 적어 보면 다음과 같다.

1) **전환 방법 및 일정 확정**: 전문가와 상담하여 내 사업에 가장 적합한 전환 방법을 결정한다.

2) **법인 설립**: 상호, 주소, 자본금, 임원 등을 결정하고 법인 설립 등기를 진행한다.

3) **자산 및 부채 이전**: 계약서 작성에 따라 개인 사업자의 자산과 부채를 신설 법인으로 이전한다. (현물 출자의 경우, 자산 평가 및 법원 인가 절차 진행)

4) **개인 사업자 폐업**: 법인 사업자 등록이 완료되면, 개인 사업자를 폐업 신고를 한다.

5) **각종 명의 변경**: 4대 보험, 은행 계좌, 인허가 사항 등 모든 명의를 법인으로 변경한다.

19 **법인 종류**

법인의 종류가 많아서 설립 목적에 따른 분류와 법적, 세무적 차이점, 그리고 상속 관련 장단점에 대해 영업인이라면 꼭 알아 두어야 할 사항들을 정리했으니 참고하기 바란다.

1. 영리 목적에 따른 분류

1) 영리 법인

▶ **목적**: 이윤(이익)을 창출하여 주주나 사원에게 배당하기 위한 법인이다.

▶ **근거법**: 「상법」에 규정됨

▶ **종류**

- 주식회사: 일반적인 회사의 형태, 투자자로부터 자본 조달하고 주식 발행, 주주는 출자한 금액 내에서만 책임

- 유한 회사: 가족기업 형태, 소수가 출자하고 주식 발행은 불가. 출자액 한도 내에서 유한 책임.

- 합명 회사: 현재는 거의 없음, 사원 출자에 의존하고 외부자본 조달 어려움, 두 명 이상 사원이 무한 책임

- 합자 회사: 일부 법무 법인 등, 무한 책임 사원(경영)과 유한 책임 사원(투자)이 있음, 무한 책임 사원이 책임

▶ **특징**

- 투자자(주주·사원)에게 이익을 분배할 수 있음

- 상법상 상행위를 목적으로 함

- 기업 활동, 상업 활동의 주체

2) 비영리 법인

▶ **목적**: 영리 추구가 아니라 공익적, 비영리적 활동을 목적으로 함

▶ **근거법**: 「민법」 제32조, 특별법(예: 학교 법인, 사회 복지 법인 등)

▶ **이익 배분**: 사원·출연자에게 이익을 분배할 수 없음

▶ **종류**

가. 사단 법인

- 일정한 목적 아래 '사람(사원)'이 결합하여 설립
- 예: 환경 운동 단체, 협회, 동호회 성격의 단체 중 법인격을 취득한 경우
- 특징: 회원의 총회, 이사회 등 '사람의 조직'을 중심으로 운영

나. 재단 법인

- 일정한 목적을 위해 재산을 출연하여 설립 (예 - 장학 재단, 복지 재단, 문화 재단)
- 특징: 출연한 재산을 기본으로 활동, '재산의 관리·운영'이 중심

다. 특수 법인

- 특정 목적을 위해 특별법으로 설립되는 법인
- 예: 학교 법인(사립 학교), 의료 법인(병원), 종교 법인, 사회 복지 법인

2. 법인별 세무 및 상속 관련 장단점

1) 영리 법인(주식회사 등)

▶ **세무 관련 장단점**

- **장점**: 법인세율(과세 표준에 따라 9%~24%)이 개인 사업자의 소득세율(6%~45%)보다 낮은 구간이 있어 세금 부담을 줄일 수 있다. 또한, 대표 이사의 급여나 퇴직금 등을 비용으로 처리할 수 있어 절세에 유리하다.
- **단점**: 법인 소득에 대해 법인세가 과세된 후, 주주가 급여나 배당을 받을 때 다시 소득세가 과세되는 이중 과세 문제가 발생할 수 있다. 또한, 법인의 자금을 대표 이사가 개인적으로 사용하기 어렵고, 사용 내역을 명확히 회계 처리해야 하는 등 자금 운용의 투명성이 엄격하게 요구된다.

▶ 상속 관련 장단점

- **장점**: 법인의 자산과 대표 개인의 자산이 분리되어 있어, 대표 사망 시에도 법인은 계속 존속할 수 있다. 상속은 대표가 소유한 '주식'에 대해서만 이루어지므로, 사업 자체의 영속성을 유지하기에 유리하다. 또, 가업 상속 공제 등 세제 혜택을 활용할 수 있는 경우도 있어 장점이 크다.

- **단점**: 상속되는 주식의 가치가 높을 경우 막대한 **상속세**가 발생할 수 있다. 특히 비상장 주식의 경우 가치 평가가 복잡하고, 상속세 납부 재원을 마련하기 위해 주식을 매각해야 하는 상황이 발생하면 경영권이 불안정해질 수 있다.

2) 사단 법인(비영리 법인)

▶ 세무 관련 장단점

- **장점**: 법인의 고유 목적 사업에서 발생한 소득에 대해서는 원칙적으로 **법인세가 비과세**된다. 다만, 수익 사업을 하는 경우에는 해당 수익 사업에서 발생한 소득에 대해서는 영리 법인과 동일하게 법인세 납부 의무가 있다. 기부금을 받는 경우, 지정 기부금 단체로 지정되면 기부자에게 세제 혜택을 줄 수 있어 기부금 모집에 유리하다.

- **단점**: 수익 사업과 고유 목적 사업의 회계를 엄격하게 구분하여 관리해야 하는 의무가 있다. 또한, 출연받은 재산을 3년 이내에 고유 목적 사업에 사용해야 하는 등 재산 운용에 대한 규제가 까다롭디.

▶ 상속 관련 장단점

- **장점**: 사단 법인은 특정 개인의 소유가 아니므로 상속의 개념이 적용되지 않는다. 설립자가 사망하더라도 법인은 해산되지 않고 정관에 따라 새로운 임원이 선출되어 운영된다. 설립자가 출연한 재산은 이미 법인의 소유이므로 상속세 과세 대상에서 제외된다.

- **단점**: 설립자가 법인에 출연한 재산은 다시 개인에게 귀속시키기 매우 어렵다. 즉, 한번 출연한 재산은 공익적인 목적을 위해서만 사용되어야 하며, 상속을 통해 자녀

에게 재산을 물려주는 것은 불가능하다.

3) 재단 법인(비영리 법인, 장학 재단 등)

▶ 세무 관련 장단점

- **장점**: 사단 법인과 마찬가지로 고유 목적 사업 소득은 **비과세** 대상이며, 수익 사업 소득에 대해서만 과세된다. 공익성이 인정되는 재단 법인(공익 법인)에 재산을 출연하는 경우, 출연자에게 **상속세 및 증여세가 면제**되는 등 파격적인 세제 혜택이 주어진다.
- **단점**: 세제 혜택이 큰 만큼 재산 운용에 대한 **가장 엄격한 규제**를 받는다. 출연받은 재산의 운용 및 사용 내역을 세무서에 상세히 보고해야 하며, 설립자와 특수 관계인이 이사 수의 1/5을 초과할 수 없는 등 의사 결정 구조에 대한 제약이 있다.

▶ 상속 관련 장단점

- **장점**: 설립자가 재단 법인에 재산을 출연하면 해당 재산은 상속 재산에서 제외되므로, 상속인들의 **상속세 부담을 크게 줄일 수 있다**. 또한, 설립자의 이름이나 이념을 재단에 남겨 사회에 기여하는 방식으로 명예를 이어 갈 수 있다는 장점이 있다.
- **단점**: 사단 법인과 마찬가지로 상속의 개념이 적용되지 않으며, 출연한 재산은 어떠한 경우에도 상속인에게 돌아갈 수 없다. 법인의 운영권 또한 정관과 법률에 따라 공정하게 이루어져야 하므로, 설립자의 후손이 반드시 경영권을 이어받는다는 보장이 없다. 설립자의 의도와 달리 법인이 운영될 가능성도 존재합니다.

예전에는 재단 법인이나 학교 법인 등을 설립해서 자녀에게 이사장 자리를 물려주는 방법 등으로 상속세를 회피하는 수단으로 사용하기도 했다. 요즘에도 이렇게 하는지는 모르겠다.

<table>
<tr><td>**9장**</td><td># 가업 승계</td></tr>
</table>

매년 반복적으로 나오는 세금 관련 단골 뉴스에 '상속세 개편' 뉴스가 있다. 상속세를 많이 내야 하는 부자들이야 당연히 관심을 가질 수 있는데, 상담을 하다 보면 기업을 경영하는 대표들도 걱정을 하는 경우가 있다. 사실 기업을 그대로 물려줄 계획이라면 대부분의 제조업체들은 '가업 승계'를 통해 수백억의 세금을 내지 않아도 된다.

가업 승계는 크게 '가업 승계 증여세 특례'와 '가업 상속 공제'가 있다. 유사한 제도로 '창업 자금 증여세 특례'가 있는데 이 장의 끝에 수록하였다.

1) '가업 승계 증여세 특례'란

가업 승계 증여세 특례는 중소·중견 기업의 원활한 사전 승계를 지원하기 위해, 부모가 자녀에게 가업에 해당하는 법인의 주식 등을 증여할 경우 일반 증여세보다 훨씬 낮은 세율을 적용해 주는 제도이다.

일반적인 증여세율이 과세 표준에 따라 10%에서 최대 50%에 달하는 것에 비해, 이 특례를 적용받으면 최대 **600억 원**의 증여 재산에 대해 **10억 원을 공제**하고, **10% 또는 20%의 낮은 세율**이 적용되어 세 부담을 획기적으로 줄일 수 있다.

2) '가업 승계 증여세 특례' 적용을 위한 요건

이 제도의 혜택을 받기 위해서는 증여하는 사람(증여자), 받는 사람(수증자), 그리고 해당 기업(가업)이 각각 정해진 요건을 모두 충족해야 한다.

가. 증여자 (부모) 요건

- 연령 및 경영 기간: 증여일 현재 만 60세 이상의 부모여야 하며, 해당 가업을 10년 이상 계속해서 경영해야 한다.
- 지분 보유: 증여자는 특수 관계인의 주식을 포함하여 해당 기업의 주식을 40% 이상 (상장 법인은 20%) 10년 이상 계속 보유한 최대 주주여야 한다.

※ 대표 이사 재직 (2025년 개정 유의 사항): 2025년부터는 가업 영위 기간 중 일정 기간 이상 대표 이사로 재직해야 하는 요건이 추가될 예정이니 별도로 확인해야 한다.

나. 수증자 (자녀) 요건

- 연령 및 거주자: 증여일 현재 만 18세 이상의 거주자인 자녀여야 한다.
- 가업 종사: 증여세 신고기한까지 가업에 송사해야 하며, 증여일로부터 3년 이내에 대표 이사로 취임해야 한다.

다. 가업 요건

- 대상 기업: 증여자가 10년 이상 계속 경영한 중소기업 또는 일정 요건을 갖춘 중견 기업(매출액 5천억 원 미만)이어야 한다.
- 업종: 상속세 및 증세법 시행령에서 정한 가업 상속 공제 적용 대상 업종을 주된 사업으로 영위해야 한다. 부동산 임대업 등 일부 업종은 제외될 수 있다.

창업 자금 증여세 특례 대상업종 분류　　　　　　　2024년 기준

대분류	구체적인 업종 예시
농업, 임업 및 어업	종자 및 묘목 생산업, 작물 재배업, 축산업, 양식 어업 등
광업	석탄 광업, 원유 및 천연가스 채굴업, 금속 및 비금속 광물 채취업 등
제조업	(가장 대표적인 대상 업종) 식료품, 음료, 의복, 전자부품, 자동차, 화학물질, 의료용 물질 및 의약품, 기계 및 장비 제조업 등 대부분의 제조업
하수, 폐기물 처리, 원료 재생업	하수 및 폐수 처리업, 폐기물 수집·운반·처리 및 원료 재생업 등
건설업	종합 건설업(주거용/비주거용 건물, 토목), 전문직별 공사업(실내 건축, 도배, 토공, 철근 콘크리트, 전기, 통신, 소방 등)
도매 및 소매업	상품 중개업, 각종 상품(농축수산물, 음식료품, 건축자재, 기계장비, 자동차 등) 도매 및 소매업

운수 및 창고업	육상, 해상, 항공 운송업(여객 및 화물), 창고업, 화물터미널 운영, 화물 운송 중개 및 대리 서비스업
숙박 및 음식점업	음식점업(한식, 중식, 일식, 서양식, 기관 구내식당, 출장 음식 서비스 등)만 해당합니다. (※주점업은 제외)
정보통신업	소프트웨어 개발 및 공급업, 정보서비스업(자료처리, 호스팅), 전기 통신업, 방송업
전문, 과학 및 기술 서비스업	연구개발업(R&D), 광고업, 시장조사 및 여론조사업, 건축 기술, 엔지니어링, 전문 디자인업 등
사업시설 관리, 사업 지원 및 임대 서비스업	건물 및 산업설비 청소업, 소독·구충 및 방제 서비스업, 인력 공급 및 고용 알선업, 여행사, 보안 시스템 서비스업 등 일부 업종
교육 서비스업	유아 교육기관, 기술 및 직업훈련 학원 등 일부
보건업 및 사회복지 서비스업	병·의원, 치과, 한의원 등 의료기관을 운영하는 사업, 사회복지시설 운영업
예술, 스포츠 및 여가관련 서비스업	창작 및 예술 관련 서비스업(공연 시설 운영 등), 도서관·사적지 및 유사 여가 관련 서비스업 (※독서실 운영업 제외)
수리 및 기타 개인 서비스업	컴퓨터 및 통신장비 수리업, 자동차 및 모터사이클 수리업, 가전제품 수리업, 세탁업 등

3) '가업 승계 승여세 특례'세제 혜택

가. 세제 혜택

가업 승계 증여세 특례의 가장 큰 장점은 바로 세 부담 감소이다. 구체적인 혜택은 다음과 같다.

- 증여 재산 공제: 가업 주식 증여 시 10억 원을 기본적으로 공제한다.

- 낮은 특례 세율 적용: 과세 표준 120억 원까지는 10%

- 120억 원 초과분에 대해서는 20%의 세율이 적용된다.

  (가업 영위 기간에 따라 최대 600억 원 한도)

예를 들어, 100억 원 상당의 가업 주식을 증여하는 경우, 일반 증여세로는 수십억 원의 세금이 부과될 수 있지만, 가업 승계 증여세 특례를 적용받으면 (100억 원 - 10억 원) X 10% = 9억 원의 증여세만 납부하면 된다.

나. 향후 상속세 문제

당장 증여세를 저게 내는 장점이 있지만 나중에 상속이 발생할 때 상속세 계산 시 '상속 재산에 합산'된다. 그래도 세금 측면에서 여러 가지 장점이 있다.

첫째, 증여 당시의 재산 가액으로 합산되는 점(현재 가치 아님)

둘째, '가업 승계 상속공제'도 함께 적용이 가능한 점

셋째, 초기 증여세 절감으로 전체 세금을 아낄 수 있는 점

등을 따져 볼 때 위의 요건에 해당되면 잘 활용하는 것이 좋다.

4) '가업 승계 증여세 특례' 사후 관리 의무

특례를 적용받은 후에는 반드시 법에서 정한 의무를 이행해야 한다. 이를 '사후 관리 의무'라고 하며, 증여일로부터 **5년간** 다음 요건을 충족해야 한다.

- **가업 종사**: 수증자는 가업에 계속 종사해야 하며, 정당한 사유가 없을 경우 대표 이사 직을 유지해야 한다.
- **지분 유지**: 증여받은 주식 지분을 유지해야 한다.
- **업종 유지**: 주된 가업의 업종을 변경해서는 안 된다.
  (단, 한국 표준 산업 분류상 대분류 내 변경 등 예외는 있음)
- **고용 유지**: 일정 수준 이상의 고용을 유지해야 할 의무가 발생할 수 있다.
- **자산 유지**: 해당 가업용 자산을 일정 비율 이상 처분해서는 안 된다. 만약 이 사후 관리 의무를 위반할 경우, 감면받았던 세액 전액과 이자 상당액이 추징되므로 각별한 주의 가 필요하다.

5) '가업 상속 공제'란

가업 상속 공제는 피상속인(사망한 사업주)이 장기간 운영해 온 중소기업 또는 중견 기업을 상속인(자녀 등)이 이어받아 계속 경영할 경우, 상속세 부담을 대폭 줄여 주는 제도이다. 기업이 상속으로 인해 해체되거나 매각되는 것을 방지하고, 안정적인 경영 환경을 조성하여 국가 경제의 근간을 튼튼히 하는 데 그 목적이 있다.

간단히 말해, 일정 요건을 충족하면 가업에 해당하는 자산 가액의 100%를 상속세 과세 가액에서 공제해 주는 파격적인 세제 혜택이다.

6) '가업 상속 공제' 대상

가업 상속 공제를 적용받기 위해서는 피상속인, 상속인, 그리고 대상 기업 모두가 정해진 요건을 충족해야 한다. 그 요건은 다소 까다롭지만, 혜택이 큰 만큼 꼼꼼히 살펴볼 필요가 있다.

▶ **피상속인 (돌아가신 사업주) 요건**

- **10년 이상 계속 경영**: 상속 개시일(사망일) 현재 중소기업 또는 중견 기업을 최소 10년 이상 계속해서 경영해야 한다.
- **최대 주주 및 지분율 요건**: 특수 관계인을 포함한 지분율이 일정 비율(상장 법인 20%, 비상장 법인 40%) 이상을 10년 이상 계속 보유해야 한다.
- **대표 이사 재직 요건**: 가업 영위 기간의 50% 이상 또는 10년 이상(상속인이 승계한 경우 포함) 대표 이사로 재직해야 한다.

▶ **상속인 (가업을 물려받는 사람) 요건**

- 연령: 상속 개시일 현재 18세 이상이어야 한다.
- 가업 종사: 상속 개시일 전 2년 이상 직접 가업에 종사해야 한다.
  (단, 피상속인의 갑작스러운 사망 등 부득이한 사유가 있는 경우 예외 적용 가능)
- 임원 및 대표 이사 취임: 상속세 신고 기한(상속 개시일이 속하는 달의 말일부터 6개월)까지 임원으로 취임하고, 신고 기한으로부터 2년 이내에 대표 이사로 취임해야 한다.

▶ 대상 기업 요건

　- 기업 규모: 상속 개시일 직전 사업 연도 말 현재 자산 총액 5천억 원 미만의 중소기
　　업 또는 매출액 5천억 원 미만의 중견 기업이어야 한다.

　- 주된 사업: 상속세 및 증여세법 시행령에서 정하는 업종을 주된 사업으로 영위해야
　　한다.

7) '가업 상속 공제' 공제 금액

가업 상속 공제의 공제 한도는 피상속인의 가업 영위 기간에 따라 달라진다.

▶ **가업 영위 기간이 10년 이상 - 공제 한도 300억**

▶ **가업 영위 기간이 20년 이상 - 공제 한도 400억**

▶ **가업 영위 기간이 30년 이상 - 공제 한도 600억**

2025년 현재 공제 한도 확대가 논의 중이나 확정된 내용은 없다. 다만 대상 업종이나 자산 범위가 일부 개선되어 시행되고 있는 중이다.

8) '가업 상속 공제' 사후 관리 의무

가업 승계 증여세 특례처럼 가업상속 공제도 '사후 관리' 의무가 있다. 상속 개시일로부터 5년간 다음과 같은 사후 관리 의무를 준수해야 하며, 이를 위반할 경우 공제받았던 상속세와 이자 상당액을 추징당할 수 있으므로 각별한 주의가 필요하다.

- 가업 종사 의무: 상속인이 계속해서 가업에 종사해야 한다.

- 지분 유지 의무: 상속받은 지분을 유지해야 한다.

- 가업 유지 의무: 주된 업종을 변경하지 않고, 1년 이상 휴업하거나 폐업해서는 안된다.

- 자산 유지 의무: 가업용 자산의 40% 이상을 처분해서는 안 된다.

- 고용 유지 의무: 5년간 정규직 근로자 수 평균 또는 총급여액 평균이 상속 직전 2개 사
　업 연도 평균의 90% 이상을 유지해야 한다.

9) '가업 상속 공제'에 대해 궁금한 내용들

Q1. 가업 상속 공제를 받을 때, 공제 대상인 '가업 상속 재산'에 포함되지 않는 자산에는 어떤 것이 있나요?

A1. 우리 세법에서는 가업상속 재산 가액을 계산할 때, 사업과 직접적인 관련이 없는 자산, 즉 '가업 무관 자산'을 제외하도록 규정하고 있습니다.

> ▶ 대표적인 가업 무관 자산
> - 비업무용 부동산 (임대용 건물, 토지 등)
> - 과도한 현금 및 금융 상품 (통상적인 운전 자금을 초과하는 부분)
> - 업무와 무관한 대여금이나 주식 등

따라서 상속세 신고 시, 전체 회사 자산 가치에서 이러한 무관 자산을 제외한 후, 그 비율만큼을 상속받는 주식 가액에서 차감하여 공제 대상 금액을 산정합니다. 이 때문에 실제 공제액이 예상보다 훨씬 적어지는 경우가 많습니다.

Q2. '5년간 고용 유지'라는 사후 관리 요건이 궁금합니다. 핵심 인력이 더 좋은 조건으로 자발적으로 이직하거나, 직원이 개인 사유로 퇴사하는 경우에도 고용 유지 의무를 위반한 것이 되어 공제받은 상속세를 추징당하나요?

A2. 네, 원칙적으로는 추징 사유에 해당할 수 있습니다. 국세청은 직원의 '자발적 퇴사'라는 사유를 정상 참작 사유로 인정하지 않습니다. 판단 기준은 오직 객관적인 수치인 **'매년 정규직 근로자 수'** 또는 '총급여액'입니다. 상속인은 5년간 매년 90% 이상의 정규직 근로자 수를 유지하거나, 5년간 전체 총급여액이 상속 개시일 직전 5년 평균의 90% 이상을 유지해야 합니다.

따라서 핵심 인력이 퇴사하면 즉시 대체 인력을 채용하여 연간 평균 고용 인원을 맞춰야 합니다. 특히 연말에 퇴사자가 몰리면 기준 미달이 될 위험이 크므로, 상시적으로 인력 관리를 해야 합니다.

Q3. 아버지는 제가 가업을 잇기를 원하시지만, 해외에 있는 동생은 사업에 관심이 없어 자신의 상속 지분을 현금으로 받고 싶어 합니다. 제가 가업 상속 공제를 받으면서 동생에게 지분만큼의 현금을 지급(유류분 반환 등)할 방법이 있나요? 이 과정에서 제 지분을 팔면 사후 관리 요건 위반이 되나요?

A3. 아래와 같이 해결할 수 있습니다. 하지만 상속인의 지분 매각은 절대 안 됩니다.

가업 상속 공제는 가업을 실제로 승계하는 상속인 1인에게만 적용됩니다. 일단 형이 아버지의 가업 관련 주식 전부를 상속받고 공제를 신청해야 합니다. 동생의 유류분이나 법정 상속분에 해당하는 현금은, 상속받은 주식을 담보로 대출을 받거나, 형의 다른 개인 재산, 또는 회사의 이익 잉여금을 활용한 배당 등을 통해 마련하는 방법이 있습니다.

주의해야 할 부분은, 어떤 경우에도 형이 상속받은 '가업 주식'을 동생에게 매각하여 현금을 마련해서는 안 됩니다. 이는 '5년간 지분 유지'라는 핵심적인 사후 관리 요건을 정면으로 위반하는 행위로, 즉시 공제받은 상속세 전액과 이자가 추징됩니다.

Q4. '상속 개시일 전 2년 이상 가업에 종사'해야 한다는 상속인 요건이 있는데, 만약 군 복무 기간 중에도 회사에 등기 임원으로 이름을 올려놓고 급여를 받았다면 이 기간도 종사 기간으로 인정받을 수 있나요?

A4. 인정받기 매우 어렵습니다. 과세 당국은 서류상의 등재 여부가 아닌 '실질적인 근무' 여부를 따집니다. 군 복무는 정상적인 경영 활동 참여가 물리적으로 불가능하므로, 해당 기간은 가업 종사 기간에서 제외될 가능성이 99%입니다. 오히려 허위로 급여를 수령한 부분에 대해 세무 조사 시 문제될 수 있습니다.

Q5. 시장 변화에 대응하기 위해 기존의 주력 사업(예: 섬유 제조업)의 비중을 점차 줄이고, 연관 산업인 IT 기반 신소재 개발업으로 '주업종'을 변경하려고 합니다. 이는 가업의 '영속성'을 위한 결정인데, 사후 관리 요건 위반인가요?

A5. 네, 원칙적으로는 위반에 해당합니다. 사후 관리 요건에는 상속받은 '가업의 주된 업

종'을 변경하지 않아야 한다는 규정이 있습니다. 여기서 주업종은 한국 표준 산업 분류상의 '중분류'를 기준으로 판단하며, 중분류가 바뀔 정도의 업종 변경은 허용되지 않습니다. (단, 중분류 내에서의 세부 업종 변경은 가능)

이 질문에서 섬유 제조업과 소프트웨어 개발업은 중분류가 완전히 다르므로, 업종을 변경하는 순간 사후 관리 의무 위반으로 즉시 추징 사유가 발생합니다. 사업의 확장은 가능하지만, 회사의 근간이 되는 주업종 자체를 바꾸는 것은 매우 위험합니다.

Q6. 만약 5년의 사후 관리 기간 중 4년 차에 고용 유지 요건을 지키지 못해 상속세 추징이 결정되었습니다. 이때 추징되는 세액은 처음에 공제받았던 금액 전액인가요? 이자는 얼마나 붙나요?

A6. 네, 공제받았던 상속세 전액을 추징당하며, 여기에 상당한 이자가 가산됩니다.

▶ 추징 세액: 사후 관리 위반 시점(1년 차든 4년 차든)과 관계없이, 공제받았던 세액 100%가 추징됩니다. 기간에 따른 차감이나 감면은 없습니다.

▶ 이자 상당액: 단순히 원금만 추징하는 것이 아니라, 당초 상속세 납부 기한 다음 날부터 추징 사유 발생일까지의 기간에 대해 하루 10만분의 22(연 8.03%)의 높은 이자율을 적용한 '이자 상당액'이 함께 부과됩니다. 4년 만에 추징당한다면, 원금의 약 32%에 달하는 막대한 이자를 추가로 납부해야 할 수도 있습니다.

Q7. 법인이 아닌 '개인 사업자'도 법인과 동일하게 가업 상속 공제를 받을 수 있나요?

A7. 네, 개인 사업자도 공제 대상이 됩니다. 하지만 법인에 비해 불리한 점이 많습니다. 일단 기본적인 요건은 동일합니다. (피상속인의 경영 기간, 공제 한도, 사후 관리 요건 등) 대부분의 규정은 법인과 동일하게 적용됩니다. 그런데 불리한 점이 많습니다.

▶ 재산 평가: 개인 사업자의 자산과 부채는 개별적으로 평가해야 하므로 절차가 복잡하고, 비사업용 자산과 부채를 명확히 구분하기 어려워 분쟁의 소지가 큽니다.

▶ 공동 상속의 어려움: 법인처럼 주식으로 지분을 나누기 어려워, 여러 자녀에게 사업용 자산을 분할 상속하면 공제 요건을 충족하기가 매우 까다롭습니다.

▶ 사후 관리의 경직성: 사업 확장이나 자본 조달 측면에서 법인보다 유연성이 떨어져, 사후 관리 요건을 지키면서 사업을 성장시키는 데 어려움이 더 큽니다. 그래서 향후 가업 승계를 고려한다면, 가급적 빠른 시일 내에 개인 사업자를 법인으로 전환하여 소유와 경영의 구조를 명확히 하고, 상속 계획을 세우는 것이 훨씬 유리합니다.

10) '가업 상속 공제'를 영업에 활용하는 방법

이 장에서는 '가업 승계 증여세 특례'와 '가업 상속 공제'를 함께 다루었다. 가업 승계 증여세 특례와 가업 상속 공제는 둘 다 적용받을 수 있기에 요건만 갖춘다면 먼저 증여세 특례를 신청해서 받고 나중에 가업 상속 공제까지 받는다면 훨씬 더 많은 혜택을 받을 수 있다.

여담이지만 최근 김포 등 외곽 지역에 대형 베이커리 카페들이 많이 생기는 이유가 '가업 상속 공제' 때문이라는 말이 있다. 예를 들어 김포에 300억짜리 땅을 그냥 가지고 있다가 상속을 하게 되면 절반 가까이를 세금으로 내야 하지만 여기에 대형 베이커리 카페를 지어서 10년간 운영하다가 상속을 하게 되면 300억 공제를 받아 상속세를 한 푼도 안 내도 되기 때문이다. 카페는 가업 상속 대상 업종이 아니지만 빵집은 가업 상속 대상 업종에 해당한다. 자산이 일정 정도 이상인 분들은 가업 상속 공제를 잘 이용해서 상속세를 절세할 수 있다.

한동안 신문이고 방송이고 '상속세'를 가지고 성토를 한 적이 있었다. 세계에서 가장 세율이 높다고도 하고 상속세 때문에 기업을 팔았다고도 한다. 일단 세계에서 가장 세율이 높지는 않고 명목상으로는 두 번째이고, 기업을 팔았다고 하는 것은 미리 대비를 안 했다가 CEO가 갑자기 사망했을 때는 그럴 수 있다. 하지만 미리 대비만 한다면 아무 문제없이 대비할 수 있다.

이 장에서 설명했던 것처럼 가업 상속에 대해 잘 알아 두고 전문가의 조언대로만 해도 상속세는 전혀 걱정할 필요가 없다. 유일한 문제가 자신이 하는 업종이 가업 상속 대상이 아닐 때인데, 이런 경우에도 전문가와 상의하면 절세할 수 있는 많은 방법들이 있다. 다만 상속세 절세를 하려면 시간이 많이 필요하다. 그러니 미리미리 대비해야 한다.

11) '가업 상속 공제'에 관련한 화법

대표님 혹시 상속세에 대한 대비는 해 두셨나요?

대표님도 잘 알고 계시겠지만 상속세를 줄이려면 시간이 많이 필요합니다.

그런데 '가업 상속 공제'를 활용하면 최대 600억까지 상속세를 공제해 준다고 합니다.

대표님 법인은 가업 상속 공제 대상 기업인지 확인해 보셨습니까?

혹시 아직 모르고 계시다면 제가 대신 알아봐 드려도 괜찮으실까요?

그리고 가업 상속 공제를 받으려면 일정한 요건을 갖추어야 하는데 이것도 같이 말씀드리도록 하겠습니다.

일단 법인은 공제 대상이 될 듯싶으니 이렇게 하면 상속세 걱정을 많이 안 해도 될 것 같습니다.

문제는 대표님 개인 재산인데 전체 재산에 대해 상속세가 얼마나 나올지 혹시 알고 계십니까?

지금부터 대비하시면 상속세 걱정을 안 해도 되지만 그냥 놔두시면 대표님이 평생 피땀 흘려 벌어 놓은 재산의 절반을 세금으로 내야 할 수도 있습니다.

제가 잘 도와드리겠습니다.

20 창업 자금 증여세 특례

1. '창업 자금 증여세 특례'란

일반적으로 부모가 성인 자녀에게 재산을 증여하면 10년간 5,000만 원까지만 공제되고, 이를 초과하는 금액에 대해서는 10% ~ 50%의 높은 증여세율이 적용된다. 예를 들어 5억 원을 증여한다면 약 8,000만 원의 증여세를 내야 한다. 하지만 **창업 자금 증여세 특례**를 활용하면 이야기가 달라진다. 창업 자금으로 증여하는 경우, 최대 5억 원까지 전액 공제를 받아 증여세가 한 푼도 발생하지 않는다. 5억 원을 초과하는 금액에 대해서도 최대 50억 원(10명 이상 신규 고용 시 100억 원)까지는 10%의 낮은 단일 세율이 적용된다.

이런 절세 효과는 자녀에게 실질적인 창업 자본을 최대한 보전해 주어 사업 초기 안정적인 성장을 할 수 있도록 도와주는 매우 큰 혜택이라 할 수 있다.

2. 창업 자금 증여세 특례 적용 요건

이처럼 파격적인 혜택을 받기 위해서는 몇 가지 중요한 요건을 충족해야 하는데 부모(증여자)와 자녀(수증자)가 각각 충족해야 할 조건을 살펴보면 다음과 같다.

〈자녀(수증자)의 요건〉

① 나이: 증여일 현재 만 18세 이상인 거주자여야 한다.

② 창업 기한: 증여받은 날로부터 2년 이내에 창업해야 한다.

③ 자금 사용 기한: 증여받은 자금을 4년 이내에 모두 창업 목적에 맞게 사용해야 한다.

④ 업종: 조세 특례 제한법에서 정한 중소기업 창업에 해당해야 한다.

　　(제조업, 건설업, 음식점업, 정보 통신업 등 대부분의 업종이 포함되지만, 유흥 주점업 등 일부 업종은 제외)

〈부모(증여자)의 요건〉

① 나이: 증여일 현재 만 60세 이상이어야 한다. 부모님이 사망한 경우, 조부모님도 가능하다.

② 증여 재산: 현금, 예금, 소액 주주 상장 주식, 채권 등 양도 소득세 과세 대상이 아닌 재산이어야 한다. 즉, 부동산이나 비상장 주식 등은 해당되지 않는다.

3. 창업 자금 증여세 특례 신청 절차와 사후 관리

혜택을 받기 위해서는 정해진 기간 내에 신청하고, 이후에도 아래와 같이 의무사항을 성실히 이행해야 한다.

▶ 신청 방법

- 증여받은 날이 속하는 달의 말일부터 3개월 이내에 증여세 신고서와 함께 '창업 자금 특례 신청 및 사용 내역서'를 관할 세무서에 제출해야 한다. 기한을 놓치면 특례 적용을 받을 수 없으니 주의가 필요하다.

▶ 사후 관리 의무

특례를 적용받은 후에는 세법에서 정한 의무를 성실히 이행해야 한다. 만약 아래의 사후 관리 요건을 위반할 경우, 감면받았던 증여세는 물론 이자 상당액까지 추징될 수 있다.

- 창업 기한 준수: 증여일로부터 2년 이내에 창업하지 않는 경우
- 자금 목적 외 사용: 증여받은 후 4년 이내에 창업 자금을 모두 사용하지 않거나, 창업 목적이 아닌 다른 용도로 사용하는 경우
- 사업 유지: 창업 후 10년 이내에 정당한 사유 없이 사업을 폐업하거나 휴업하는 경우
- 사용내역 제출: 창업 자금 사용 명세서를 법정 기한 내에 제출.

▶ 유의 사항

창업 자금 증여세 특례는 장점이 많은 제도이지만, 몇 가지 유의할 점이 있다.

- 상속세 정산: 이 제도를 통해 증여된 재산은 증여 시점과 관계없이 증여자가 사망할 때 상속 재산에 포함되어 상속세로 정산된다. 즉, 증여세를 이연시켜 주는 효과

가 있는 것이지, 상속세까지 완전히 면제되는 것은 아니다. 다만, 미리 증여함으로써 자녀가 창업을 통해 재산을 증식시킬 기회를 제공한다는 점에서 의미가 있다.

- 가업 승계 증여세 특례와 중복 불가: 이미 가업 승계 증여세 특례를 받은 경우에는 창업 자금 증여세 특례를 적용받을 수 없다.